LITERATURSTUDIUM

Bertolt Brecht

LITERATURSTUDIUM

Jan Knopf

Bertolt Brecht

Philipp Reclam jun.
Stuttgart

Mit 15 Abbildungen

Die Deutsche Bibliothek – CIP-Einheitsaufnahme

Knopf, Jan:
Bertolt Brecht / Jan Knopf. – Stuttgart : Reclam, 2000
(Universal-Bibliothek ; Nr. 17619 : Literaturstudium)
ISBN 3-15-017619-0

Universal-Bibliothek Nr. 17619
Alle Rechte vorbehalten
© 2000 Philipp Reclam jun. GmbH & Co., Stuttgart
Gesamtherstellung: Reclam, Ditzingen. Printed in Germany 2000
RECLAM und UNIVERSAL-BIBLIOTHEK sind eingetragene Marken
der Philipp Reclam jun. GmbH & Co., Stuttgart
ISBN 3-15-017619-0

Inhalt

V
wie Falentin
oder Fitalität

Biografie

»Mein Lebenswerk ist das eines Kollektivwesens«
Johann Wolfgang Goethe

Widersprüche

Obwohl von seinem Verlag als »Klassiker der Vernunft« proklamiert und allgemein auch zu den Klassikern der Moderne gezählt, gehört Bertolt Brecht nach wie vor zu den umstrittenen Dichtern. War zunächst seine »Lehrhaftigkeit« suspekt, so wurde ihm sein »linkes« politisches Engagement, das mit »Kommunismus« gleichgesetzt wurde, fast zum Verhängnis. Da auch Jean-Paul Sartres Plädoyer für eine »littérature engagée« sich als nur kurzlebig erwies, galt und gilt »politische Dichtung« als minderwertig, als Nicht-Dichtung. Nach dem Zweiten Weltkrieg wurde Brecht zum Dichter der deutschen Teilung. Seine Entscheidung, sich in Ost-Berlin niederzulassen und unter vergleichsweise optimalen Voraussetzungen im Theater am Schiffbauerdamm mit einem eigens für ihn gegründeten, allerdings von seiner Frau Helene Weigel geleiteten Berliner Ensemble zu arbeiten, musste Widerspruch im Westen herausfordern.

Besonders sein Verhalten zu den Ereignissen des 17. Juni 1953 war Anlass, massiv zu Brecht-Boykotten aufzurufen und ihm damit seinen Status als maßgeblichen Dichter der Deutschen streitig zu machen. Ohne die Begründung seiner Haltung zur Kenntnis zu nehmen – Brecht befürchtete, dass altfaschistische Kräfte den Arbeiteraufstand zu einem reaktionären Putsch nutzten –, sah man ihn der liebedienerischen Anbiederung ans »ostzonale« Regime überführt. Günter Grass schrieb 1960 gar ein abendfüllendes Stück, um den Stückeschreiber endgültig zu überführen: *Die Plebejer proben den Aufstand.* Freilich, Brecht blieb dadurch in den Schlagzeilen.

Noch 1961, als im August die Mauer in Berlin gebaut wurde, musste Brecht, der fünf Jahre tot war, als »Schuldiger« herhalten. Ein erneuter Boykott-Aufruf sollte sein Werk von den Bühnen und aus den Schulen, wo es damals ohnehin kaum präsent war, endgültig vertreiben. Wie 1953 waren es die Künstler, die über Brecht entschieden: Sein Werk war ihnen wichtiger als der Mann, der es geschrieben hatte (vgl. A. Müller, B 6: 1962, passim). Das Werk hatte sich als herausfordernd erwiesen, und es hatte, wie Max Frisch formulierte, »der Welt, in die es gesprochen wurde, standzuhalten«[1] vermocht. Es machte Mühe und schied die Geister – und so sollte es bleiben.

Intertexte

Wer heute eine, wenn auch kurze Biografie über einen Autor schreiben soll, kann nicht mehr davon ausgehen oder sich darum bemühen, dass es eine Einheit von Leben und Werk gibt. War es in den fünfziger und sechziger Jahren üblich gewesen – und viele können auch heute nicht davon lassen –, die Werke nach dem »Anliegen« oder, neutraler gesagt, nach der Intention des Autors zu befragen und wie selbstverständlich vorauszusetzen, dass Literatur oder Kunst überhaupt »Ausdruck einer Persönlichkeit« sei, so hat die Literaturtheorie der letzten zwei Jahrzehnte (spätestens) erwiesen, dass die Intention des Autors – innerhalb der Trias: intentio auctoris, intentio operis (Textebene) und intentio lectoris (Rezeption) – die unbestimmteste und vagste Kategorie ist.[2]

---

1 Max Frisch, *Tagebuch 1946–1949*, Frankfurt a. M. 1976 (= *Gesammelte Werke in zeitlicher Folge*, Bd. II,2: 1944–1949), S. 539.
2 Vgl. z. B. Umberto Eco, »Die Grenzen der Interpretation«, München/Wien 1992.

Das hängt vor allem mit einem neuen Textverständnis zusammen, das aktuelle Texttheorien, welche ich hier vereinfachend zusammenfasse, entwickelt haben.[3] Nach ihnen ist, wie ich meine, nicht nur plausibel gemacht, sondern bewiesen worden, dass jeder Text zuerst und vor allem ein »Intertext« ist. Jeder Autor, jede Autorin verwendet – und muss verwenden – eine Sprache oder ein Zeichensystem, das nicht nur ihm, sondern allen, die dieselbe Sprache sprechen, zur Verfügung steht. Abgesehen von den in der Regel wenigen Neologismen (Wortneuschöpfungen) bedient sich jeder Autor der Lexik seiner Sprache, die durch Geschichte determiniert und durch seine tagtäglichen Mitsprecher ausgeprägt ist und dadurch bestimmte Bedeutung erhalten hat. Jeder Autor formuliert seine Sätze in der Syntax, die die Grammatik seiner Sprache voraussetzt; auch jeder Verstoß gegen sie ist nur daran zu messen, dass es die Regelsyntax gibt. Darüber hinaus gebraucht er – bewusst wie unbewusst – bestimmte sprachliche Muster und Mustersätze, die jeden Tag von jedem Menschen in derselben Form gesprochen und geschrieben werden oder geschrieben und gesprochen werden könnten.

Aber nicht nur in diesem engeren gemeinsprachlichen Sinn sind Texte Intertexte. Jeder Text, auch der literarische, greift seinerseits wieder auf schon formulierte Texte zurück, übernimmt Motive, Figuren, Bilder, Symbole, Allegorien, die im großen Arsenal der Literatur bereitstehen. Die Texte zitieren überdies Gattungen, auch wenn sie dagegen verstoßen (nur an der »Regel« lässt sich die Differenz beschreiben), übernehmen die verschiedensten Konstellationen von Figuren, wiederholen Beschreibungsformen, Gestaltungsmuster, literarische Techniken und vorgefundene Ausdrucksmöglichkeiten, die nicht der Persönlichkeit des Autors angehören, sondern nachweisbar allgemein zur Ver-

---

3 Vgl. »Texte zur Literaturtheorie der Gegenwart«, hrsg. und komm. von Dorothee Kimmich, Rolf Günter Renner und Bernd Stiegler, Stuttgart 1996.

fügung stehen. Die Originalität eines Textes, seine Besonderheit, ist daher nicht vorauszusetzen, sie bildet vielmehr den »Überschuss«, der bleibt, wenn der Intertext des jeweiligen Textes analysiert ist – und auch dann ist da immer noch die Frage, was der Interpret alles übersehen haben mag (und muss, weil er nicht »alles« kennen kann).

Die intentio auctoris kann demnach nur eine geringe Rolle bei der Textanalyse spielen. Jedes Werk steht in einem Intertext, dem der Autor ausgesetzt und der folglich bestimmender für ihn ist als das, was er sich dabei gedacht oder was er intendiert haben mag. Insofern kann die gern bemühte Maxime, »was wollte der Autor uns damit sagen«, nicht mehr maßgeblich sein. Poetische Texte können ihren Reiz und ihre Bedeutung nicht darin finden, dass sie Botschaften, Lehren oder Aussagen vermitteln, sondern allein darin, dass sie stets neu dazu herausfordern, das gewöhnliche (auch intertextuelle) Verständnis in Frage zu stellen und durch »Unverständlichkeit«, das heißt Ambivalenzen (Mehrwertigkeiten), Ambiguitäten (Mehrdeutigkeiten) und ungewohnte Textkonstitutionen neue Zugänge zur Verständigung zu schaffen. Diese Verständigung zu fördern und diskursiv zu reflektieren, dazu gibt es Literaturwissenschaft.

Eine Kurzbiografie, wie sie hier nur möglich ist, hat davon auszugehen. Es (bzw. mich) interessiert in erster Linie nicht das Leben des Autors selbst, wichtiger sind vielmehr die Bedingungen, unter denen er sein Werk geschaffen hat. Unter diesem Aspekt ist Brechts Leben und Arbeiten exemplarisch für einen um die Jahrhundertwende (1898) geborenen Menschen, der in seiner Existenz all die Widersprüche erleben musste, die ihm das Land, zu dem er durch Geburt gehörte, aufzwang und das er gar nicht als »Vaterland« verstand und verstehen konnte, dem er aber dennoch zeitlebens verbunden blieb.

Kindheit und Jugend in Augsburg

»Ich, Bertolt Brecht, bin aus schwarzen Wäldern. / Meine Mutter trug mich in die Städte hinein / Als ich in ihrem Leibe lag. Und die Kälte der Wälder / Wird in mir bis zu meinem Absterben sein« (GBA 11,119), so stilisierte Brecht seine Herkunft in seiner Ballade *Vom armen B. B.* In Wirklichkeit wurde er als Eugen Berthold Brecht in zunächst kleinbürgerlichen Verhältnissen am 10. Februar 1898 geboren. Die Eltern waren Wilhelmine Friederike Sofie Brecht, geb. Brezing, und der kaufmännische Angestellte Berthold Friedrich Brecht, dessen Mutter Karoline Brecht, geb. Wurzler, in Achern/Baden am Fuß des Schwarzwaldes lebte. Dieser Großmutter gedachte Brecht nicht nur in seinem scheinbar autobiografischen Gedicht, sondern auch und wiederum fiktiv in der späteren Kalendergeschichte *Die unwürdige Greisin*, die in Achern und »K.« (Karlsruhe) spielt.

Die Brechts bewohnten bei Eugens Geburt – der vom Vater »Aigihn« gerufen wurde – das Haus Auf dem Rain 7 in Augsburg, unmittelbar an einem der Lechkanäle, die die Stadt durchziehen und sich durch ein kräftiges andauerndes Rauschen bemerkbar machen. Nach der Geburt seines Bruders Walter (am 29. Juni 1900) zogen die Brechts in eines der vier Stiftungshäuser der Firma Georg Haindl, einer angesehenen Papierfabrik, die in der Bleichstraße gelegen sind, nahe am Stadtwall und der »Kahnfahrt«, einer Erweiterung des Stadtgrabens mit Bootsverleih. Brechts Vater, der im Jahr darauf Prokurist bei Haindl wurde, also in gutbürgerliche Verhältnisse aufstieg, war als Verwalter und Pfleger der Stiftungshäuser eingesetzt, die ähnlich wie die Fuggersche Siedlung in Augsburg für Angestellte, Arbeiter, Pensionäre der Haindlschen Fabrik kostengünstig zur Verfügung gestellt wurden. Die Brechts bewohnten zwei Wohnungen in der Nr. 2 und verfügten überdies über eine Dach-

kammer. Gemessen an den Mitbewohnern der Stiftungshäuser war die Familie also durchaus privilegiert und waren
ihre Wohnverhältnisse vergleichsweise großzügig. Da die
Stiftung innerhalb der so genannten Klaucke-Vorstadt lag,
waren die Kinder mit dem Arbeitermilieu ihrer unmittelbaren Umgebung konfrontiert. So liefen die Brecht-Kinder im
Gegensatz zu ihren Spielkameraden nie barfuß, und Eugen
war sich offenbar bald bewusst, der Sohn des Verwalters zu
sein, der die Mieten einzog, und entwickelte daraus schon
früh die Rolle dessen, der den Ton angab und die anderen
kommandierte. Das sollte auch später so bleiben, als Eugen
während der Gymnasialzeit eine regelrechte Clique um sich
scharte, einen engeren Freundeskreis, der erstaunliche Kontinuität behalten sollte. So blieb Brecht Georg Pfanzelt, dem
er sowohl den *Baal* als auch die *Hauspostille* widmete, zeitlebens verbunden; so wurde Caspar Neher als Maler und
Bühnenbildner einer der wichtigsten Mitarbeiter Brechts im
Theater; so überlieferte Hanns Otto Münsterer (ab 1917),
der die ersten wichtigen Erinnerungen an die Jugendzeit
Brechts schrieb, einen nicht unbeträchtlichen Teil der frühen
Lyrik des Dichters; so dokumentierte Otto Müllereisert die
Schulzeit des Eugen Brecht rückblickend.

Brecht besuchte von 1904 bis 1908 die »Volksschule bei
den Barfüßern« und wechselte dann in das »Augsburger Königliche Bayerische Realgymnasium«, das er 1917 mit dem
»Notabitur« (wegen des Krieges) abschloss. »Die Volksschule langweilte mich vier Jahre. Während meines neunjäh-
rigen Eingewecktseins an einem Augsburger Realgymnasium gelang es mir nicht, meine Lehrer wesentlich zu fördern.« (GBA 28,177) Auch hier stilisiert Brecht rückblickend
wieder seinen im Grunde durchschnittlichen Schulbesuch
mit durchschnittlichen Abschlüssen. Erwähnenswert ist,
dass er neben einem gründlichen Religionsunterricht mit
Kirchenbesuch, der ihn mit der Lutherbibel und vor allem
ihrer Sprache vertraut machte, gut und intensiv Latein lernte,
was später seine poetische Sprache nachhaltig prägen sollte.

Zwei Schulanekdoten freilich dokumentieren die für den späteren Brecht dann typische Haltung der »Umkehr« des Vertrauten bzw. seinen Widerspruchsgeist. In der Tertia soll er einen Aufsatz, der daneben gegangen war, dadurch noch in den Bereich des Annehmbaren gerettet haben, dass er statt wie üblich nicht Fehler durch Radieren ausmerzte (was die Lehrer schnell zu bemerken pflegten), vielmehr richtig geschriebene Wörter im Stil des Lehrers anstrich und sich darüber beschwerte. Der Lehrer setzte daraufhin die Note herauf (vgl. Völker, B 6: 1976, 12 f.). Der zweite Vorfall im Jahr 1916 hätte Eugen beinahe den Schulverweis eingebracht. Zu schreiben war ein Aufsatz über den Satz des Horaz: »Dulce et decorum est pro patria mori«, und natürlich war erwartet worden, dass die Schüler angesichts des Weltkriegs genügend Gründe dafür finden würden, dass es süß und ehrenvoll sei, für das Vaterland zu sterben. Die so genannten Materialschlachten hatten 1916 eingesetzt, und die Zeitungen waren voll mit Traueranzeigen von Männern, unter denen zunehmend junge Leute waren, die auf dem »Feld der Ehre« gefällt worden waren. Brecht beendete seinen Aufsatz mit den durch Mitschüler übermittelten Sätzen: »Der Ausspruch [...] kann nur als Zweckpropaganda gewertet werden. Der Abschied vom Leben fällt immer schwer, im Bett wie auf dem Schlachtfeld. Nur Hohlköpfe können die Eitelkeit so weit treiben, von einem leichten Sprung durch das dunkle Tor zu reden [...]. Tritt der Knochenmann aber an sie selbst heran, dann nehmen sie den Schild auf den Rücken und entwetzen, wie des Imperators feister Hofnarr bei Philippi, der diesen Spruch ersann.« (Mittenzwei, B 6: 1986, 42 f.)

Eugen war ein nervöses Kind, das häufig wegen Krankheit in der Schule fehlen und zu Kuren fahren musste. Angeboren war ihm ein Herzleiden, das ihm immer wieder zusetzte und ihn aber auch vor ausgiebigen Leibesübungen schützte. Da die Mutter an Krebs litt und sich ab 1910 kaum mehr um die Kinder kümmern konnte, engagierte der Vater

eine Hausdame, Marie Roecker, die fortan die Erziehung
der Kinder übernahm. Eugen zog später in die Mansarde
um und konnte – bei eigenem Zugang – schon als Jugend-
licher ein relativ unabhängiges Leben führen, was er auch
ausgiebig nutzte.

Der Vater war selten zu Hause. Die Lektüre von Literatur wurde wenig gepflegt, die Eltern jedoch unterstützten
den Lesehunger ihres Jungen mit Büchergeschenken. Da der
Vater Mitglied der Augsburger Liedertafel war, bemühte er
sich darum, auch den Kindern eine musikalische Ausbildung zukommen zu lassen. Während Walter ein passabler
Klavierspieler wurde, zog Eugen die Klampfe vor: Sie war
beweglich und konnte auch im Freien benutzt werden. Sie
sollte für Brecht das Instrument werden, das die frühe Lyrik
anregte: »Die meisten seiner Lieder entstanden zum Spiel
selbst ersonnener Melodien auf der Klampfe. Er sang nicht
schön, aber mit einer hinreißenden Leidenschaft, trunken
von seinen eigenen Versen, Einfällen und Gestalten wie andere von Wein, und machte die, die ihm zuhörten, wiederum trunken, wie nur Jugend sein kann.« (Frisch/Ober-
meier, B 5: 1975, 107)

Durch das späte Auftauchen eines *Tagebuchs No. 10* aus
dem Jahr 1913 (Brecht, B 2: 1989) wissen wir, dass der 15-
Jährige sich bereits ausgiebig im Verseschmieden übte. Auch
wenn es nicht als gesichert gelten kann, dass diesem Tagebuch neun weitere vorausgegangen waren (auf zwei weitere
Tagebücher wird jedoch im Text verwiesen), belegt allein
dieses Dokument eine ausgiebige dichterische Produktion,
die allerdings keinerlei »genialischen« Anstrich zeigt. Bemerkenswert jedoch ist, dass der junge Eugen seine hand-
werklichen Fähigkeiten, indem er alle möglichen – vor allem lyrischen – Formen ausprobierte, systematisch ausbil-
dete und damit offenbar den Grundstein für seine spätere
Fertigkeit im Formalen legte.

Weitere literarische Bemühungen sind bezeugt durch die
Schülerzeitschrift *Die Ernte*, die Brecht in hektographierter

Form zusammen mit Klassenkameraden 1913 und 1914 herausgab, und durch erste Publikationen – unterzeichnet mit Berthold Eugen – in der literarischen Beilage der *Augsburger Neuesten Nachrichten* ab August 1914, die fast durchweg patriotischen Inhalts sind und sich in nichts von den üblichen vaterländischen Bekenntnissen der Zeit unterscheiden.

Es ist nicht unwahrscheinlich, dass sich Brecht mit diesen patriotischen Gesängen der allgemein geforderten öffentlichen Stimmung anpasste, nur um publiziert zu werden; denn es ist kein Zeugnis überliefert, das einen plötzlichen Einstellungsumschwung des Schülers – vom begeisterten Patrioten und Kriegsbefürworter zum Kriegsgegner und Pazifisten – manifestierte. Und spätestens 1916 schrieb Brecht die ersten Gedichte, die den neuen Ton der frühen Lyrik anklingen lassen, etwa *Das Lied von der Eisenbahntruppe von Fort Donald* (GBA 11,82 f.), *Bonnie Mac Sorel freite* (GBA 13,89 f.) oder *Das Beschwerdelied* (GBA 13,91 f.), Gedichte, die in Inhalt und Form überhaupt nicht zu den beinahe gleichzeitig in den Zeitungen publizierten Auslassungen passen.

1917 folgten »nihilistisch«-abenteuerhafte Lieder wie *Der Himmel der Enttäuschten* (GBA 13,100 f.) oder *Die Legende der Dirne Evlyn Roe* (GBA 13,102–104), und 1918 gelang Brecht mit der *Legende vom toten Soldaten* (GBA 11,112–115) der erste große und bleibende Wurf eines makabren Anti-Kriegs-Gedichts. Brecht verfasste die 19 Strophen des Lieds im Sommer 1918, als der Krieg eigentlich verloren war, die Oberste Heeresleitung und der heimliche Diktator des »Deutschen Reiches«, Erich Ludendorff, jedoch die Niederlage nicht eingestehen wollten, stattdessen hinterhältig den Parlamentarismus einführten und so die Verantwortung für die Schlächtereien dem Parlament übergaben. Nach dem offiziellen Sprachgebrauch des wilhelminischen Kaiserreichs wurde dem Tod auf dem Schlachtfeld, das »Feld der Ehre« genannt, besondere Weihe dadurch gegeben, dass die Gefällten, die »Gefallene« genannt wurden, den Rang von »Helden« erhielten, um so den Schlächtereien den traditionellen Anstrich von Würde, persönlichem Einsatz, Weihe und Aura zu verleihen. Das Lied, das Brecht selbst vertont hat, brachte seinem Dichter zunächst einen festen Platz in der Geschichte des deutschen (politischen) Kabaretts ein; es wurde einer der »Hits« auf den Bühnen der Weimarer Republik. Nach Martin Esslin soll die Ballade dann der maßgebliche Grund dafür gewesen sein, dass die Nationalsozialisten »schon 1923, zur Zeit des ersten Hitlerputschs« Brecht auf die Liste der Personen setzten, die nach einer »Machtergreifung« zu verhaften seien, und zwar an fünfter Stelle (Esslin, B 6: 1970, 92). Noch im selben Jahr warf nach einer »Pressenotiz der bayer. Staatszeitung Nr. 30 v. 6.2.23« der *Berliner Lokalanzeiger* dem Deutschen Theater in Berlin »grobe Taktlosigkeit vor, weil es in seinen Heften ein Gedicht *Die Ballade vom toten Soldaten* von Bert Brecht veröffentlicht«. Weiterhin antwortete auf eine Anfrage des Polizeipräsidiums von Berlin am 2. September 1932 die Polizeidirektion München in einem vertraulichen Schreiben, dabei auf die Legende anspielend – »Betreff: Kommunistische Bewegung« –: »B. soll durch seine Schriftstellerei, die sich angeblich auf einem ziemlichen sittlichen Tiefstand bewegt, sehr viel verdienen«. 1935 schließlich begründete vor allem die *Legende vom toten Soldaten* Brechts »Ausbürgerung« durch die Nazis; in der »Verfügung des Reichsministers des Inneren vom 8. Juni« heißt es: »Seine Machwerke, in denen er unter anderem den deutschen Frontsoldaten beschimpft, zeugen von niedrigster Gesinnung« (alles im Nachlass Brechts).

Erfolgreicher Start in München

Vom Studium Brechts, das er im WS 1917/18 an der Lud-
wig-Maximilians-Universität in München eigentlich nicht
aufnahm, gibt es wenig zu berichten, außer dass er statt
Literatur-, Naturwissenschaften und Medizin, wie er eingeschrieben war, das Theaterseminar von Artur Kutscher besuchte, dort eines seiner Vorbilder, Frank Wedekind, kennen lernte und sich Anregungen für die eigenen dichteri-
schen Arbeiten holte. Eine der Anregungen war, dass Brecht
über ein Referat des Romans *Der Anfang* von Hanns Johst
den expressionistischen Autor kennen lernte und, nachdem
er im März 1918 dessen Stück *Der Einsame* gesehen hatte,
einen Gegenentwurf, sein erstes größeres Drama *Baal* in
wenigen Wochen niederschrieb. Geht es bei Johst um die
von den Bürgern ewig unverstandene dämonische Dichter-
persönlichkeit, so ist Brechts Baal ein das Leben und die
Menschen verschlingendes wildes Tier, das sich wenig um
sein dichterisches »Genie« kümmert. Baal sei »asozial«,
schrieb Brecht 1953 zurückblickend, »aber in einer asozialen Gesellschaft« (GBA 24,241). Über sein damaliges
Selbstverständnis äußerte er sich im Juni 1918 in einem
Brief an Neher: »ich bin Materialist und ein Bazi und ein
Proletarier und ein konservativer Anarchist und ich
schreibe nicht für die Presse, sondern für mich und Dich
und die Japaner« (GBA 28,58).

Das Kriegsende und die Revolution verstärkten Brechts
Widerspruchsgeist. Er selbst lernte den Krieg nur indirekt
durch seinen kurzen Dienst als Militärkrankenwärter in
Augsburg und durch seinen Freund Caspar Neher kennen,
um dessen Leben er fürchtete, kamen doch ständig Todes-
nachrichten von »gefallenen« Klassenkameraden an der
Front. Auch zu den revolutionären Ereignissen in München
blieb Brecht auf Abstand; in Augsburg soll er zwar Sol-
datenrat gewesen sein, hervorgetan aber hat er sich nicht.

Allerdings gaben ihm die Nachrichten aus Berlin über den
»Spartakus«-Aufstand, der mit der Ermordung von Karl
Liebknecht und Rosa Luxemburg endete, den Impuls, ein
weiteres Drama zu schreiben: *Trommeln in der Nacht*, zunächst mit dem Titel *Spartakus* konzipiert. Obwohl Brecht
zur Zeit notierte: »Wir litten unter einem Mangel an politischen Überzeugungen und ich speziell noch dazu an
meinem alten Mangel an Begeisterungsfähigkeit« (GBA
21,250 f.), ist das Stück nicht unpolitisch. Zwar bildet die
Revolution lediglich die »Kulisse« im Hintergrund; dennoch rechnet der junge Autor scharf mit der sich wieder eta-
blierenden bürgerlichen Raubgesellschaft und ihren hohlen
Phrasen ab (vgl. die eingehende Analyse im vorliegenden
Band S. 89–99).

Es zeichnete Brecht aus, dass er neben den engen Freundschaften mit seinen Klassenkameraden schon früh auch Beziehungen zu Dichterkollegen suchte und auch fand. Lion
Feuchtwanger, der 1919 zu den bekannteren Schriftstellern
zählte, war es, der den Anfang setzte, das neu geschriebene
Stück *Trommeln in der Nacht*, dessen Titel von Feuchtwangers Frau Marta stammt, förderte und dann auch bereit war,
mit dem Anfänger zusammenzuarbeiten, so 1923 am Stück
Leben Eduards des Zweiten von England nach Christopher
Marlow. Auf Feuchtwangers Vermittlung ging überdies zurück, dass Brecht im Oktober 1922 die Stelle eines Drama-
turgen an den Münchner Kammerspielen erhielt.

Auf dem Oktoberfest 1919 lernte Brecht, um ein weiteres
Beispiel zu nennen, Karl Valentin kennen und reihte sich als
Klarinettist in dessen Orchester ein. Valentins Kurzstücke
und -filme, denen er ›komplizierten, blutigen Witz‹ beschei-
nigte (Mittenzwei, B 6: 1986, 110), regten Brecht zu einer
Reihe von Einaktern an, die sich durch burleske Sozial- und
Gesellschaftskritik auszeichnen.

Eine weitere Freundschaft verband Brecht mit Arnolt
Bronnen, einem ebenfalls jungen Dramatiker, der 1922 mit
seinem expressionistischen Stück *Vatermord* (entstanden

um 1915) seinen ersten großen Erfolg feierte. Beide gründeten eine »Firma«, fassten Pläne zu gemeinsamen Dramen und dann vor allem Filmen und beschlossen, mit ihren Produkten die Metropole Berlin zu erobern. Nach der Schreibung von Bronnens Vornamen passte Brecht seinen Vornamen dem seines Freundes an. Er hieß seitdem Bertolt Brecht oder in der alten Kurzform, die er seit 1917 benutzte, Bert.

Hartnäckig verfolgte Brecht auch die freundschaftliche Verbindung zu dem Kritiker Herbert Ihering, dem Antipoden von Alfred Kerr, dessen Urteile für die Karriere von Bedeutung sein konnten. Tatsächlich gelang es Brecht, Ihering auf sich aufmerksam zu machen und ihn für sein Werk zu interessieren. Da Ihering 1922 an der Reihe war, den Kleist-Preisträger zu küren, fiel seine Wahl auf Brecht und dessen im September 1922 an den Münchner Kammerspielen uraufgeführtes Stück *Trommeln in der Nacht*. Iherings geradezu enthusiastische Kritik (»Eine literarische Sensationspremiere«) und die Verleihung des Preises verschaffte dem jungen Bertolt Brecht den Durchbruch am deutschen Theater (vgl. Ihering, B 5: 1980, 3). Zwar war Brecht zu dieser Zeit kein Unbekannter mehr, denn er hatte mit seiner 1921 veröffentlichten Seeräuber-Geschichte *Bargan läßt es sein* bereits als literarischer Geheimtipp gegolten, Iherings Urteil jedoch, Brecht habe »über Nacht das dichterische Antlitz Deutschlands verändert«, rückte diesen in die erste Reihe der deutschen Dramatiker. Jetzt konnte er mit der »Eroberung« Berlins Ernst machen.

Bereits im November 1921, als Brecht zum zweiten Mal nach Berlin fuhr, um Verträge auszuhandeln – tatsächlich gelang es ihm, einen ersten Generalvertrag mit dem Reiß Verlag abzuschließen –, nahm er über den Dichter Hermann Kasack, der Lektor bei Kiepenheuer war, Kontakte zu dessen Verlag auf, der ab 1930 die Werkreihe der *Versuche* herausbringen sollte, sich aber auch durch den Druck des *Baal* (1922) und der *Taschenpostille* (1926) engagierte.

»Eroberung« Berlins

1923 begann Brecht die Umsiedlung nach Berlin vorzubereiten, indem er sich durch gezielte Besuche bei den Berliner
Theatern als Mitarbeiter empfahl. Im September 1924 erfolgte die endgültige Übersiedlung in die Metropole, von
der sich Brecht im Gegensatz zum als spießig und provinzi-
ell eingeschätzten München das entscheidende Forum für
seine weitere dichterische Laufbahn versprach. Eine Anstellung fand er am Deutschen Theater, als Dramaturg zusammen mit Carl Zuckmayer, den er in München kennen gelernt hatte.

Inzwischen war Brecht zweifacher Vater geworden, und
das dritte Kind mit der dritten Frau kündigte sich an: Am
3. November 1924 würde Helene Weigel den gemeinsamen
Sohn Stefan zur Welt bringen. Über Brechts »Frauenge-
schichten« ist viel spekuliert worden. Seine Polygamie galt
und gilt vielen noch als anstößig. Brecht aber verstand Liebe
als Produktion »mit den Fähigkeiten des andern« (GBA
18,40). Da er in einer Gesellschaft lebte, die ideologisch
zwar nach wie vor die Ehe und damit die Monogamie als
»Keimzelle« des Staates verstand, in Wirklichkeit jedoch
von zunehmender Entfremdung und »Kälte« unter den
Menschen geprägt wurde, war es naheliegend, Kontakte und
auch Liebesbeziehungen zu möglichst vielen Menschen zu
suchen, um auf diese Weise der meist unausbleiblichen Entfremdung in Zweierbeziehungen zu entgehen und – im Gegensatz dazu – die Liebe an die gemeinsame Produktion zu
binden, ihr folglich mehr als nur den Gefühlswert zu geben.

Bereits der junge Eugen hatte durch die Krankheit der
Mutter und die Aushäusigkeit des Vaters nur wenig Erfah-
rungen mit einer intakten Familie gemacht. Sein Stück *Im
Dickicht der Städte*, das Brecht 1921 begann, als er in Berlin
die »kalte« Stadt, das Dickicht und den Dschungel der
Großstadt, kennen gelernt hatte, thematisiert u. a. den Zer-

fall einer Familie, deren Ursachen Arbeitsteilung (oder auch Arbeitslosigkeit), enges Zusammenleben, notwendiger Egoismus, um sich durchzuboxen, die Massenhaftigkeit des Menschen bzw. der zunehmende Verlust von Individualität sind – und dass die Welt zu »voll« ist. Nicht einmal der Kampf zweier Menschen gegeneinander bis aufs Messer – das zweite Thema des Stücks – bringt sie mehr zueinander. Für Brechts Werk sollte die mangelnde Fähigkeit der modernen Menschen, dauerhafte und humane Beziehungen zueinander zu knüpfen, zu einem der Dauerthemen werden.

Angesichts einer solchen Analyse der Gesellschaft, die so weit ging, dass im *Lesebuch für Städtebewohner* sarkastisch empfohlen wird, die Eltern, die Freunde und auch sich selbst zu verleugnen, um überleben zu können, war es nur konsequent, nach anderen Lebens- und Umgangsformen zu suchen. Wie gesagt, hatte Brecht frühe und bleibende Freundschaften – zunächst vor allem mit Männern – geschlossen und weitgehend im Kreis der Freunde dominiert, was diese aber nie als Einschränkung ihrer Möglichkeiten empfunden haben (alle Erinnerungen, die in schriftlicher Form vorliegen, belegen dies).

Auch die zahlreichen Liebschaften mit Frauen sind weitgehend vor allem durch diese überliefert, und auch da gibt es keine bösen Urteile über chauvinistisches, anmaßendes, unterdrückendes Verhalten – im Gegenteil beschreibt z. B. Paula Banholzer, die Mutter des ersten Kindes Frank, ihren Geliebten als zurückhaltenden, eher scheuen, liebevollen Menschen, der sich auch – wenn er es durfte (Paulas Eltern waren gegen die Beziehung) – aufopfernd um das Kind gekümmert hat. Auch Marianne Zoff, die zweite Mutter eines Brecht-Kindes, Hanne (spätere Hiob), fand, auch wenn sie zurückhaltender urteilte, keine den Mann abwertenden Worte (und berichtet darüber hinaus von einer weiteren Frau, mit der er zwei Kinder gehabt haben soll; Banholzer, B 5: 1981, 186). Marianne war die erste Ehefrau, selbst Künstlerin (Schauspielerin und Sängerin), die für sich das herausnahm, was Brecht ihr zumutete. Die Ehe, 1922 geschlossen, hielt nicht lange, da Brecht sich nach Berlin orientiert und im Sommer 1923 Helene Weigel kennen gelernt hatte. Diese wurde 1929, nachdem die Ehe mit Marianne Zoff 1927 geschieden worden war, seine zweite Ehefrau. 1930 kam das vierte (offizielle) Kind Barbara zur Welt.

»Laßt sie wachsen, die kleinen Brechts«, dieser Satz ist sowohl von Paula Banholzer als auch von Marianne Zoff überliefert (Banholzer, B 5: 1981, 43 und 165). Anders als sein früher Dramenheld Baal, der nichts fürchtete außer Kindern, gehörten Kinder selbstverständlich mit zur Liebe als »Produktion«. Kinder zu haben, bedeutete Veränderung, Herausforderung, Zukunftsperspektive und vor allem Sorge um sie. Auch da gibt es nichts Nachteiliges zu berichten. Für Frank und Hanne, die ja bei ihren Müttern lebten, hat Brecht finanziell gesorgt und sich bemüht, sie so oft wie möglich zu sehen. Um Hanne kämpfte er, als Marianne mit Theo Lingen zusammenlebte und er meinte, der neue Mann habe schlechten Einfluss auf seine Tochter. Die enge Bindung der Kinder – Frank kam 1940 bei einem Luftangriff ums Leben – dauerte auch über den Tod des Vaters hinaus an. Barbara Schall verwaltet Brechts Erbe, Stefan trat als Gedichteschreiber und Theatertheoretiker in dessen Fußstapfen, und Hanne Hiob widmete sich, nachdem sie auch als Schauspielerin Rollen in Stücken Brechts übernommen hatte, dem Werk durch Filmrollen und Rezitation, darunter vor allem mit den von ihr organisierten Theaterzügen durch die Bundesrepublik Deutschland anlässlich der Kanzlerkandidatur von Franz Josef Strauß und bei der Wahl von Karl Carstens zum Bundespräsidenten, in denen das Gedicht *Freiheit und Democracy* szenisch umgesetzt wurde (vgl. Knopf, B 4: 1983).

Schon die frühen Lieder standen im Zeichen kollektiver Produktion. Brecht pflegte bei Ausflügen der »Clique« sein »Klampfentier« mitzunehmen und dabei bekannte Texte auf bekannte Melodien, aber auch Parodien und eigene

Texte vorzusingen. Es war selbstverständlich, dass die Freunde und Freundinnen zum Produkt beisteuerten, aber ebenso selbstverständlich haben sie nicht ein Werk, nicht ein Gedicht für sich reklamiert. Seine erste Lyriksammlung nannte Brecht entsprechend *Lieder zur Klampfe von Bert Brecht und seinen Freunden* (1918). Das war nicht hochmütig gemeint – er selbst als Individuum, die anderen als »Masse« –, sondern gab die tatsächlichen Verhältnisse wieder. Hanns Otto Münsterer hat Texte der frühen Lyrik dadurch gerettet, dass er sie – als Lieder im Kopf – aufzeichnete, sie aber immer als Brechtsche Werke ansah, obwohl auch er zu den Versen beigesteuert hatte (im Nachlass von Münsterer; Bayerische Nationalbibliothek München).

Nicht anders wurde es, als Ende 1924 Elisabeth Hauptmann zu Brechts »Stab« stieß, dem damals Emil Burri, Medizinstudent und Dramatiker, Caspar Neher, Maler und Bühnenbildner, und Bernhard Reich, Regisseur, angehörten. Hauptmann war von da an – mit Unterbrechungen im Exil – ständige Mitarbeiterin Brechts, schrieb aber auch eigene Werke, darunter das immer noch häufig Brecht zugeschriebene Stück *Happy End*.

Die Tatsache, dass Brecht von zahlreichen Mitarbeitern und Mitarbeiterinnen umgeben war, ergab sich aus einer neuen Arbeitshaltung als Dichter. Brecht hatte erkannt, dass er in einer arbeitsteiligen Gesellschaft lebte, die auch vom Dichter – wollte er über diese Gesellschaft etwas Relevantes sagen – eine neue Form der Produktion erforderte. Kollektives Arbeiten war ihm aus dem Theater vertraut: Schauspieler, Bühnenarbeiter, technisches Personal, Dramaturg, Regisseur, Musikanten etc. garantierten nur in engem und abgestimmtem Zusammenwirken eine optimale Inszenierung; alle Beteiligten brachten ihre Fähigkeiten und ihr Können in sie ein. Brecht übertrug diese Art der Zusammenarbeit auch auf die poetische Produktion, indem er nicht auf sich allein setzte, sondern sich mit Experten aller Couleurs umgab und ihr Wissen verwertete.

Über Emil Burri z. B. lernte er sowohl den Boxsport als auch dessen Milieu wie überhaupt des Sports kennen, was er dann vielfach verwertete, so im *Lebenslauf des Boxers Samson-Körner*, einem so genannten Bio-Interview, von Körner erzählt, von Brecht aufgeschrieben, oder in der *Mahagonny*-Oper. Aber er fand im Sport auch sein Publikum, das er dann in die Theater zu holen suchte: kritische Beobachter, sachverständig Urteilende. Elisabeth Hauptmann vermittelte ihm die Kenntnisse über die Heilsarmee, die z. B. in der *Heiligen Johanna der Schlachthöfe* eine zentrale Rolle spielt, oder sie übersetzte ihm englische Texte, so John Gays *Beggars Opera* für die *Dreigroschenoper*, oder Erzählungen und Lieder von Rudyard Kipling, die Brecht dann bearbeitete und verwertete. Später sollte es Karl Korsch sein, der Brecht wesentliche Kenntnisse über Marx und den Marxismus vermittelte. Es ist überliefert, dass Brecht ein guter Zuhörer war; der Grund dafür war: Er wertete bereits bei der Übermittlung das Material für seine Zwecke aus. Dass dies im Grunde nichts Neues ist, wenn auch Brecht bewusst die Produktionsverhältnisse seiner Gesellschaft übernahm, belegt eine Äußerung Goethes gegenüber Frédéric-Jacques Soret vom 17. Februar 1832:

Ich sammelte und benutzte alles[,] was mir vor Augen, vor Ohren, vor die Sinne kam. Zu meinen Werken haben Tausende von Einzelwesen das ihrige beigetragen, Toren und Weise, geistreiche Leute und Dummköpfe, Kinder, Männer und Greise, sie alle kamen und brachten mir ihre Gedanken, ihr Können, Ihre [sic] Erfahrungen, ihr Leben und ihr Sein; so erntete ich oft, was andere gesäet; mein Lebenswerk ist das eines Kollektivwesens, und dies Werk trägt den Namen Goethe.[4]

---

4 Zit. nach Werner Völker (Hrsg.), »Bei Goethe zu Gast. Besucher in Weimar«, Frankfurt a. M. 1996, S. 159.

Die unmittelbare Produktion in Brechts »Werkstatt« erfolgte, noch konsequenter, bereits weitgehend in Zusammenarbeit mit anderen. Der Vorteil war nicht nur, dass das Wissen und die Einfälle anderer in die Texte eingingen, Brecht hatte zugleich auch die ersten Kritiker mit am Werk.

Lion Feuchtwanger beschrieb in seinem Roman *Erfolg* auf satirische Weise den Arbeitsalltag des Schriftstellers Jacques Tüverlin, eine Beschreibung, die auch auf seine Erfahrungen in der Zusammenarbeit mit Brecht zurückgeht. Dort heißt es:

> Jacques Tüverlin diktierte seiner sauberen, blitzblanken Sekretärin einen Essai zum Fall Krüger. »Der Mann Martin Krüger«, diktierte er, in einem weiten, einfarbigen Hausanzug schlenkerig auf und ab gehend, »der Mann Martin Krüger ist der Regierung unbequem [. . .].«
> Der Lautsprecher des Rundfunks gellte einen Tanz, eine Freundin Jacques Tüverlins beschwerte sich am Telephon, daß er sie im Restaurant habe sitzen lassen; er hatte tatsächlich vergessen und schob alles auf die Sekretärin; doch die war unschuldig, denn er hatte ihr nichts mitgeteilt. Der Bote eines Verlags forderte dringend Korrekturfahnen ein. Er wich nicht aus dem Vorzimmer, er hatte Auftrag, nicht ohne Korrekturfahnen abzuziehen. Jacques Tüverlin liebte Lärm beim Arbeiten. Die Sekretärin wartete geduldig, er diktierte weiter. [. . .]
> Ein Schneider kam zur Anprobe eines neuen Smokings, der Bote des Verlags wartete, der Lautsprecher schrillte und quäkte, ein Sportshaus rief an, die neuen Schneeschuhe seien angekommen.
> »Natürlich trifft den Mann Krüger«, diktierte Tüverlin weiter, während der Schneider mit Nadeln und Kreide an seinen breiten Schultern und schmalen Hüften herumhantierte, »eine viel größere Schuld als die bayrische Regierung [. . .].«

Solche und ähnliche Grundlinien des zu schreibenden
Essais legte der Schriftsteller Jacques Tüverlin fest,
diktierend, auf und ab schlendernd, dem verzweifelten
Schneider pantomimisch Anweisungen gebend. Dann
fertigte er den Boten ab, bestellte die Schneeschuhe,
vereinbarte mit dem gekränkten Mädchen eine Zusam-
menkunft, schickte die Grundlinien des Essais an Johanna Krain.[5]

Brechts Arbeit als Dramaturg am Deutschen Theater bei
Max Reinhardt war verbunden mit zahlreichen Plänen zu
Stücken, Romanen und Lyrik-Sammlungen, von denen viele
nicht beendet wurden, andere aber auch mit geteiltem Erfolg auf die Bühnen kamen, wie etwa *Mann ist Mann* 1926
mit einer Doppeluraufführung in Düsseldorf und Darmstadt. Unter den unvollendeten Projekten befindet sich das
Stück *Jae Fleischhacker in Chikago*, mit dem sich eine hart-
näckige Legende der Brecht-Forschung verbindet. Das
Stück, das zunächst *Weizen* hieß, soll der Anlass gewesen
sein, dass Brecht zum Kommunismus »konvertierte«. Die
Legende geht auf eine Äußerung Brechts zurück:

Ich dachte, durch einige Umfragen bei Spezialisten und
Praktikern mir rasch die nötigen Kenntnisse verschaffen zu können. Die Sache kam anders. Niemand [...]
konnte mir die Vorgänge an der Weizenbörse hinrei-
chend erklären. [...] Die Art, wie das Getreide der
Welt verteilt wurde, war schlechthin unbegreiflich.
Von jedem Standpunkt aus außer dem einer Handvoll
Spekulanten war dieser Getreidemarkt ein einziger
Sumpf. Das geplante Drama wurde nicht geschrieben,
statt dessen begann ich Marx zu lesen, und da, jetzt
erst, las ich Marx.   (GBA 22,139)

5 Lion Feuchtwanger, *Erfolg. Drei Jahre Geschichte einer Provinz. Roman*,
  Berlin 1930, Bd. 1, S. 208–211.

Und in einem Brief schrieb er aus dem Urlaub: »Ich stecke acht Schuh tief im *Kapital*. Ich muß das jetzt genau wissen ...«.[6]

Wie tief auch immer acht Schuh sein mögen, Brecht betrieb keinesfalls systematische philosophische Studien, wie die Lektürespuren vieler Fachbücher im Nachlass zeigen. Und dass Brecht mit der Marx-Lektüre sogleich auch Marxist geworden sein sollte, lässt sich auch nicht bestätigen. Schon die Kritiker von *Mann ist Mann* vermuteten, im Stück, das vor der Marx-Lektüre lag und auf Pläne von 1918 zurückging, sei eine »bolschewistische Losung« versteckt (Bernhard Diebold; GBA 2,416). Brechts Gesellschaftskritik, die in *Mann ist Mann* die »Ummontierung« eines Menschen vom Kleinbürger zur Kampfmaschine zeigt und damit die Auslöschung eines Menschen in ein zweckorientiertes Instrument, mit dem alles zu machen ist, war von vornherein mit dem Ruch des »Kommunistischen« versehen worden.

Brecht war ein Schriftsteller, der sich weniger für sich als für die gesellschaftlichen Verhältnisse interessierte. Nicht das Subjektive und seinen Ausdruck suchte er, vielmehr das Intersubjektive, das Zusammenleben der Menschen, das sich in seiner Zeit durch die Ausmerzung des Individuums und seiner Möglichkeiten auszeichnete. Das war keine Frage der Ideologie, sondern eine Frage nach der die Menschen prägenden gesellschaftlichen Wirklichkeit und ihrer Darstellung in der Kunst – oder wie Carl Zuckmayer es einmal formuliert hat: Brecht sei zum Marxismus »durch Kunsterfahrung gelangt«.

Ich glaube dies so verstehen zu dürfen: in der Bemühung, den Überreichtum seines Talents zu bändigen

---

6 Zit. nach dem Tagebuch von Elisabeth Hauptmann, jetzt in: Sabine Kebir, »Ich fragte nicht nach meinem Anteil. Elisabeth Hauptmanns Arbeit mit Bertolt Brecht«, Berlin 1997, S. 34-63; hier S. 61. Der Brief Brechts ist nicht erhalten.

und den Menschen, also der Gesellschaft, Gültiges mitzuteilen, suchte er nach einer ›Ordo‹, einer Bindung im nächsten und besten Sinne, und die nächste und beste, in seiner Meinung auch die menschlichste, die sich ihm anbot, war die politische des Marxismus, die geistige der materialistischen Dialektik. Wir wissen um diesen Weg und wir respektieren ihn, auch wenn wir ihm dahin nicht folgen können.[7]

Das lediglich eklektische Marx-Studium stand in unmittelbarem Zusammenhang mit dem Projekt *Jae Fleischhacker in Chikago*, für das Brecht Fakten benötigte. Alle Versuche, sie von verschiedenen Börsenspezialisten zu erhalten – Elisabeth Hauptmann war bei den Recherchen ausgiebig beteiligt –, schlugen fehl, also suchte er Auskünfte in Marx' nationalökonomischer Schrift. Der Nachlass zeigt jedoch, dass Brecht weit mehr Kenntnisse aus Zeitungsberichten über Börsenmanöver bezog, und das entscheidende Wissen schließlich erhielt er aus einem Roman, aus *The Pit* (*Die Weizenbörse*) von Frank Norris (postum 1903). Nach diesem Roman baute Brecht die Börsenhandlung der *Heiligen Johanna der Schlachthöfe*, das Stück, das dann doch noch das ursprüngliche Projekt auf andere Weise zu Ende führte.

1927 erschien endlich die *Hauspostille*, die Brecht, obwohl seit 1922 ein Vertrag mit Kiepenheuer vorlag, über vier Jahre hinausgezögert hatte, und dann kam sie nicht bei Kiepenheuer, sondern im Propyläen-Verlag (Ullstein-Konzern) heraus, mit dem Brecht einen neuen Generalvertrag geschlossen hatte. Kiepenheuer konnte nur mehr die bereits gesetzte *Taschenpostille*, wie Brecht seine Sammlung zunächst nennen wollte, im Privatdruck herausbringen. Die 25 Exemplare, die gedruckt wurden, gehören zu den größten Raritäten der modernen Literatur, zumal nur noch die Existenz von zwei Exemplaren bekannt ist.

---

7 Carl Zuckmayer, *Als wär's ein Stück von mir*, Frankfurt a. M. 1971 (zuerst 1966), S. 373.

Die *Hauspostille* verwirrte die Kritik, weil die in ihr versammelten Gedichte überwiegend aus der Zeit zwischen 1917 und 1922 stammten und den frühen Balladenton aufwiesen. Von »Romantik« war die Rede, die überhaupt nicht zu den »Räuberbanden« und zum »Kommunismus« des gegenwärtigen Dramatikers von *Mann ist Mann* passten. Wie wenig das Urteil der bürgerlichen Presse begründet war, Brecht sei Kommunist gewesen, beweist das Gedicht *Gesang des Soldaten der roten Armee* von 1919, 1925 zuerst als Einzeldruck publiziert. Der kommunistische Kritiker Alexander Abusch qualifizierte es als offen antibolschewistisch und meinte, es sei Beleg, wie »schlimm die ›Verwirrung der Gefühle‹ Brechts ausarten kann« (GBA 11,312). Er habe damit die »Methode der Zersetzung des Bürgerlichen« auf die Rote Armee und das revolutionäre Russland übertragen. Brecht setzte daraufhin die Legende in die Welt, das Gedicht sei auf die rote bayerische Revolutionsarmee, zu der es im Text keinerlei Bezüge gibt, gemünzt, und strich es aus der Sammlung. Die Publikation des Gesangs in der *Hauspostille* jedoch belegt, dass Brecht zu Versen wie: »Und mit dem Leib, von Regen hart / Und mit dem Herz, versehrt von Eis / Und mit den blutbefleckten Händen / So kommen wir grinsend in euer Paradeis« 1927 noch gestanden haben muss.

Völlig neue Möglichkeiten eröffneten sich Brecht, als er im April 1927 den Komponisten Kurt Weill kennen lernte. Weill kannte die *Hauspostille* mit den *Mahagonnygesängen* und stellte mit ihnen für die *Deutsche Kammermusik Baden-Baden 1927* (15.–17. Juli) ein »Songspiel« zusammen, das, wie der Programmzettel besagte, »lediglich die Konsequenz aus dem unaufhaltsamen Verfall der bestehenden Gesellschaftsschichten« zog (GBA 2,454) und entsprechend für Furore sorgte: Heftiger Ablehnung stand begeisterte Zustimmung gegenüber. Noch im selben Jahr schrieb Brecht mit Weill zusammen den Text für eine große Oper *Mahagonny*, den Brecht, wie Weill betonte, »rein für die Bedürfnisse der Musik« geschrieben hatte (unveröffentlichter Brief Weills, Stadtbibliothek Wien).

Mahagonny musste jedoch zurückstehen, weil Brecht und Weill im Frühjahr 1928 von Ernst Josef Aufricht den Auftrag erhielten, für die Eröffnung des Theaters am Schiffbauerdamm eine Oper zu schreiben. Elisabeth Hauptmann übersetzte die gewählte Vorlage von John Gay, dann fuhren Weill und Brecht nach St. Cyr in Südfrankreich, um gemeinsam Text und Komposition zu erarbeiten. Lion Feuchtwanger steuerte nach ihrer Rückkehr den Titel *Die Dreigroschenoper* bei.

Die Uraufführung im August 1928 stieß zwar bei der Presse auf durchaus geteilte Meinungen, ganz anders aber entschied das Publikum, das sich keineswegs durch die Darstellung des Räubers als Bürger und des Bürgers als Räuber herausgefordert oder gar geschockt sah, sondern die neue Form der epischen Oper kulinarisch genoss. Dass *Die Dreigroschenoper* der legendäre Erfolg Brechts wurde, verdankte er nicht zuletzt den Melodien Weills, die schnell zu Schlagern wurden und, auf zahlreichen Platten vertrieben, ein regelrechtes »Dreigroschenfieber« auslösten. Die bessere Gesellschaft gab sich als Räuber und Huren, man tanzte, pfiff und sang *Die Moritat von Mackie Messer*, *Die Seeräuber-Jenny* oder den *Kanonen-Song*.

Eine Einzelausgabe mit den *Songs der Dreigroschenoper* führte zur berühmten Plagiatsaffäre, die Alfred Kerr, der bereits die Uraufführung rezensiert hatte, 1929 auslöste, indem er Brecht vorwarf, die meisten Songs fast wörtlich der Villon-Übersetzung von K. L. Ammer (d. i. Karl Ammer) entnommen zu haben. »Die hübsche *Dreigroschenoper* [. . .] ist ein Werk Brechts, das John Gay vor zweihundert Jahren schrieb. [. . .] Sind leichte Verse der Erholung; Brecht spannt aus. (Aber wem?)« (*Berliner Tageblatt*, 3. Mai 1929).

Der »Angeklagte« reagierte gelassen und rechtfertigte die Übernahmen »mit meiner grundsätzlichen Laxheit in Fragen geistigen Eigentums« (GBA 2,440). Wenig später schrieb er: »So ziemlich jede Blütezeit der Literatur ist charakterisiert durch die Kraft und Unschuld ihrer Plagiate« (GBA 21,323), und verwies auf Shakespeare, der zu den »großen sensationellen Fällen« gehörte, »wo es dem Autor glückte, ganze Akte anderer sich einzuverleiben« und alles »mit seinem großen Namen deckte« (GBA 21,323 f.).

Zu Brechts kollektiver Arbeitsweise gehörte, dass er neben der »Ausbeutung« anderer auch im Garten der Weltliteratur hemmungslos wilderte. In seiner 1929 geschriebenen Geschichte *Herr Keuner und die Originalität* machte er sich lustig über diejenigen Schriftsteller, »die sich öffentlich rühmen, ganz allein große Bücher verfassen zu können«. Dagegen führte er den chinesischen Philosophen Dschuang Dsi an, der »ein Buch von hunderttausend Wörtern, das zu neun Zehnteln aus Zitaten bestand«, verfasst habe. »Solche Bücher können nicht mehr geschrieben werden, da der Geist fehlt«, und für die Original-Schriftsteller gelte: »Größere Gebäude kennen sie nicht, als solche, die ein einziger zu bauen imstande ist!« (GBA 18,18)

Damit vertrat Brecht eine Position, die im Schriftsteller der Zeit nicht mehr den Handwerker, der lediglich einen Federhalter und Papier für die Entstehung ihrer Werke vorzuweisen hatte, sondern einen Produzenten sah, der mit den Produktionsmitteln der Zeit zu arbeiten und folglich auch organisatorisch tätig zu sein hatte.

Allein die Tatsache, dass man als Autor von Stücken die Institution oder – wie Brecht sagte (vgl. GBA 24,74–84) – den »Apparat« Theater benötigte, um aufgeführt zu werden, macht deutlich, dass man ohne Berücksichtigung der Apparate überhaupt nicht an die Öffentlichkeit kam. Daraus resultierten dann auch all diejenigen theoretischen Überlegungen über die Veränderung der Institutionen, aber auch der Rezeption des Publikums, die als »Theorie des epischen Theaters« bekannt geworden sind.

Brechts Schwierigkeiten verschärften sich dadurch, dass er nicht nur die Theater mit seinen Vorstellungen zu erneu-

ern, sondern auch die Medien Radio und Film zu beeinflussen suchte, um aus den »Distributionsapparaten« (GBA
21,553) – der bloßen Unterhaltung und Zerstreuung die-
nend – solche der Kommunikation werden zu lassen.

Brecht legte 1929, als er im ersten Halbjahr das Radiolehrstück *Der Flug der Lindberghs* schrieb, und 1931, als er
den *Dreigroschenprozeß* als Reaktion auf die Verfilmung
der *Dreigroschenoper* (Regie: Georg Wilhelm Pabst) ausarbeitete, grundlegende und auch heute noch viel zitierte
Überlegungen zur Veränderung der Medien vor.

Mit dem Radiolehrstück wollte Brecht den Rundfunk
vom Genuss- zum Kommunikationsmittel wenden. Dies
zu erreichen, sollte der Part des Lindbergh der Part des Hörers sein, der den Text des Lindbergh mitspricht und mit-
singt und zugleich auf den Chor (das Radio) hört. Auf diese
Weise konnte eine »Zusammenarbeit zwischen Apparat und
Übenden« entstehen; der Zuhörer war also aktiv an dem,
was der Apparat bot, beteiligt.

Eine weitere Gelegenheit, seine Ansichten zum Autor als
Produzenten zu äußern und für eine »Technifizierung« der
Literatur zu plädieren, ergab sich 1930 bei Gelegenheit der
Verfilmung der *Dreigroschenoper*, publiziert in der Schrift
Der Dreigroschenprozeß. Ein soziologisches Experiment
(1931). Sie entstand als Reaktion darauf, dass Brecht mit der
Produktionsfirma Nero-Film A.G. einen Vertrag abge-
schlossen hatte, der ihm die Rechte am Drehbuch sicherte.
Das Exposé, das dieser dann freilich mit dem Titel *Die
Beule* vorlegte, entsprach in keiner Weise mehr der Oper,
die verfilmt werden sollte. Und also drehte die Nero-Film
A.G. die Oper nach eigenen Vorstellungen. Brecht ver-
klagte die Firma im Oktober 1930; die Klage jedoch wurde
abgewiesen, der Streit später mit einem Vergleich beendet.
Brecht nutzte die Auseinandersetzung – auch angesichts einer breiten publizistischen Beachtung des Prozesses –, den
tiefgreifenden Widerspruch seiner Gesellschaft offen zu legen, wonach ideologisch zwar die Rechte des Einzelnen

(vor allem der Urheber von poetischen Werken) geschützt sind, sie im Zweifelsfall aber durch Gerichte zugunsten der großen Konzerne und des Geldes geopfert werden (der Film war quasi fertig, als Brecht klagte, dass er nicht in die Kinos kommen dürfte). Das Gericht – und damit die Gesellschaft (»Im Namen des Volkes«) – entmachtete die Rechte des Individuums, das sie doch gesetzlich zu schützen verpflichtet war. Brecht sah sich dadurch in seiner Ansicht bestätigt, dass sich die wahre Einschätzung von Kunst in der Gesellschaft der Weimarer Republik grundlegend gewandelt hatte, nämlich dass allein die Besitzer der Apparate und das Geld über die Verwertung von Kunst entschieden.

Aus dieser Erfahrung leitete er die Notwendigkeit ab, die Haltung des Schriftstellers den neuen Realitäten anzupassen.

> Die Technifizierung der literarischen Produktion ist nicht mehr rückgängig zu machen. Die Verwendung von Instrumenten bringt auch den Romanschriftsteller, der sie selbst nicht verwendet, dazu, das, was die Instrumente können, ebenfalls können zu wollen, das, was sie zeigen (oder zeigen könnten), zu jener Realität zu rechnen, die seinen Stoff ausmacht [...].
>
> (GBA 21,464)

An die zu schildernden Dinge und Personen, so führt Brecht weiter aus, sei wie mit Instrumenten heranzugehen. Die Motivierung aus dem Charakter müsse unterbleiben, das »Innenleben der Personen gibt niemals die Hauptursache«, die Person sei »von außen« zu sehen und im Zusammenhang mit den anderen, in ihrem Verhalten zu sich selbst und zu den anderen (GBA 21,465). Selbst Gott, so spöttelte Brecht, informiere sich heute nur noch durch die Zeitungen über die Welt.

Die Kunst wurde, ob sie es wollte oder nicht, zur Ware, die man nach Angebot und Nachfrage an die Leute bringen musste. Um zu erreichen, dass ein Kunstwerk tatsächlich

die bestehende Realität erfasste, war ein neuer Kunstbegriff
notwendig:

> Die Lage wird dadurch so kompliziert, daß weniger
> denn je eine einfache ›Wiedergabe der Realität‹ etwas
> über die Realität aussagt. Eine Fotografie der Krupp-
> werke oder der AEG ergibt beinahe nichts über diese
> Institute. Die eigentliche Realität ist in die Funktionale
> gerutscht. Die Verdinglichung der menschlichen Bezie-
> hungen, also etwa die Fabrik, gibt die letzteren nicht
> mehr heraus. Es ist also tatsächlich ›etwas aufzubauen‹,
> etwas ›Künstliches‹, ›Gestelltes‹. Es ist also ebenso tat-
> sächlich Kunst nötig. Aber der alte Begriff von Kunst,
> vom Erlebnis her, fällt eben aus.   (GBA 21,469)

Brecht entwickelte aus diesen Einsichten den Modellcha-
rakter seiner Werke, die er ab 1930 *Versuche* nannte. Der
Begriff ist doppeldeutig. Er erinnert einmal an den Versuch
in den Naturwissenschaften, der ebenfalls davon geprägt ist,
dass er reale Vorgänge »nachbilden« soll, dies aber nicht
durch bloße Nachahmung kann, sondern nur durch künstliche Simulation im Experiment. Mit dem prinzipiell »gebauten« Experiment werden Teilvorgänge in der Natur
nachgebildet und, im Falle des Erfolgs, technisch anwend-
bar. Parallel galt dann für die Kunst: Indem sie gesellschaft-
lich verborgene, aber wirksame Realitäten künstlich auf-
baute, konnte sie in ästhetischen Bildern gesellschaftliche
Defekte wie Anonymität, Verdinglichung, Entfremdung
sichtbar sowie dadurch für die Kunstproduzenten wie die
Rezipienten durchschaubar und womöglich auch beherrsch-
bar (veränderbar) machen.

»Versuche« heißt aber zum zweiten auch, die poetischen
Werke lediglich als Vorschläge, als vorübergehende Angebote zu sehen, die keinen Anspruch auf die für Poesie
nach traditioneller Vorstellung notwendige Autonomie,
Geschlossenheit, klassische Endgültigkeit mit »Ewigkeits-
wert« mehr haben. Die *Versuche* waren demnach Angebote

BRECHT

VERSUCHE 1-3

Der Flug der Lindberghs
(Radiolehrstück für Knaben und Mädchen)

Radiotheorie

Geschichten vom Herrn Keuner

Fatzer, 3

1

GUSTAV KIEPENHEUER VERLAG

Heft 1 (Juni 1930)
der *Versuche 1–3*

für die Produktion, die bei jeder Gelegenheit überprüft, modifiziert oder auch grundlegend geändert werden konnten, aber sie waren auch Angebote für die Rezeption, die sich ebenfalls grundlegend verschoben hatte.

Brecht wollte, dass die Texte in erster Linie »in die Köpfe« – er sprach von »einverleiben« (GBA 26,146) – und erst in zweiter aufs Papier kamen. Rundfunk und Film begannen in der Weimarer Republik zu dominieren und damit die vorherrschende Aufnahme von Kunst, vor allem von Literatur, vom Gelesenen zum technisch vermittelten Gehörten und Gesehenen zu verlagern. Wichtiger war es demnach, die Texte in den Medien unterzubringen, als Bucherfolge zu erringen, was zur Folge hatte, dass sich Brecht immer wieder und durchaus mit Erfolg darum bemühte, in den Medien präsent zu sein. So gibt es viele Radio-Diskussionen mit ihm, *Der Flug der Lindberghs* wurde von mehreren Stationen gesendet, eine stark gekürzte *Hamlet*-Bearbeitung (1931) und Auszüge aus der *Heiligen Johanna* (1932) u. a. kamen bei Radio Berlin bzw. in der Berliner Funkstunde zu Gehör, und mit *Kuhle Wampe* (1931) war er auch unmittelbar – als Drehbuchautor (mit anderen) und in der Produktion – an einem Film beteiligt, der zu den »ewigen« Film-Klassikern zählt. Und »natürlich« waren auch das Kabarett, in dem Brecht präsent war, und das Theater Apparate, die Texte »medial« umsetzten. Sie dienten Brecht dazu, eine neue Zuschauhaltung eines sachverständigen und entspannten Publikums durchzusetzen, die der Zeit entsprach.

Die äußere Aufmachung der *Versuche* – graue, zeitschriftenartige Broschüren, alsbald dem Zerfall anheim gegeben – waren wie die *Hauspostille* zum Gebrauch bestimmt und hatten ihren Dienst dann geleistet, wenn die Texte »einverleibt« waren. Tatsächlich hat die Rezeption mancher Werke von Brecht diesem Konzept Recht gegeben. Die Zahl der Texte, die tatsächlich in den Köpfen ist, ist erstaunlich groß; die Zahl der Figuren, die – wie es Harry Buckwitz formuliert hat[8] – »archetypischen« Charakter erhalten haben, ist nur mit der Shakespeares vergleichbar (Courage, Mackie Messer, Puntila, Johanna, Shen Te etc.). Songs wie der vom Mackie Messer oder das *Solidaritätslied* (unter vielen anderen) gibt es in zahlreichen Arrangements in vielen Sprachen und mit zahlreichen Varianten, die beweisen, dass die Lieder auch fortgedichtet worden sind, also produktiv weitergewirkt haben. Das war die Wirkung, die Brecht angestrebt hatte.

In Berlin erweiterte sich der Kreis derjenigen, mit denen Brecht zusammenarbeitete und z. T. lebenslange Freundschaft schloss, erheblich. Um nur die wichtigsten zu nennen, denn Brecht war praktisch – das war ja auch der Sinn des Wechsels nach Berlin gewesen – mit allen wichtigen Persönlichkeiten der Kunst und z. T. der Wissenschaft in Kontakt. Walter Benjamin, der Kritiker und Philosoph, begann 1929, sich für Brecht zu erwärmen und über dessen Werk zu schreiben, Schriften, die heute zum klassischen Kanon der Brecht-Rezeption gehören. Slatan Dudow, der ungarische Regisseur, war von 1929 bis Ende 1932 fast ständiger Mitautor oder Mitwirkender an Brechts Werken. Er führte Regie bei *Kuhle Wampe* und bei der Uraufführung der *Maßnahme* in der Berliner Philharmonie, an der er auch als Mitautor zeichnete. In Paris inszenierte er im Mai 1938 Szenen aus *Furcht und Elend des III. Reiches*, und nach dem Krieg gehörte Dudow zum Empfangskomitee, das Brecht bei seiner Rückkehr nach Berlin erwartete. Der Komponist Hanns Eisler und Brecht begegneten sich im Frühjahr 1928 erstmals. Ihre intensive Zusammenarbeit begann mit dem Lehrstück *Die Maßnahme* 1930, das einen sensationellen Erfolg hatte. Drei Arbeiterchöre, ein gemischter Chor, vier Darsteller und ein Orchester setzten im Dezember 1930 Brechts und Eislers Vorstellungen, das Theater einem neuen Publi-

---

8 Harry Buckwitz, »Nekrolog auf einen Scheintoten«, in: »Brecht-Jahrbuch 1980«, Frankfurt a. M. 1981, S. 9–13; hier S. 11.

kum zu öffnen und in eine Stätte der Diskussion zu wandeln, beeindruckend um. Während des Exils blieb Eisler der wichtigste musikalische Koautor Brechts; nach dem Krieg setzten sie ihre intensive Zusammenarbeit in Ost-Berlin fort.

In den frühen dreißiger Jahren begann der dann zunehmende massive Druck von nationalistischer und nationalsozialistischer Seite auf Brechts Werk. Schon bei der Uraufführung der *Mahagonny*-Oper im März 1930 war es zu »inszenierten Mißfallenskundgebungen durch Hakenkreuzler und schwarzweißrote Skandalbrüder, die von kapitalkräftigen Hintermännern als Clique gekauft waren«, gekommen (*Sächsische Arbeiterzeitung*, 11. März 1930). Ein Stück wie *Die Maßnahme*, das offen »kommunistisch« schien, von kommunistischer Seite aber am heftigsten kritisiert wurde, musste die reaktionären Kräfte herausfordern. Die Zeit der Weimarer Republik begann sich dem Ende entgegen zu neigen.

Brecht hatte bereits in München, intensiver in Berlin die Möglichkeiten künstlerischer Art, die in der Republik gegeben waren, ausgenutzt und sich einen Namen gemacht. Er wurde an den meisten maßgeblichen Theatern gespielt, in Kabaretts rezitiert, war in den Zeitungen und im Radio präsent. Seine Meinung war gefragt, und sie wurde z. T. heftig diskutiert. Seine Stücke lösten Theaterskandale aus, die dem Autor weniger schadeten als nützten, und er nahm – wenn auch gegen seine (nachweisbaren) Intentionen – an den Golden Twenties durch den Erfolg der *Dreigroschenoper* teil. Weniger seine ideologische Überzeugung als vielmehr die kompromisslose Analyse seiner Gesellschaft und ihrer Verhältnisse brachten ihn auf die Seite der Kommunisten. Er engagierte sich aber nicht parteipolitisch, orientierte sich vielmehr strategisch und blieb vor allem durch seine Freundschaften mit Parteikommunisten verbunden. Trotz der Tatsache, dass er aus bürgerlichem Haus stammte, bevorzugt aufgewachsen und in schwierigen Lagen von seinem Vater, der den Dichtungen des Sohns mit Distanz

folgte, stets unterstützt wurde, beschäftigten ihn die zunehmende Verdinglichung oder Versteinerung der Verhältnisse,
die Ausmerzung des Individuellen, die Anonymisierung
der Gesellschaft und vor allem die sozialen Missstände.
Dass in seinen Werken so häufig vom Hunger bzw. vom
Essen die Rede ist, lag nicht in einer persönlichen Vorliebe
für solche Themen, sondern an den täglich beobachteten
und beobachtbaren Tatsachen. Es gibt heute genügend In-
formationsmittel, um sich ein Bild von dem kaum vorstell-
baren Elend zu machen, in dem viele Menschen im Ersten
Weltkrieg, nach seinem Ende und nach der Wirtschaftskrise
1929 leben mussten. Brecht diagnostizierte die Ursachen als
gesellschaftsbedingt und schätzte die Wirkungen als unmenschlich ein, als Folgen einer unmenschlichen Gesellschaft. Wenn sich sein Werk mit dieser seiner Gesellschaft
beschäftigte, so mussten Armut, Hunger, Ausbeutung zentrale Themen sein.

In den letzten Jahren der Republik dominierte das Engagement, mit seinem Werk zu einer revolutionären Umge-
staltung der Gesellschaft beizutragen, sich also auf die kommunistische Seite zu schlagen, von der er allein entsprechende Aktivitäten erwartete. Die SPD qualifizierte er als
reformistisch, und aus den Materialien zur *Heiligen Johanna der Schlachthöfe* geht hervor, dass er in der Titelge-
stalt des Stücks auch die Haltung der SPD mit zu erfassen
versuchte: »SPD glaubt, daß den Armen geholfen wird, indem dem Kapitalismus geholfen wird.« (Bahr, B 3: 1971,
163) Johanna meint es zwar gut, sie lehnt aber jede Gewalt
in einer gewalttätigen Gesellschaft ab und versagt dadurch
im entscheidenden Moment. Ihre Einsicht, »Es hilft nur
Gewalt, wo Gewalt herrscht, und / Es helfen nur Menschen, wo Menschen sind« (GBA 3,224), kommt zu spät.
Die Raubgesellschaft hat sie bereits zu ihrer Heiligen kano-
nisiert.

Am 1. Mai 1929 hatte Brecht, als er bei Fritz Sternberg,
dem Philosophen und Soziologen, zu Gast war, vom Fens-

ter des Freundes aus beobachtet, wie der SPD-Polizeipräsident die von ihm verbotene Mai-Demonstration zusammenschießen ließ. Es gab Hunderte von Verletzten und 31 Tote. Sternberg berichtete später darüber: »Als Brecht die Schüsse hörte und sah, daß Menschen getroffen wurden, wurde er so weiß im Gesicht, wie ich ihn nie zuvor im Leben gesehen hatte. Ich glaube, es war nicht zuletzt dieses Erlebnis, was ihn dann immer stärker zu den Kommunisten trieb.« (Sternberg, B 5: 1963, 25)

Werke, die das prokommunistische Engagement zeigen, sind die von Brecht so genannten *Lehrstücke* (1929–32) (vgl. Krabiel, B 7: 1993, 1), die aber keineswegs lehrhafte Thesenstücke einer »vulgärmarxistischen« Übergangsphase waren, wie die Forschung lange Zeit behauptet hat, sondern dem Genre des Musiktheaters angehörten und durch ihren Gebrauchswert von Musik und Text versuchten, die bestehenden Apparate umzufunktionieren. Ihr Engagement lag weniger im Inhalt als vielmehr in der Ausbildung neuer Spiel- und Rezeptionsweisen, die zur Politisierung der angesprochenen Arbeiter, die als ihr Publikum gedacht waren, beitragen sollten.

Zu diesem Kreis gehört auch das Drama *Die Mutter* (1931) nach dem gleichnamigen Roman von Maxim Gorki, das von der DDR-Forschung als erstes großes klassenbewusstes Stück des »epischen Theaters« gefeiert worden ist. Es zeigt den Lebensweg der Arbeiter-Mutter Pelagea Wlassowa, die sich von der Kleinbürgerin zur aktiven Revolutionärin wandelt. Der Text stellt vor allem die gesellschaftlichen Bedingungen ins Zentrum, die die Wlassowa nötigen, ihren unpolitischen Standpunkt aufzugeben und sich der Revolution anzuschließen. Es war nicht anders zu erwarten, dass die »rechte« Presse zur Uraufführung im Komödienhaus am Schiffbauerdamm entsprechende Worte fand:

Hinter ihm [Brecht] steht – das beweist der Abend im Komödienhaus! – die ganze kommunistische Ideologie. Sie steht hinter Brecht als einem Bühnenschrift-

Brecht mit Hanns Eisler (stehend links)
und Slatan Dudow (rechts), 1931

steller, der sich langsam durchentwickelt hat zu einem literarischen Interpreten des Bolschewismus in Deutschland. Damit ist er nicht mehr ästhetisch zu bewerten, sondern politisch.[9]

Einen anderen Weg verfolgte Brecht mit seiner modellhaften Parabel *Die Rundköpfe und die Spitzköpfe* (1932). Das Stück, das zunächst als Bearbeitung von Shakespeares *Maß für Maß* gedacht war, stellt eindeutig Bezüge zu Hitler, seiner Rassenideologie und zur Politik der Zeit her und versucht, die Scheinhaftigkeit der politischen Argumentation in den Naziparolen durchsichtig zu machen. Der Statthalter des Stücks ist ein Fanatiker, der seine angeblich »sozialistischen«, antikapitalistischen Phrasen selbst ernst nimmt und von der herrschenden Klasse zur Realisierung ihrer Ziele missbraucht wird. Diese dienen dazu, den proletarischen Widerstand zu brechen und eine neue barbarische Form des Kapitalismus zu etablieren.

Die Mutter und der Film *Kuhle Wampe*, der erst nach zwei Verboten mit Schnitten in Deutschland aufgeführt werden durfte, hatten Brecht endgültig als Kommunisten abgestempelt. Die Polizei begann sich mit ihm zu beschäftigen. So gab das Polizeipräsidium München auf eine Anfrage der Berliner Polizei im September 1932 folgende Auskunft:

> Vertraulich wurde mitgeteilt, dass Brecht überzeugter Kommunist und als solcher auch schriftstellerisch für die KPD tätig ist. Öffentlich ist er jedoch politisch noch nicht hervorgetreten. B. soll durch seine Schriftstellerei, die sich angeblich auf einem sittlichen Tiefstand bewegt, sehr viel verdienen.
>
> (Hecht, B 6: 1997a, 334)

Auch in die umgekehrte Richtung gingen Auskünfte, die bestätigten, dass Brecht in der »kommunistischen Bewe-

---

9 Hans Heinrich Bachmann in: »Germania« (Berlin), 19. Januar 1932.

gung« bekannt wäre. Dieser Vorgang und ein Bericht der
Landeskriminalpolizei Berlin vom Dezember 1932 über
die angebliche »zersetzende Tätigkeit« der *Maßnahme*
(Aufführung in Düsseldorf) – für »China« brauche nur
»Deutschland« eingesetzt zu werden und schon sei sie auf
deutsche Verhältnisse anzuwenden (Hecht, B 6: 1997a,
337 f.) – belegen nochmals, dass sich Brecht offensichtlich
nicht politisch betätigte, sondern allein über seine poetischen Arbeiten entsprechend qualifiziert wurde.

Als am 6. November 1932 die Nazis bei den Reichstags-
wahlen erhebliche Stimmenverluste hinnehmen mussten,
schöpfte Brecht nochmals Hoffnung, dass eine faschistische
Regierung in Deutschland doch noch zu verhindern wäre.
Mit seinem Gedicht *Der Führer hat gesagt* (GBA 14,151–
153), einer bissigen Satire auf Hitlers Führungsanspruch
und falsche Versprechungen, versuchte er weiterhin politische Wirkung zu erzielen, aber vergeblich.

Vertreibung aus Deutschland: Exil in Dänemark

Im Januar 1933, als Brecht den russischen Schriftsteller Ana-
toli Lunatscharski kennen lernte, äußerte er erste Gedanken
an eine Emigration, hoffte aber immer noch, dass Hitlers
Machtausübung vorübergehend wäre und durch Widerstand beseitigt werden könnte. Anfang Februar saß er bereits auf seinen gepackten Kisten, am Tag nach dem Reichstagsbrand (27. Februar 1933) erfolgte die Flucht über Prag
nach Wien.

Er begann das Leben eines Vertriebenen, eines Verbannten, wie Brecht den Terminus »Emigrant« zu übersetzen
forderte (vgl. GBA 12,81). Die Verbindungen zum Publikum, zu den Theatern, den Medien waren abgeschnitten.
Die Existenz musste neu organisiert und die finanziellen

Grundlagen neu geschaffen werden. Brechts Bühnenvertrieb, Felix Bloch Erben, verhinderte nach der Machtübergabe an Hitler nicht nur die weitere Aufführung von Stücken – so wollte der Verlag nicht, dass eine »Freie Vereinigung sozialistischer Akademiker« die *Heilige Johanna der Schlachthöfe* in Prag uraufführte (vgl. Hecht, B 6: 1997a, 355 f.) –, sondern stellte auch die vertraglich vereinbarten Zahlungen an seinen Autor ein, so dass es notwendig wurde, neue Geldquellen zu erschließen. Dies erreichte er u. a. mit einer Aufführung des Balletts *Die sieben Todsünden der Kleinbürger* in Paris (Juni 1933), der letzten Zusammenarbeit mit Kurt Weill, der eine an der *Dreigroschenoper* orientierte Musik schrieb, dann mit dem Druck der Gedichtsammlung *Lieder Gedichte Chöre* bei einem Exilverlag in Paris und vor allem mit dem Abschluss eines Vertrags über den *Dreigroschenroman* bei Allert de Lange, einem Amsterdamer Verlag. Den Vorschuss, den Brecht auf diesen Vertrag erhielt, sowie eine beträchtliche Geldsumme seines Vaters, ermöglichten es ihm, ein Haus auf der Insel Fünen in Svendborg zu kaufen, das Haus mit den »vier Türen, daraus zu fliehen« (GBA 12,83).

Brechts Weg ins Exil ging über Prag und Wien in die Schweiz (Lugano u. a.) mit Abstechern nach Paris. Zunächst aber musste die Familie auf z. T. abenteuerliche Weise wieder komplettiert werden. Stefan, noch keine neun Jahre alt, war per Flugzeug in Prag dazugestoßen, Barbara, zweijährig, musste illegal über die Grenze nach Österreich gebracht werden, was die Haushälterin Mari Hold übernahm, um dann der Familie ins dänische Exil zu folgen. Margarete Steffin, die Brecht 1932 bei Proben zur *Mutter* kennen gelernt und bei seiner Reise nach Moskau im Mai 1932 lieben gelernt hatte, war bereits in der Schweiz, weil sie sich dort seit geraumer Zeit in Behandlung wegen ihrer TBC aufhielt. Die schwer kranke Arbeitertochter, die als Kontoristin gearbeitet hatte und dann Lehrerin geworden war, gehörte von da an mit zur Familie, wurde im Exil die wichtigste Mitarbeiterin und schuf zugleich ein eigenes literarisches Werk.

Unterstützung erfuhren die Brechts von der dänischen Erzählerin Karin Michaelis, einer langjährigen Freundin von Helene Weigel, die bereit war, die Brechts und andere Emigranten (insgesamt 15) in ihren Ferienhäusern auf der kleinen Insel Thurö zu beherbergen. Das Leben war dort billig und die Unterkunft frei. Karin Michaelis war auch behilflich, die erforderlichen Visa – ein weiteres Hindernis für die Vertriebenen – für Dänemark zu besorgen. Da Helene Weigel jüdischer Herkunft war, wurden die Brechts als rassistisch Verfolgte eingestuft und blieben daher politisch unbehelligt (nicht alle Emigranten waren in Dänemark willkommen).

Brecht arbeitete intensiv am *Dreigroschenroman*, dessen Manuskripte – zusammen mit ihr gewidmeten Gedichten, vor allem Sonetten – er an Margarete Steffin schickte, damit sie sie kritisch beurteilte und auf der Maschine abschrieb. Steffin war in Paris geblieben, um dort den auf Brechts Idee zurückgehenden *Deutschen Autorendienst* (DAD) zu leiten, eine Zentralstelle, die feuilletonistische und kleine poetische Arbeiten emigrierter Schriftsteller vermitteln und diesen so zu wenigstens etwas Geld verhelfen sollte.

Bereits zu Beginn der Emigration zeigte sich, dass die exilierten Künstler durchaus nicht zusammenhielten. So ging Thomas Mann einem geplanten Treffen mit Brecht in der Schweiz aus dem Weg, obwohl ihn dieser sehr freundlich, fast unterwürfig, eingeladen hatte. Auch gelang es nicht, die Antifaschisten über den DAD zu vereinigen, weil die Moskauer Exilierten ihren Standpunkt nicht genügend berücksichtigt sahen und lieber Parteipolitik betrieben.

Brecht suchte dennoch weiterhin Kontakte in »Dänisch-Sibirien« (GBA 28,407), wie er das doch recht komfortable Exil nannte. Immer wieder lud er Freunde und Kollegen ein oder machte sich auf Reisen. Der wichtigste Besucher auf Fünen war neben Hanns Eisler, mit dem er weiterhin eng

zusammenarbeitete, Walter Benjamin, der Brechts Werk-
produktion aufmerksam begleitete und kommentierte. Von
zwei längeren Besuchen in den Jahren 1934 und 1938 hat er
Aufzeichnungen hinterlassen, die den freundschaftlichen
Kontakt und die Versuche, sich über die politische Situation
der Zeit zu verständigen, dokumentieren (Benjamin, B 6:
1966, 117–135). Ihr Hauptinteresse in den Gesprächen jedoch galt der eigenen Produktion. Brecht schätzte sich als
»großbürgerlichen Schriftsteller« ein, der bei aller Differenz
»am Punkt der Fortentwicklung seiner Produktionsmittel«
mit den Arbeitern solidarisch sei; als Produzent sei er »pro-
letarisiert, und zwar restlos« (ebd., 117). Voraussetzung
aber dafür ist, wie Benjamin in seiner Rede *Der Autor als
Produzent* von 1934 zu Brechts Werk ausführt, dass der
Autor zur Produktion anleitet und einen verbesserten Apparat zur Verfügung hat, der die »Konsumenten der Produktion zuführt, kurz aus Lesern oder aus Zuschauern Mitwirkende zu machen imstande ist« (ebd., 110). Ein solches
Modell gäbe es bereits, es sei Brechts episches Theater. Im
Exil freilich gab es zu solchen Eingriffen in den Kunst- und
Literaturbetrieb keinerlei Möglichkeiten mehr.

Reisen führten Brecht nach England in den Jahren 1934
und 1936, wo er mit Karl Korsch, dem philosophischen
Lehrer, zusammentraf und mit Hanns Eisler politische Lieder schrieb. 1935 fuhr Brecht nach Moskau, um sich selbst
einen Eindruck über die Veränderungen beim Aufbau des
Sozialismus zu machen, die er »Jahrhunderte, Jahrtausende«
betreffend einschätzte (Völker, B 6: 1977, 62). Seine Ein-
drücke waren fast durchweg unkritisch positiv, was sich
z. B. niederschlug im Gedicht *Inbesitznahme der großen
Metro durch die Moskauer Arbeiterschaft am 27. April 1935*
(GBA 12,43–45).

Im Juni 1935 nahm Brecht in Paris am »Internationalen
Schriftstellerkongress für die Verteidigung der Kultur« teil.
Obwohl die internationale Elite antifaschistischer Schrift-
steller fast vollzählig versammelt war und viele Reden ge-

gen den Hitlerfaschismus sowie über die Notwendigkeit
der Solidarität gehalten wurden, schätzte Brecht den Kon-
gress als Misserfolg ein. Er war es, der als Einziger dazu
aufforderte, endlich von den Eigentumsverhältnissen zu
reden und nicht über die Rettung von Kultur, wo es doch
bereits um die Rettung von Menschen gehe. Sarkastisch
schrieb er im Juli 1935 an George Grosz über seine Erfahrungen in Paris: »Ich kann Dir [...] eine wichtige Mitteilung machen: wir haben soeben die Kultur gerettet. Es hat
4 (vier) Tage in Anspruch genommen und wir haben beschlossen, lieber alles zu opfern als die Kultur untergehen
zu lassen. Nötigen Falles wollen wir 10–20 Millionen Menschen dafür opfern.« (GBA 28,510) Erstaunlich ist, wie
kompromisslos Brecht in dieser Frage war – selbst die
Kommunisten waren der Meinung, man dürfe wegen der
angestrebten »Volksfront« mit den bürgerlichen Schriftstellern Fragen der Produktions- und Eigentumsverhältnisse
als eine Ursache für den Faschismus nicht ansprechen –,
und erstaunlich ist, wie hoch Brecht die Zahl der zu erwar-
tenden Opfer einschätzte, auch wenn die wirkliche Zahl
ums Dreifache höher lag.

1933 hatte Brecht begonnen, erste Überlegungen zu seinem *Tuiroman* aufzuzeichnen, und arbeitete im dänischen
und später auch noch sporadisch im amerikanischen Exil
größere Teile des Werks aus, ohne es abzuschließen. Der satirische Roman sollte anhand der deutschen Geschichte,
einschließlich des Exils, zeigen, wie ahnungslos die Intellektuellen in Sachen Politik waren, welche Mitverantwortung
sie sich damit am Aufstieg Hitlers erwarben und welche
Möglichkeiten sie verpassten, als sie im Exil nicht bereit waren, sich schon während des Zweiten Weltkrieges gemeinsam für ein demokratisches (und sozialistisches) Deutschland nach Hitler einzusetzen.

Als Kunstwort erfand Brecht den »Tui«, die Abkürzung
von »Tellekt-Uell-In« (Verdrehung von »Intellektuell«),
mit der er die »Kopflanger« (analog zum »Handlanger«)

bloßstellen wollte, diejenigen, die statt über die realen Verhältnisse zu reden, die Kultur und damit ausschließlich ihre eigenen Belange in das Zentrum ihrer Überlegungen stellten. Auch wenn sie noch so kritisch eingestellt wären, so Brecht, gehörten sie doch einerseits zu denen, die ungewollt die bestehende (schlechte) Gesellschaft unterstützten, andererseits aber auch zu denen, die bei deren Übergang in die Barbarei (wie in Deutschland) ihre ersten Opfer würden.

1936 schrieb Brecht die Kurzgedichte der *Deutschen Kriegsfibel*. Mit ihnen versuchte er zu zeigen, dass alle Baumaßnahmen der Nazis, einschließlich des Berliner Olympiastadions, die als Arbeitsbeschaffungsmaßnahmen sowie als soziales Engagement für die Bevölkerung propagiert wurden, ausschließlich der Kriegsvorbereitung dienten. Es war nicht das erste Mal, dass Brecht darauf verwies, die nationalsozialistische Diktatur würde (notwendigerweise) auf Krieg hinauslaufen. Die *Deutsche Kriegsfibel* markierte den historischen Einschnitt, an dem es nach Brechts Ansicht keine friedliche Lösung mehr geben könnte, wenn die Diktatur nicht beseitigt würde.

Seine schriftstellerische Arbeit richtete er ganz darauf ein, die antifaschistischen Kräfte in Deutschland zu unterstützen. Bereits das politische Liederbuch *Lieder Gedichte Chöre* von 1933 (zusammen mit Hanns Eisler) war mit den meisten Exemplaren nach Deutschland eingeschleust worden, deren Wirkung aber unbekannt geblieben ist. Ab Frühjahr 1937 arbeitete Brecht an Kurzszenen des später so genannten Stücks *Furcht und Elend des III. Reiches*, die das ›private Leben der Herrenrasse‹ (nach dem späteren englischen Titel *The Private Life of the Master Race*) zum Inhalt hat. Die Szenen führen vor, dass das »Dritte Reich« im Innern brüchig ist und dass es nur durch Gewalt zusammengehalten werden kann (vgl. GBA 4,530). 1938 wurde die Szenenfolge unter dem Titel *99%* in ironischer Anspielung auf die Reichstagswahl vom 10. April 1938, in der sich nach offiziellen Angaben 99% der Bevölkerung für Hitler entschieden, in Paris uraufgeführt. Die Aufführung wurde zwar als »antifaschistische Kundgebung im Sinne einer Volksfont« (GBA 4,531) gefeiert, zum Widerstand in Deutschland trug sie aber offenbar nichts bei, wie überhaupt sich alle Hoffnungen immer mehr zerschlugen und das Exil zur endgültigen Gewissheit werden ließen.

Brecht war wie die anderen antifaschistischen Schriftsteller – in einem grundsätzlichen Dilemma. So sehr er sich auch bemühte, mit seinen Werken den deutschen Widerstand, den es ja gab, zu unterstützen, so wirkungslos blieben letztlich alle Anstrengungen, mit den Mitteln des Schriftstellers »einzugreifen«, wie sein Lieblingswort dafür lautete, nämlich einzugreifen in die (brutalen) Realitäten der Zeit. Einmal ganz davon abgesehen, dass die Frage, wie Literatur Realität überhaupt erreichen, geschweige denn verändern kann, völlig ungeklärt ist, zwang das Exil die Schriftsteller in eine Aporie: Entweder sie verzichteten ganz aufs Schreiben und schlossen sich dem Widerstand aktiv an, oder sie verharrten in einer Situation der weitgehenden Isolation, verbunden mit »durchschlagender Wirkungslosigkeit«, schrieben verbissen weiter im Bewusstsein, dass es doch nichts nützte.

Brecht erfuhr die Aporie auch persönlich, als auf dem »2. Internationalen Schriftstellerkongress« in Paris von 1937, der den Spanischen Bürgerkrieg zum Thema hatte, beschlossen wurde, die Vorträge nach Madrid zu verlegen, um auf diese Weise die Internationalen Brigaden vor Ort zu unterstützen. Während Ruth Berlau, Brechts neue dänische Mitarbeiterin und Geliebte, die er im August 1933 bei Karin Michaelis kennen gelernt hatte, nach Madrid ging und sich später den Brigaden anschloss, befand Brecht, dass die Reise zu gefährlich sei, kehrte nach Svendborg zurück, fürchtete um das Leben seiner Geliebten und schrieb weiter.

Weitere Schwierigkeiten kamen hinzu. Auf dem »1. Internationalen Schriftstellerkongress« war beschlossen worden, als Organ der Antifaschisten die Zeitschrift *Das Wort* mit

Sitz in Moskau zu gründen. Als Redakteure waren Willi
Bredel (als Kommunist), Bertolt Brecht (als »Linker«) und
Lion Feuchtwanger (als »Bürger«) bestimmt worden. 1936
erschien das erste Heft. Es war von vornherein klar, dass
Feuchtwanger und Brecht schon aufgrund der räumlichen
Entfernung nur bedingt Einfluss auf Inhalt und Gestaltung
der Zeitschrift nehmen konnten. Die im Grunde fertigen
Hefte wurden vor ihrer Publikation an die Mitherausgeber
zur Begutachtung geschickt. Feuchtwanger engagierte sich
zwar, aber sein Einfluss blieb gering. Inwieweit Brecht
überhaupt an der Redaktion aktiv beteiligt war, ist weitgehend unbekannt. Jedoch beklagte er schon früh, dass er sich
ausgebootet gefühlt hätte. Angesichts des stalinistischen
Terrors, der im *Wort* verteidigt wurde, wandten sich schon
1936 viele bürgerliche Schriftsteller von der Zeitschrift ab.
1938 fanden die Differenzen in der Realismus-Debatte ihren
Höhepunkt, als Alfred Kurella die expressionistische Literatur in Bausch und Bogen als Literatur der »Zersetzung der
Zersetzung« denunzierte und in ihr den unmittelbaren Vor-
läufer des Faschismus »erkannte«. Stattdessen empfahl er
die Rückbesinnung auf die Klassik der »edlen Einfalt und
stillen Größe« und propagierte den durch Georg Lukács
vertretenen »sozialistischen Realismus« (Schmitt, B 3: 1973,
50–60). Die Redaktion der Zeitschrift lag inzwischen längst
in den Händen des orthodoxen Partei-Kommunisten Fritz
Erpenbeck, der Bredel in Moskau abgelöst hatte. Und
Brecht sprach längst von der »Moskauer Clique« (GBA
26,316), die von seinem kritischen Realismus, der alle avant-
gardistischen Formen empfahl, sofern sie der Aufdeckung
der herrschenden Lügen dienten, nichts hielt.

Erpenbeck war es dann auch, der die Legende in die Welt
setzte, Brecht habe sich nicht an der Debatte beteiligen wollen, um die »Geschlossenheit der antifaschistischen Volksfront« nicht zu gefährden (Walter, B 6: 1978, 484 f.). Die Legende konnte sich hartnäckig halten, weil kaum Belege für
das Gegenteil vorlagen. Der bisher unbekannte Briefwech-

sel zwischen Wieland Herzfelde, dem Inhaber des Malik-
Verlags, der im Prager Exil war, und Brecht gibt den Überlegungen, die Hans-Albert Walter schon 1978 gegen sie vor-
brachte, eine neue Basis. Brecht wandte sich an den Verleger
seiner *Gesammelten Werke* geradezu flehentlich, einen ge-
sonderten Band herauszubringen, als dessen Titel er einfach
Neunzehnhundertachtunddreißig vorschlug. Er sollte die
neuesten Dramen, nämlich *Furcht und Elend des III. Reiches* und *Leben des Galilei* sowie drei Aufsätze zur Realismus-Debatte enthalten. Brecht war keineswegs bereit, seine
Meinung zurückzuhalten, zumal die Debatte längst – auch
ohne Brechts Beteiligung – einen tiefen Riss zwischen den
Volksfront-Vertretern hinterlassen hatte, vielmehr sah er
nur noch diese eine Möglichkeit, in sie einzugreifen, und die
war nicht das *Wort*. Und das heißt in der Konsequenz:
Brecht durfte in der Zeitschrift, deren Mitherausgeber er
war, keine brisanten theoretischen Überlegungen mehr publizieren (Knopf, B 8: 1996, 143–148).

   Den geplanten Band ereilte das gleiche »Schicksal« wie
die beiden weiteren geplanten Bände der *Gesammelten
Werke*, von denen zwei 1938 mit den Dramen erschienen
waren. Nach dem Münchner Abkommen wurden in der
Tschechoslowakei die pronazistischen Kräfte so stark, dass
Herzfelde flüchten und fast alles Material zurücklassen
musste. Noch vor dem Einmarsch der deutschen Truppen
ins »Protektorat Böhmen und Mähren« wurden die fertigen
Druckstöcke vom dritten Band der Werke vernichtet, und der
Band *Neunzehnhundertundachtunddreißig* kam über das
Planungsstadium nicht mehr heraus. Wenn der Krieg zwar
noch nicht begonnen hatte, für Brecht war er längst im
Gang.

Flucht nach Schweden
und Finnland

Am 11. April 1939 schrieb Brecht an Peter Matthis: »[...] ich bin sicher, Sie haben eine Vorstellung von der Peinlichkeit, auf einem dieser Inselchen zu sitzen im Augenblick, wo die Schlächterei anzufangen scheint. Schließlich ist in diesem Jahr jede Woche ohne Weltkrieg für die Menschheit ein bloßer unbegreiflicher Glückstreffer« (GBA 29,137). Da er seinem Glück nicht traute, ebenso wenig wie seinem Gastland, das einem Angriff oder »Anschluss« kaum Widerstand entgegensetzen würde, benutzte Brecht einen Vortrag in Stockholm, um sich nach Schweden abzusetzen, die zweite größere Station der Vertreibung.

Wieder fanden die Brechts – auch Margarete Steffin war dabei – Hilfe durch Freunde. Diesmal war es die schwedische Bildhauerin Ninnan Santesson, die sie in ihr Haus auf der Insel Lidingö aufnahm und Brecht ein großzügiges Arbeitszimmer zur Verfügung stellte. Hier entstanden die großen Exilstücke *Der gute Mensch von Sezuan*, vermutlich schon in Dänemark begonnen, und *Mutter Courage und ihre Kinder*. Außerdem schrieb Brecht Geschichten, darunter *Der Augsburger Kreidekreis*, und führte weitere Kapitel des geplanten, dann aber nicht abgeschlossenen Romans *Die Geschäfte des Herrn Julius Caesar* aus, mit dessen Ausarbeitung er in Dänemark begonnen hatte. Mit diesem Roman-Fragment versuchte Brecht, am historischen Fall – ähnlich wie andere Schriftsteller des Exils, die historische Stoffe wählten, um in ihnen aktuelle Ereignisse zu spiegeln – die Entstehung von Diktaturen zu vergegenwärtigen und zugleich Kritik an der personenorientierten Historiographie (Helden-Geschichtsschreibung) zu üben.

Der Beginn des Krieges am 1. September 1939 (Überfall auf Polen) überraschte Brecht nicht. Sorgen bereitete ihm allerdings das Verhalten der Sowjetunion, die mit den Nazis den Hitler-Stalin-Pakt geschlossen hatte, angeblich – so die offizielle Version – um den Frieden zu retten. Die Ereignisse bewiesen das Gegenteil:

> [...] die Union trägt vor dem Weltproletariat das fürchterliche Stigma einer Hilfeleistung an den Faschismus, den wildesten und arbeiterfeindlichsten Teil des Kapitalismus. Ich glaube nicht, daß mehr gesagt werden kann, als daß die Union sich eben rettete, um den Preis, das Weltproletariat ohne Losungen, Hoffnungen und Beistand zu lassen [...]. (GBA 26,344)

Den Einfall sowjetischer Truppen in Polen sah er als »das Zerfetzen aller ideologischen Verhüllungen« an. Dies sei die vierte Teilung Polens und die »Aufgabe der Parole ›Die USSR braucht keinen Fußbreit fremden Bodens‹, die Aneignung der faschistischen Heuchleleien von ›Blutsverwandtschaft‹, Befreiung der ›Brüder‹ (slawischer Abstammung), der ganzen nationalistischen Terminologie« (GBA 26,346).

Auch der Überfall der UdSSR auf Finnland (finnisch-sowjetischer Winterkrieg, November 1939 – März 1940) ließ bei Brecht Zweifel aufkommen, ob die Sowjetunion sich nicht am Ende doch noch an die Seite Hitler-Deutschlands stellte. »Das wäre Wahnsinn. An der Seite Hitlers gibt es für jedes Regime der Welt nur den Untergang, nichts sonst.« Und er fragte besorgt, »ob den Verlust der Sympathien der Weltarbeiterschaft die militärischen Sicherungen aufwögen« (GBA 26,353). Die Weltlage wurde ihm »immer wirrer« (GBA 26,357).

Als die deutschen Truppen am 9. April 1940 Dänemark, das sich kampflos unterwarf, und Norwegen besetzten, bereitete Brecht sofort den weiteren Fluchtweg vor. Er fürchtete, dass auch Schweden sich Hitler anschließen oder von deutschen Truppen besetzt werden könnte. Erklärtes »Hauptziel« blieb ein Exil in den USA (GBA 29,163), der Weg öffnete sich zunächst aber nach Finnland.

Mit dem Schiff verließ Brecht mit seinen Angehörigen und Margarete Steffin am 17. April 1940 Schweden. Peter Weiss hat – halbdokumentarisch im zweiten Teil seiner *Ästhetik des Widerstands* – den Augenblick festgehalten, als Brecht das Schiff betrat:

> Matthis, der, mit Santesson, Lazar und den Goldschmidts, Brecht und dessen Gefolge zum Kai begleitet hatte, beschrieb mir den Augenblick. Brecht sei, links, auf dem Blasieholm, vom Gebäude der deutschen Botschaft, und rechts, am Stadsgardhafen, von den deutschen Frachtern, wehten die Hakenkreuzfahnen, beim Weg über die Laufbrücke zusammengebrochen, mußte gestützt, fast getragen werden an Bord.[10]

Mit Ruth Berlau hatte Brecht vereinbart – sie war als Kommunistin in Dänemark äußerst bedroht –, dass sie von nun an zur Brecht-Familie gehören sollte: »Von jetzt ab werde ich *immer* Deine Reise mitorganisieren« (GBA 29,163).

Wieder erhielten die Brechts Hilfe, diesmal von Leuten, die sie vorher noch nicht gekannt hatten. Sie fanden durch sie eine kleine Wohnung in Helsinki und wurden mit Mobiliar versorgt (das alte war in Schweden zurückgeblieben), so dass Brecht ohne große Unterbrechungen weiterarbeiten konnte: *Der gute Mensch von Sezuan* wurde umgearbeitet und zum vorläufigen Ende gebracht.

Die finnische Schriftstellerin Hella Wuolijoki lud die Brechts auf ihr Gut Marlebäk ein, eine Einladung, der sie im Sommer folgten. Ruth Berlau, die im Mai nach Finnland gekommen war, zog mit und lebte in einem Zelt im Garten. Margarete Steffin musste wegen ihrer TBC mit im Haus Wuolijokis untergebracht werden. Vor allem Helene Weigel war es, die sich darum bemühte, baldmöglichst Visa für die

---

10 Peter Weiss, *Die Ästhetik des Widerstands*, Frankfurt a. M. 1978, Bd. 2, S. 326.

USA zu erhalten. Brecht hatte eine Einladung der New Yorker *New School of Social Research*, die ihm den Weg in die USA öffnen sollte. Für die Abreise war Petsamo vorgesehen, die Kriegsereignisse in Norwegen jedoch schlossen die »kleine Tür«, dem nördlichen Eismeer zu, ab (GBA 12,122).

Auf Gut Marlebäk entstand nach Hella Wuolijokis Komödie *Die Sägemehlprinzessin* das »Volksstück« *Herr Puntila und sein Knecht Matti*. Brecht schätzte die Geschichten der Gastgeberin, die sie »vom Volk auf dem Gut« erzählte (GBA 24,402 f.). Auch der Held ihrer Komödie, Punttila (so die ursprüngliche Schreibung), hatte in einem ihrer Onkel ein reales Vorbild. Steffin stenografierte die Erzählungen der »hinreißenden Epikerin« mit (GBA 26,422), und Brecht baute sie dann als »finnische Erzählungen« in seine Version des Stücks ein. Er befand sich – angesichts der relativen Harmlosigkeit des Stücks – in einem neuen Dilemma: »Der Puntila geht mich fast gar nichts an, der Krieg alles; über den Puntila kann ich fast alles schreiben, über den Krieg nichts.« (GBA 26,423 f.)

Brecht bezeichnete die Zeit vom finnischen Exil an als »Inzwischenzeit« (GBA 26,414), eine Phase zwischen zwei Epochen, die »dazwischen« fiel und damit als historische Zeit für den Dichter ausfiel. Die Isolation nahm trotz der vielen Freunde und Freundinnen zu; er sah sich von den politischen und den Kriegsereignissen fremdbestimmt und schrieb zunehmend für die Schublade. Vor allem die Dramentexte hätten Proben und Aufführungen benötigt, um angemessen auf ihre Wirksamkeit überprüft zu werden. Für die Lyrik erfand Brecht den Begriff »Sprachwaschung« (GBA 26,416), das hieß Verzicht auf all das, »was den Menschen rund macht und menschlich« (GBA 14,388), und Hinkehr zu sprachlicher Präzision, zum Lapidaren, zur Verdichtung, um das ungeheuerliche Weltgeschehen wenigstens in Sprache einigermaßen adäquat zu erfassen und für die Nachgeborenen zu dokumentieren.

Der Erwerb der Visa für die USA gestaltete sich zu einer regelrechten Schlacht mit der Bürokratie, an der sich »eine ganze kleine Armee« (Lion Feuchtwanger an Brecht, 13. Januar 1941) in den USA beteiligten. In Finnland wurde die Lage zunehmend bedrohlicher: »Die deutschen motorisierten Divisionen vermehrten sich im Land, Helsinki war voll von deutschen ›Reisenden‹, die Spannung zwischen Deutschland und der USSR nahm zu.« (GBA 26,484) Die Visa-Angelegenheit war auch deshalb so diffizil, weil für Steffin ebenfalls ein Visum besorgt werden musste, das wegen ihrer Krankheit besondere Schwierigkeiten mit sich brachte. Die lange Wartezeit nutzte Brecht u. a. dazu, die *Flüchtlingsgespräche*, die er in Schweden begonnen hatte, weiter auszuarbeiten (auch sie blieben Fragment) und für den »Einstieg« in die USA die Gangsterhistorie *Der Aufstieg des Arturo Ui* zu verfassen.

Exil in den USA

Sofort, als das Besucher-Visum für Steffin im Mai 1941 eintraf, setzten die Brechts den Fluchtweg über Leningrad und Moskau fort. In Moskau brach Margarete Steffin zusammen und musste ins Krankenhaus gebracht werden. Brecht, der bereits die Fahrkarten für Zug und Schiff hatte, versuchte, sie noch umzutauschen und einen späteren Termin zu erreichen. Vergeblich. Da er sich überdies in Moskau nicht sicher sein konnte – einige seiner Freunde und Freundinnen waren verhaftet –, fiel der Entschluss, die Reise fortzusetzen. Am 4. Juni erhielt Brecht im Transsibirienexpress nach Wladiwostok die Nachricht, dass Margarete Steffin gestorben war. Am 21. Juli 1941 waren Brecht, seine Angehörigen und Ruth Berlau in den USA, in Kalifornien.

Einmal mehr halfen ihnen die Mitexilierten, so dass Brecht sich entschied, die Stelle in New York nicht anzutreten und stattdessen in Los Angeles, genauer in Santa Monica, zu bleiben, wo er im Juli 1941 ein Haus mieten konnte. Er fühlte sich, wie er schrieb, im »Schauhaus des easy going« und »wie aus dem Zeitalter herausgenommen«, und entschied, Los Angeles sei »ein Tahiti in Großstadtform« (GBA 27,10).

Die Situation veränderte sich in Amerika entscheidend. War Brecht im bisherigen Exil immer recht nahe am Zeitgeschehen und dadurch auch in seiner Existenz gefährdet gewesen, so erzeugte das »blutige Gemetzel«, das in Europa tobte, »unser Schicksal entscheidend, [...] nur einen schwachen Widerhall« am neuen Exilort, und selbst »im hintersten Finnland [war er] nicht so aus der Welt« gewesen wie hier (GBA 29,215).

Auch konnte er sich nicht mit seinem Exilland anfreunden. Alles stand, so befand er, unter dem Diktat des »to sell« (verkaufen), alles verwandelte sich in Ware, selbst die Natur wirkte auf ihn künstlich: »ich suche unwillkürlich an jeder Hügelkette oder an jedem Zitronenbaum ein kleines Preisschildchen. Dieses Preisschildchen sucht man auch an Menschen.« (GBA 27,50)

Um sich eine finanzielle Basis zu schaffen, versuchte sich Brecht als Schreiber von Filmstorys. Der Beginn schien verheißungsvoll, zumal er im Oktober den Schriftsteller Ferdinand Reyher kennen lernte, seinen »Cicerone« in den USA, und enge Freundschaft mit ihm schloss. Mit Reyher hatte er einen Autor, der sich auskannte und – im Gegensatz zu Brecht – die amerikanische Sprache beherrschte. Bereits im Oktober schrieben sie zusammen die erste Filmgeschichte *Der Brotkönig lernt Brot backen*, aber diese Geschichte und viele weitere, die Brecht mit Reyher oder anderen entwarf, fanden in Hollywood keine Gnade. Einzig seine Mitarbeit am Drehbuch zu *Hangmen Also Die* (1942), den Fritz Lang verfilmte, hat den Namen Brechts mit Hollywood in Verbindung gebracht. Aber auch diese Arbeit erwies sich als ein Misserfolg, weil der Mitautor John Wexley erfolgreich das Drehbuch als sein Eigentum vor der *Screen Writers Guild*, einem Schiedsgericht für Filmeschreiber, verteidigte. Brechts Name wurde im Vorspann von *Hangmen also die* lediglich als Autor der »Originalstory« zusammen mit Fritz Lang genannt.

Wenn die Filmarbeiten – trotz ihrer Erfolglosigkeit – auch wenigstens etwas Geld einbrachten, so hielten sie zugleich von anderen Arbeiten ab; zum »ersten Mal seit zehn Jahren arbeite ich nichts Ordentliches«, notierte Brecht (GBA 27,85). Allein die vielen Freunde, mit denen er häufig zusammenkam, schlossen den Elfenbeinturm, in den er sich eingesperrt fühlte, ein wenig auf. Ansonsten verfolgte er das Kriegsgeschehen, fürchtete darum, eventuell in die amerikanische Armee eingezogen oder wie die Japaner interniert zu werden. Die Brechts galten wegen ihrer deutschen Abstammung als »enemy aliens« (feindliche Ausländer), die seit dem Kriegseintritt der USA unter besonderer Beobachtung standen. Da Brecht zudem noch als »Kommunist« eingestuft wurde, interessierte sich auch das FBI, das eine umfangreiche Akte über ihn anlegte, über seinen Umgang und seine Aktivitäten.

Dennoch entstanden auch umfangreichere Werke, die allerdings weitgehend in der Schublade blieben. Brecht konnte, da Lion Feuchtwanger erfolgreich aus Frankreich geflüchtet und sich ebenfalls in Santa Monica niedergelassen hatte, die Zusammenarbeit mit ihm wieder aufnehmen. Dies geschah durch eine weitere Bearbeitung des Stoffs der »heiligen Johanna«, *Die Gesichte der Simone Machard*, ein Stück, das den Widerstand im besetzten Frankreich und die Kollaboration von reichen Bürgern mit den deutschen Besatzern zum Thema hat (begonnen 1941, mit Feuchtwanger von Oktober 1942 bis Januar 1943 ausgeführt). Wenn auch weder eine Theateraufführung noch eine Verfilmung zustande kam, so brachte das Stück durch den Verkauf der Filmrechte an Metro-Goldwyn-Mayer (MGM) doch so viel Geld ein, dass Brecht beruhigt feststellen konnte, das Leben

Brecht mit Oskar Maria Graf (links), 1943

sei wieder für zwei Jahre gesichert. 1943 folgte der *Schweyk*,
mit dem er sowohl an die Bearbeitung des Stoffs mit Erwin
Piscator von 1927 als auch an die Zusammenarbeit mit Kurt
Weill, der in New York am Broadway inzwischen zum be-
liebten Opernkomponisten avanciert war, anknüpfen
wollte. Das Drama wurde zwar geschrieben (1943), die
Pläne zerschlugen sich aber, weil Kurt Weill den Brechtschen Text als völlig ungeeignet für den Broadway befand
und Erwin Piscator verstimmt war, dass Brecht Weill in
seine Pläne einbezogen hatte.

Einen weiteren Anlauf, doch noch an den Broadway zu gelangen, unternahm Brecht mit dem *Kaukasischen Kreidekreis*, dessen erste Fassung er 1944 niederschrieb, aber auch
hier hatte er keinen Erfolg. Neben den genannten Dramen
erweiterte Brecht sein lyrisches Werk durch Gedichte, die po-

litische Stellungnahme und subjektive Betroffenheit auf einzigartige Weise mischten. Die Kriegsereignisse und die sich abzeichnende Niederlage der Deutschen, aber auch die nach wie vor schwierige Lage des Exils forderten eine Erneuerung der politischen Lyrik heraus, von der Brecht meinte, sie sei »in einer Art ›Basic German‹ geschrieben«. Er empfinde »den Mangel in Ausdruck und Rhythmus«, jedoch widerstrebe ihm »jedes ungewöhnliche Wort« (GBA 27,215 f.).

1944 montierte er die meisten Fotoepigramme der *Kriegsfibel* und stellte sie zu einer Sammlung zusammen. Brecht schuf mit ihr ein neues Genre der Lyrik, dessen Bedeutung allerdings erst Jahrzehnte nach seiner Entstehung erkannt werden sollte, etwa durch die Nachahmung der Bild-Text-Montage in Uwe Herms' *Brokdorfer Kriegsfibel* (1977), durch Teilabdrucke in der Zeitschrift *Stern* (1978) oder durch das Programmheft des Schauspielhauses Bochum zu *Mutter Courage und ihre Kinder* (1981).

Im April 1944 lernte Brecht Charles Laughton kennen. Dessen Bauch machte einen solchen Eindruck auf ihn, dass er ihm ein Gedicht widmete: »Sie alle verschleppen ihre Bäuche / Als wär es Raubgut, als würde gefahndet danach / Aber der große Laughton trug ihn vor wie ein Gedicht / Zu seiner Erbauung und niemandes Ungemach« (GBA 15,108). Im Dezember des Jahres begannen sie die gemeinsame Arbeit an der amerikanischen Fassung von *Leben des Galilei Galileo*, die sich mit vielen Unterbrechungen, da Laughton immer wieder Filmrollen übernahm, bis 1947 hinstrecken sollte. Um einen angemessenen »Gestus« im Amerikanischen zu erreichen, erfanden sie das Theaterspielen als »Methode der Übersetzung«. Brecht spielte einzelne Szenen, Deutsch und Englisch mischend, so vor, wie er sie sich dachte. Laughton spielte sie so lange nach, bis die gültige Textvariante gefunden war und niedergeschrieben werden konnte. Auf diese Weise entstand eine ganz neue Fassung des Stücks, die einzig darauf angelegt war, der geplanten Aufführung zu dienen.

Einen Einbruch an den Arbeiten bedeutete der Abwurf der Atombomben auf Hiroshima und Nagasaki im August 1945: »Von heute auf morgen las sich die Biographie des Begründers der neuen Physik anders.« Der Verrat Galileis wurde für Brecht zum »Verbrechen«; entsprechend mussten einige Szenen neu gefasst werden, was Brecht und Laughton wiederum in der erprobten Weise durchführten. Die Premiere fand schließlich am 30. Juli 1947 mit Erfolg im Coronet Theatre in Beverley Hills statt.

Immer wieder bemühte sich Brecht im USA-Exil um einen politisch orientierten Zusammenschluss der Exilierten, um auf die Ereignisse in Deutschland wenigstens »moralisch« Einfluss zu nehmen und zugleich in den USA für eine demokratische Erneuerung Deutschlands nach dem Krieg zu werben. Streit gab es z. B. mit Thomas Mann, dem Brecht unterstellte, der Meinung zu sein, die Deutschen seien »kollektiv« schuldig und die Alliierten hätten das Recht, die Deutschen zehn Jahre zu züchtigen (vgl. GBA 15,90 f.). Brecht dagegen bewertete in seinem Brief an Mann vom 1. Dezember 1943 die Tatsache, dass Hitler die Deutschen nur mit Terror, dem bis 1942 bereits über 300 000 Menschen »in den meistens unsichtbaren Kämpfen« zum Opfer gefallen seien, regieren konnte, als Zeichen für das Vorhandensein von starken demokratischen Kräften: »Noch heute binden die Hitlergegner in Deutschland mehr als 50 Divisionen Hitlerscher Elitetruppen, die sogenannte SS.« Die Zukunft Deutschlands hänge davon ab, »daß diesen Kräften zum Sieg verholfen wird« (GBA 29,318). 1944 kam es nach langen Anläufen zur Gründung des *Council for a Democratic Germany*, mit dem es aber nicht gelang, wie angestrebt, »die deutschen demokratischen Kräfte im Exil zu einigen« (GBA 29,323).

Am 8. Mai 1945 notierte Brecht ins *Journal*: »Nazideutschland kapituliert bedingungslos. Früh sechs Uhr im Radio hält der Präsident [Truman] eine Ansprache. Zuhörend betrachte ich den blühenden kalifornischen Garten«

(GBA 27,224). Und wenig später hält er fest: »Freilich, wir, die mit Hitler nicht gesiegt hätten, sind mit ihm geschlagen« (GBA 27,228).

Brecht, der von vornherein entschlossen war, nach Deutschland zurückzukehren, begann erste Kontakte nach Zürich, wo Caspar Neher als Bühnenbildner tätig war, und nach Berlin, zu Peter Suhrkamp wegen der Rechte an seinen Werken und zum Deutschen Theater wegen Aufführungsmöglichkeiten zu knüpfen. Den *Galilei* aber wollte er auf alle Fälle noch mit Laughton zu Ende bringen, was sich, wie gesagt, bis 1947 hinzog.

Ehe er dann die USA verlassen konnte, musste er sich noch in Washington (30. Oktober 1947) vor dem *House Un-American Activities Committee* (HUAC) wegen »unamerikanischer Aktivitäten« verantworten. Die Szene, die in einem Film festgehalten ist, zeigt Brecht mit seiner ihm eigenen Schlitzohrigkeit spielend: Er führte sich auf wie ein geistig Behinderter, radebrechte ein fürchterliches Englisch und verstand die Fragen vorsätzlich miss – außer der einen, die er wahrheitsgemäß beantwortet, nämlich nie Mitglied einer kommunistischen Partei gewesen zu sein.

Rückkehr nach Europa

Am 31. Oktober 1947 verließen die Brechts – Stefan blieb in den USA – ihr Exil, um von der Schweiz aus Möglichkeiten für eine Wiederaufnahme der Arbeit in Deutschland zu eruieren. Bereits aus den USA hatte Brecht an Caspar Neher geschrieben, dass vom Ausland aus mehr für Deutschland zu machen sei und dass man sich darauf einrichten müsste, »ein paar Jahre« einzuplanen, bis man in Deutschland, besonders im Osten, wieder arbeiten könnte (GBA 29,401). In der Schweiz angekommen, nutzte Brecht die Distanz, um die Entwicklung in Deutschland zu beobachten und sich

– als Staatenloser – um einen österreichischen Pass zu bemühen, den er durch die Vermittlung des Komponisten Gottfried von Einem im September 1950 auch erhielt. Auf diese Weise brauchte er sich weder für die Bundesrepublik noch für die DDR zu entscheiden. »Ich kann mich ja nicht in irgendeinen Teil Deutschlands setzen und damit für den andern Teil tot sein« (GBA 29,511 f.).

Eine seiner ersten Handlungen ist die Unterzeichnung eines Friedensappells an die Schriftsteller aller Nationen, den der Regisseur Kurt Hirschfeld und Max Frisch – beide lernte Brecht kurz nach seiner Ankunft kennen –, u. a. in Berlin an die Sowjets übergeben sollten: »Die Erwartung eines neuen Kriegs paralysiert den Wiederaufbau der Welt. Sie steht heute nicht mehr vor der Wahl zwischen Frieden und Krieg, sondern vor der Wahl zwischen Frieden oder Untergang. Den Politikern, die dies noch nicht wissen, erklären wir mit Entschiedenheit, daß die Völker den Frieden wollen.« (GBA 23,62) In Zürich, wo viele Deutsche sich aufhielten, erfuhr Brecht viel über Deutschland, die Berichte aber seien »finster« (GBA 29,428 f.). »Wieder erschwindelt sich diese Nation«, so notierte er, »eine Revolution durch Angleichung«; und Deutschland müsse sich seine Einheit »durch weitere Zerreißung erkämpfen« (GBA 27, 262).

So bemühte sich Brecht zunächst um Arbeitsmöglichkeiten in der Schweiz, die er mit einer Inszenierung der *Antigone* des Sophokles nach Hölderlin am Stadttheater in Chur auch fand. Der Text wurde neu bearbeitet und aktualisiert, die Inszenierung als ein Versuch unternommen, auf dem Theater wieder einen gewissen Standard der Schauspielkunst zu gewinnen. Zugleich bereitete Brecht mit der nur mäßig erfolgreichen Inszenierung, die im Februar 1948 Premiere hatte, den Wechsel nach Berlin vor.

Dieser erfolgte zunächst vorläufig im Oktober 1948 über Prag nach Berlin, wo er sogleich die Theaterszene inspizierte und erste Proben mit jungen Schauspielern für eine Inszenierung von *Mutter Courage und ihre Kinder* aufnahm. Paul Dessau hatte 1946 in enger Zusammenarbeit mit Brecht die Bühnenmusik geschrieben, die Brecht für alle weiteren Aufführungen als verbindlich erklärte. Mit Dessau war nach Weill und Eisler der dritte bedeutende musikalische Koautor gefunden worden, der viele Lieder und weitere Stücke, darunter den *Kaukasischen Kreidekreis*, vertonte. Die Aufführung des Stücks, die im Januar 1949 stattfand und in der Helene Weigel die Courage spielte, wurde ein sensationeller Erfolg und legte den Grundstein für Brechts »Theaterprojekt«, mit welchem Begriff er die Verhandlungen über das zu gründende Berliner Ensemble zu bezeichnen pflegte. Schauspieler, Regisseure wurden angeschrieben und um Mitwirkung gebeten, Funktionäre vom Kulturbund kontaktiert, um die materiellen Voraussetzungen zu schaffen.

Die eigentliche Initiatorin und spätere Leiterin des Berliner Ensembles war Helene Weigel. Sie verstand es, die damaligen Politbüro-Mitglieder Walter Ulbricht und Otto Grotewohl, denen Brechts kritischer Realismus eher fremd war, dafür zu gewinnen, der Theaterarbeit des Stückeschreibers ein eigenes Haus zur Verfügung zu stellen und ein Ensemble, das aus bekannten Schauspielern und jungen Nachwuchskünstlern bestehen sollte, zu finanzieren. Brecht hatte zunächst für die Eröffnung des Ensembles, das bis 1954 im Deutschen Theater residierte, das neu geschriebene Stück über die Niederschlagung der Pariser Commune durch vereinigte französische und deutsche Truppen, *Die Tage der Kommune*, vorgesehen, zog dann aber – aus politischen Gründen (der Kalte Krieg war ausgebrochen) – *Herr Puntila und sein Knecht Matti* vor. Die Premiere fand unter der Regie von Erich Engel und Brecht mit einem Bühnenbild von Caspar Neher am 19. November 1949 statt, und sie war wiederum ein überwältigender Erfolg. Die angestrebte Zusammenarbeit zwischen »alten Hasen« wie Leonard Steckel, der den Puntila spielte, und jungen Kräften wie Erwin Geschonneck, der den Matti spielte, bewährte sich bereits in der ersten Inszenierung. »Auf dem Zettel eigentlich nur vier bekannte Namen. Der Rest ist neu und vorzüglich und in drei Fällen außergewöhnlich«, schrieb der bekannte Kritiker Friedrich Luft (in *Die neue Zeitung*, 13. November), und »Wir haben gestern der Geburt der neuen deutschen Komödie beigewohnt«, meinte Horst Lommer in der *Täglichen Rundschau* (13. November). Bei der Premiere wurde erstmals Picassos Friedenstaube als »Theaterzeichen« (GBA 27,308) des Berliner Ensembles auf dem Vorhang verwendet.

Weigel und Brecht setzten mit der Wahl des Emblems ein Zeichen, dass nämlich ihr Theater von nun an für die Erhaltung des Friedens eintrat und zugleich die »Erledigung« (nicht: »Bewältigung«) der Vergangenheit forderte. »Die Deutschen haben überhaupt keinen Sinn für Geschichte, vermutlich weil sie keine Geschichte haben.« (GBA 27,296) Die mangelnde Erledigung der Vergangenheit, das heißt: Aufarbeitung und Ablegung, zeigte sich für Brecht in den Juni-Ereignissen des Jahres 1953: Die Regierung hatte den Nazismus nicht »beseitigt«, sondern nur »unterdrückt«, in Wahrheit sei die »ganze Nazibande«, die nach offizieller Version in der DDR abgeschafft worden war, immer noch und vor allem »geistig« lebendig (GBA 23,547).

Neben der Theaterarbeit trat Brecht auch durch politisches Engagement an die Öffentlichkeit. Bekannt wurde sein *Offener Brief an die deutschen Künstler und Schriftsteller* vom September 1951, in dem er vor einer Wiederaufrüstung in Westdeutschland warnte und den er mit den Sätzen abschloss: »Das große Carthago führte drei Kriege. Es war noch mächtig nach dem ersten, noch bewohnbar nach dem zweiten. Es war nicht mehr auffindbar nach dem dritten« (GBA 23,156). Im Juli 1956 appellierte er an den Deutschen Bundestag, der Wiedereinführung der Wehrpflicht nicht zuzustimmen, und führte in dem offenen Brief u. a. aus: »Wir leben im Atomzeitalter, und zwölf Divisionen können einen Krieg nicht gewinnen – wohl aber beginnen. [. . .] Wollt Ihr wirklich den ersten Schritt tun, den ersten Schritt in den Krieg? Den letzten Schritt, den in das Nichts, werden wir

dann alle tun.« (GBA 23,415 f.) Der Krieg habe Deutschland getrennt, deshalb könne ein Krieg Deutschland nicht
wieder vereinigen: »Wenn Deutschland einmal vereint sein
wird, jeder weiß, das wird kommen, niemand weiß, wann –
wird es nicht sein durch Krieg.« (GBA 23,416)

Die Gründung des Berliner Ensembles hatte zur Folge,
dass sich Brecht in den wenigen Jahren, die ihm verblieben,
vornehmlich der praktischen Theaterarbeit zuwendete. Sie
hatte im Wesentlichen zwei Tendenzen, die eine sollte der
kritischen Erledigung der Vergangenheit dienen, indem
Brecht Stücke von Klassikern (so Lenz' *Hofmeister*, Goethes *Urfaust* u. a.) bearbeitete und mit ihnen die »deutsche
Misere« (die Nation der erschwindelten Revolutionen) the-
matisierte, die andere sollte Perspektiven für die Zukunft
freilegen und sich Themen des Aufbaus widmen (so etwa
Erwin Strittmatters *Katzgraben*).

Obwohl Brecht mit dem Berliner Ensemble, das 1954 ins
Theater am Schiffbauerdamm als eigenes Haus umziehen
konnte, außergewöhnlich privilegiert war, war sowohl sein
»episches Theater« als auch die Behandlung der Themen
zum Teil verletzender bis zerstörerischer Kritik durch die
Vertreter des »sozialistischen Realismus« in der DDR und
durch Kulturfunktionäre ausgesetzt. Das eklatanteste Beispiel ist Hanns Eislers Plan (1952), mit einer Bearbeitung
des Fauststoffs eine deutsche Nationaloper zu komponie-
ren. Er konzipierte zusammen mit Brecht den Faust als
»Tui«, verlegte die Handlung in die deutschen Bauernkriege
und zeigte, wie Faust, der selbst bäuerlicher Herkunft war,
dem Vorbild Luthers folgend, sich zum Sprecher der Herrschenden macht. So trägt er zur Niederlage der Bauern bei.
Eisler schrieb das Libretto, Brecht beteiligte sich eingehend
daran – diesmal in die »andere Richtung« liefernd –, und als
es 1952 veröffentlicht wurde, fegte ein Sturm der Entrüs-
tung über die beiden verblüfften Künstler hinweg. Sie hätten sich am »klassischen Erbe« vergriffen, die Gipfelgestalt
der deutschen Dichtung, den positiven Helden par excel-

lence, zu einem negativen, destruktiven Liebediener herab-
gewirtschaftet. Eisler setzte die Kritik so zu, dass er in eine
Schaffenskrise kam und außer kleinen Kompositionen die
Arbeit an der Musik nicht mehr aufnahm. So blieb eine vermutlich große deutsche Oper aufgrund der längst überholten Kunstdoktrin aus den dreißiger Jahren auf der kleinbürgerlichen Strecke. Einzige Genugtuung für Brecht und Eisler konnte sein, dass diese Reaktionen ihnen Recht gaben,
die unerledigte destruktive Vergangenheit der Deutschen
gestaltet zu haben.

Alle Anzeichen sprechen dafür, dass die schon am Beginn
seiner Arbeit in Ostberlin ausbrechenden und sie dann be-
gleitenden Querelen um seine Arbeit, aber auch die Sorge,
dass die politischen Spannungen in Mitteleuropa erneut
zum Krieg führen könnten, Brecht mit der Zeit verbrauch-
ten und das alte Herzleiden aktivierten. Es wären dafür
viele Belege anzuführen. Ich verweise nur auf zwei Briefe,
die Brecht im Zusammenhang der dann scheiternden Verfilmung von *Mutter Courage* schrieb. Am 17. November 1952
beschwerte er sich gegenüber Rudolf Engel (Deutsche Aka-
demie der Künste) über die miese Behandlung durch die
DEFA (der monopolistischen Filmfirma der DDR), die
zwar die Rechte an der Verfilmung erwarb, aber die Dreharbeiten nicht aufnahm: »Ich muß sagen, daß ich so schäbig in
meiner ganzen bisherigen Praxis als Schriftsteller noch nicht
behandelt wurde, weder in Deutschland noch außerhalb.«
(GBA 30,149) Und am 5. Oktober 1955 schrieb Brecht an
Therese Giehse, nachdem er eigenmächtig die Dreharbeiten
zur *Mutter Courage* abgebrochen hatte:

Die Hudelei setzte ein und es wurde Helli [Helene
Weigel] zugemutet, praktisch unbegrenzt zur Verfü-
gung zu stehen. Jetzt griff ich ein, zumal in der letzten
Zeit mehrere gute Leute aus unserer Generation durch
Herzschäden gestorben waren (Fr. Wolf, Weiskopf)
oder schwer krank wurden (Becher, Bredel, Fürnberg,

Ackermann). Dieser Gesichtspunkt fand auch das volle
Verständnis der Regierung. Sie war sofort bereit, lieber die erheblichen Geldverluste zu tragen als einer
solchen planmäßigen Verschrottung unentbehrlicher
Leute Vorschub zu leisten.

> (GBA 30,380; vgl. auch den Kommentar zum
> *Courage*-Film in GBA 20,591–596.)

Auch die Wiederaufnahme des Tui-Themas mit der Komödie *Turandot oder Der Kongreß der Weißwäscher* (1953/
1954) zeugte von Brechts zunehmender Verbitterung und
Distanz zur Kultur-Bürokratie in der DDR. Die ehemals
den Nazis gewidmete Kultur- und Politik-Kritik richtete
sich nun gegen die herrschenden Zustände in Ost (aber auch
West), und der »weise Alterston« des 55-Jährigen in den
Buckower Elegien unterzog die Lyrik erneut der »Sprachwaschung«: kein Ton, der den Menschen »rund und menschlich« macht.

1956 war Brecht mehrfach krank und musste stationär
behandelt werden; zum Arbeiten kam er kaum noch, weil er
zu erschöpft war. Der behandelnde Arzt verordnete ihm
zwar noch eine Erholungskur in München, am 14. August
jedoch starb er an einem Herzinfarkt. Am 17. August wurde
er, seinem Wunsch gemäß, neben seiner Wohnung in der
Chausseestraße 125 auf dem Dorotheenstädtischen Fried-
hof begraben. Bei der Beerdigung wurde, Brechts Wün-
schen entsprechend, nicht gesprochen.

Haltungen

»Weise am Weisen ist die Haltung«, so heißt eine der *Geschichten vom Herrn Keuner*, in der ausgeführt wird, wie
ein Philosophieprofessor zu Keuner kommt und mit seiner
Weisheit prahlt. Dieser jedoch beobachtet lediglich die Hal-

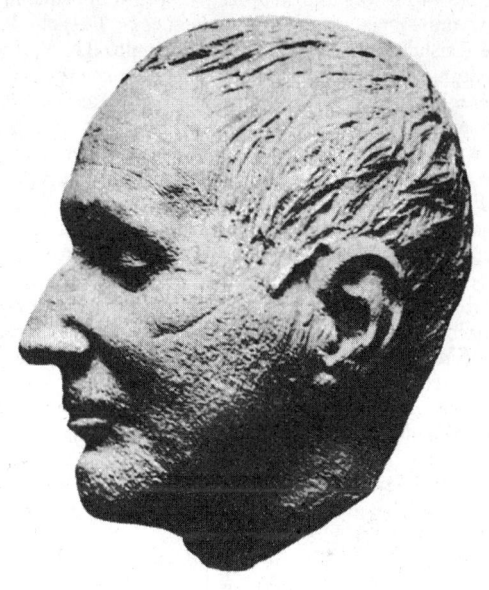

Totenmaske Brechts,
abgenommen von Fritz Cremer,
1956

tung des Professors und stellt fest: »Du sitzt unbequem, du redest unbequem, du denkst unbequem.« Deshalb habe seine Weisheit keinen Inhalt und sei belanglos (GBA 18,13).

Haltungen haben Brecht stets mehr interessiert als Charaktere. Haltungen sind Äußerungen von Menschen, überprüfbar, beobachtbar; sie stellen Verhalten zu anderen Menschen aus und sind damit sozial. Wie in seinen Dramen nicht Charaktere dominieren, sondern die Widersprüche der Figuren, die auf gesellschaftliche Verhältnisse und das Verhalten anderer reagieren bzw. produktiv mit ihnen umgehen, so prägten auch Brechts Leben und Kunst in erster Linie Haltungen. Von seinen Zuschauern in den Theatern erwartete er entspannte Haltung und kritisch-distanzierte Beobachtung, lehnte entsprechend jedes Gebanntsein bzw. jede »Einfühlung« ab, die ihm mit verkniffenem Sitzen und der Ausschaltung des Verstandes verbunden war. Von sich erwartete er eine Haltung, wie er sie in seinem Gedicht *Legende von der Entstehung des Buches Taoteking auf dem Weg des Laotse in die Emigration* beschrieben hat (GBA 12,32–34). Die Weisheit, die Laotse zu vermitteln hat, bedarf der Wissbegierde des Zöllners und beider Freundlichkeit. »Die Freundlichkeitsbezeigungen der Welt«, so formulierte Walter Benjamin zur *Legende*, »finden sich an den härtesten Stellen des Daseins ein: bei der Geburt, beim ersten Schritt ins Leben und bei dem letzten, der aus dem Leben führt. Das ist das Minimalprogramm der Humanität.« (Benjamin, B 6: 1966, 83) Das Maximalprogramm wäre, Freundlichkeit zur grundsätzlichen Haltung zwischenmenschlicher Beziehung werden zu lassen.

Brechts Leben war weit vom Maximalprogramm entfernt. Das lag zum einen an seinem Temperament, zum andern an den Umständen. So ist überliefert, dass er als Regisseur bis in die letzte Zeit seines Lebens hinein, wenn ihm etwas nicht passte, zu Wutanfällen neigte, die bereits in den zwanziger Jahren dazu führten, dass Brecht des Theaters verwiesen wurde (im Berliner Ensemble ging das nicht mehr). Oder

Marta Feuchtwanger berichtet, dass Brecht mit ihrem Mann bei der gemeinsamen Bearbeitung des *Eduard* nach Marlowe um ein Komma feilschte. Das Dienstmädchen sei hilferufend gelaufen gekommen, um sie zu unterrichten, dass die beiden gerade dabei seien, sich umzubringen. Marta wurde als Schiedsrichterin angerufen, als sie jedoch nicht vermitteln konnte, verließ Brecht wutschnaubend das Haus. Mitten in der Nacht – die Feuchtwangers schliefen längst – kam er zurück und brüllte laut von der Straße aus, Feuchtwanger habe doch Recht gehabt mit dem Komma.[11]

Was die Umstände anbetrifft, so hat Brecht selbstkritisch im Gedicht *An die Nachgeborenen* formuliert:

> Dabei wissen wir ja:
> Auch der Haß gegen die Niedrigkeit
> Verzerrt die Züge.
> Auch der Zorn über das Unrecht
> Macht die Stimme heißer. Ach, wir
> Die wir den Boden bereiten wollten für Freundlichkeit
> Konnten selber nicht freundlich sein.

> > (GBA 12,87)

Dennoch gibt es genügend Zeugnisse, die belegen, dass Brecht zumindest bestrebt war, Freundlichkeit zu seiner grundsätzlichen Haltung auszuprägen und damit Weisheit auszustellen. Louis Fürnberg berichtet z. B.: »Es ist angenehm, Bertolt Brechts Nüchternheit dagegenzuhalten [den anderen Gesprächsteilnehmern gegenüber], der sehr still und menschenfreundlich an seiner dicken Zigarre zieht und kaut und hie und da ein treffendes Wort in das Gespräch wirft, eine Pointe, die alles andere, was an Geist produziert wird, verrauchen und verblassen macht.«[12] Wenn auch die

---

11 Nach Wolfgang Jeske / Peter Zahn, »Lion Feuchtwanger oder Der arge Weg der Erkenntnis. Eine Biographie«, Stuttgart 1984, S. 100.
12 Louis Fürnberg, *Gesammelte Werke in sechs Bänden*, Berlin/Weimar 1971, Bd. 5, S. 382.

politischen und kriegerischen Verhältnisse, die Brechts Leben bestimmten, entschiedene Hindernisse darstellten, das Ziel seiner Bemühungen, nämlich dass »der Mensch dem Menschen ein Helfer« wird (GBA 12,87), zu erreichen, so galten sein Leben und sein Werk doch dem Weg dahin – wie er auch überzeugt war, dass alle Künste nur zu einer Kunst beizutragen hätten, zur Lebenskunst.

Das Werk

1
Stücke

Vorbemerkung

Brecht selbst verstand sich als »Stückeschreiber« und bezeichnete sich auch ausdrücklich so. Mit dieser Namengebung (Stück statt Drama) grenzte er sich von der Tradition des Lesedramas ab und betonte die Theaterpraxis. Die Theaterpraxis aber spielt in den meisten Darstellungen über Brecht die geringste Rolle trotz der Tatsache, dass sie sich sowohl in seinen Texten niedergeschlagen hat als auch Ausgangsort für theoretische Überlegungen gewesen ist. Brecht hat mit seinen Stücken die »Theorie« vorgegeben und sie nicht etwa, wie die Forschung gemeinhin annimmt, mit seinen Stücken auf dem Theater »realisiert« oder umgesetzt.

Um in einer kurzen Monografie über den Dramatiker Brecht angemessen schreiben zu können, muss ein Kompromiss gefunden werden. Brecht schrieb über fünfzig Dramen und Dutzende von Dramenfragmenten, von denen einige wie *Fatzer* oder *Der Brotladen* u. a. nicht unbedeutend sind, aber er arbeitete auch als Dramaturg, als Regisseur und nicht zuletzt als Medienpraktiker. Vor allem aus der praktischen Theater- und Medienarbeit entwickelte Brecht darüber hinaus eine neue Theatertheorie, die beanspruchen kann, die bedeutendste des 20. Jahrhunderts zu sein und weltweit dafür sorgte, dass mit einem neuen Bewusstsein vom Theaterspiel und mit vielen neuen technischen Mitteln für die Bühne bis dahin unbekannte Dimensionen erschlossen wor-

den sind. Im Folgenden kann daher lediglich ein Überblick
über die Entwicklung des dramatischen Werks gegeben,
nicht aber jedes Stück im Einzelnen besprochen werden.
Damit aber Einzelanalysen nicht zu kurz kommen, werden
sie in Auswahl in den Überblick eingefügt. Diese Auswahl
orientiert sich einerseits an der Bedeutung der Dramen, die
sich durch ihre theatralische Wirksamkeit und durch die
entsprechende Rezeption in der Öffentlichkeit manifestiert
hat, andererseits an ihrer Gewichtung, die ihnen im Unterricht an den Universitäten gegeben worden ist.

Entgegen der fast einhelligen Meinung der Forschung
allerdings wird hier die These vertreten, dass das Theater
Brechts bis 1930 einen Standard innerhalb der offiziellen
Kulturindustrie der Weimarer Republik erreicht hatte, den es
auch mit den sog. »klassischen Dramen« der Exilzeit nicht
wieder einzuholen vermochte. Auch Brechts Theaterarbeit
nach dem Krieg hat zu seinen Lebzeiten trotz seiner heraus-
ragenden und weltweit wirksamen Inszenierungen lediglich
dazu beigetragen, die Theaterkunst von den Verunstaltungen
der Nazi-Barbarei zu befreien und durch Modellinszenie-
rungen die Basis für neue Möglichkeiten des Theaters zu
schaffen, den »Musentempel« aber, den er mit seinen Lehrstücken und Opern zwischen 1927 und 1930 nachhaltig ge-
schleift hatte, verließ Brechts Nachkriegstheater nicht mehr.
Insofern blieb Brechts »klassisches Theater« bloß Theater
auf dem Theater, wohingegen sein Theater vor der Machtübergabe an die Nazis ein Theater in der Öffentlichkeit der
Kulturindustrie gewesen war.

Theatertheorie

Nach dem Gastspiel des Berliner Ensembles mit *Mutter
Courage und ihren Kindern* in Paris (Juni/Juli 1954) erschien ein Brecht-Sonderheft der Zeitschrift *Théâtre Popu-
laire* (Paris), in dem Kritiker und Theoretiker wie Bernard

Dort und Roland Barthes u. a. das »epische Theater« als umwälzende Neuerung auf allen Gebieten der dramatischen Kunst feierten. Ästhetik und Politik hätten mit der »révolution brechtienne« eine Einheit und das Theater eine neue gesellschaftliche Funktion gefunden (Hüfner, B 6: 1968, 51). Brechts Theater – so Barthes – markiere einen Wendepunkt der abendländischen Dramatik (Hüfner, B 6: 1968, 58), und seine theoretischen Äußerungen seien für eine moderne Poetik als verbindlich anzusehen (ebd., 59). Die Berufung galt vor allem der von Brecht 1948 formulierten und 1949 publizierten Schrift *Kleines Organon für das Theater*, mit der er erstmals in systematischer Form seine Vorstellungen von einem »Theater des wissenschaftlichen Zeitalters« (GBA 23,65) entwickelt hatte.

Das *Kleine Organon* jedoch blieb Ausnahme. Den weitaus größten Teil der theoretischen Schriften, die in der GBA fünf Bände (21–25) umfassen, wenn man die Theatermodelle hinzuzählt, hat Brecht zu seinen Lebzeiten nicht publiziert. Ihre Überlieferung im Nachlass zeigt, dass Brecht diese Schriften, vor allem die zum Theater, weitgehend unsystematisch geführt hat, wobei auch vieles fragmentarisch blieb, und dass sie vornehmlich der theoretischen Selbstverständigung in der praktischen Theaterarbeit galten. Eine »Theorie« im strengen Sinn ergibt sich daraus nicht, was auch für die »Theorie des Lehrstücks« gilt, die Reiner Steinweg aus dem Trümmerhaufen der Überlieferung rekonstruiert hat (was nicht gegen sein Verdienst spricht, diese Schriften in umfassender Weise erstmals in ihrem Umfang vorgestellt und analysiert zu haben; Steinweg, B 7: 1972). Das, was als »Theorie des epischen Theaters« gilt, ist weitgehend ein Produkt der Rezeption, und nur bedingt das des Autors Brecht. Als kuriose Parallele sei angeführt: Als u. a. Brechts Aufsätze zur »Expressionismusdebatte« (geführt in *Das Wort* 1937/38) 1966 aus dem Nachlass durch die *Werkausgabe* in der »Edition Suhrkamp« bekannt wurden, machten sie im Kontext der Debatten der Zeit um eine Politisierung

der Literatur dermaßen Furore, dass die »Expressionismusdebatte« kurzerhand in »Brecht-Lukács-Kontroverse«[1] umbenannt wurde, eine Debatte, die es trotz Brechts Versuchen, seine Schriften 1938 zu veröffentlichen, historisch nie
gegeben hat.

Die einzige Schrift von Gewicht, die Brecht zum »epischen Theater« veröffentlichte und an der Peter Suhrkamp
mitwirkte, sind die *Anmerkungen zur Oper »Aufstieg und
Fall der Stadt Mahagonny«* (GBA 24,74–84), publiziert
1930 in den *Versuchen* (Heft 2) als eine Art Anhang zum
Operntext. Schon der Titel besagt, dass es nicht um die
Grundlegung einer Theorie handelt, sondern um Erläuterungen zur Oper. Brecht und Suhrkamp stellten in dieser
Schrift programmatisch die dramatische und epische Form
des Theaters gegenüber, betonten dabei jedoch nachdrücklich, dass es sich nicht um absolute Gegensätze, sondern lediglich um »einige Gewichtsverschiebungen« (GBA 24,78)
handelt: Gefühl gegen Ratio, Spannung auf den Ausgang
gegen Spannung auf den Gang, Mensch als Fixum gegen
Mensch als Prozess, handelnd gegen erzählend etc. Die dramatische Form, die Brecht auch die »aristotelische« nannte,
wurde damit durchaus nicht verworfen, sie wurde vielmehr
um wesentliche Techniken erweitert und vor allem gegenüber der bisherigen Verschmelzung der am Drama bzw. der
Oper beteiligten Künste zum »Gesamtkunstwerk« (nach
Richard Wagner) in ihre »Elemente« getrennt. »Der große
Primatkampf zwischen Wort, Musik und Darstellung (wobei immer die Frage gestellt wird, wer wessen Anlaß sein
soll [. . .]), kann einfach beigelegt werden durch die radikale
Trennung der Elemente.« (GBA 24,79) Der Begriff des
»Epischen« wurde dabei als eine neue Qualität des Dramas
verstanden, das nicht an die Gattung gebunden ist, vielmehr
dem Drama neue Möglichkeiten öffnet. Die Bühne begann

---

1 Helga Gallas, »Zur Brecht-Lukács-Kontroverse«, in: *Alternative* 15 (1972)
H. 84/85, S. 121–123.

zu erzählen und verhinderte dadurch, dass die Zuschauer das Geschehen als Imagination bzw. »Nachahmung« von Wirklichkeit miterlebten und sich mit den dargestellten Figuren identifizierten. So wurde durch den Szenen vorangestellte Titel, Projektionen oder Prologe der Inhalt vorweggenommen und dadurch die Spannung der Zuschauer von der dramatischen Spannung (Was-Spannung) weg und zur Beobachtung der Handlung (Wie-Spannung) hin gelenkt. Zugleich wurde die Künstlichkeit, das Modellhafte des Bühnengeschehens, betont: Zeigt, dass gezeigt (gespielt) wird.

In späteren Schriften, wie z. B. *Die dialektische Dramatik* von 1931, *Über die Verwendung von Musik für ein episches Theater* von 1935/36 oder *Über den Bühnenbau der nichtaristotelischen Dramatik* von 1936/37 begründete Brecht darüber hinaus die Verwendung von »Verfremdungseffekten« (auch »V-Effekte« genannt) für sein episches Theater. Verfremdung ist abgeleitet von lat. *abalienare* ›sich einer Sache entäußern, verkaufen, entfremden‹. Ausgangspunkt ist die Einsicht, dass die Vortäuschung von Wirklichkeit (als ob) durch Illusionierung einer Ästhetik des Industriezeitalters unangemessen ist, zumal der Faschismus mit seiner »Ästhetisierung der Politik«[2] alle traditionellen Mittel der Einfühlung zur Verführung der Massen eingesetzt hatte. Ziel war es, die Kunst der Erkenntnis zu öffnen und parallel zum wissenschaftlichen Experiment künstliche sowie künstlerische Modelle der gesellschaftlichen Realität zu schaffen. Dazu werden das Gewohnte und Bekannte fremd gemacht und die unsichtbaren Bewegungsgesetze des gesellschaftlichen Zusammenlebens modellhaft zur ästhetischen Anschauung gebracht.

Abzugrenzen davon ist das vom russischen Formalismus (Victor Sklovskij) entwickelte »ostranenije« (gewöhnlich ebenfalls mit Verfremdung übersetzt, wörtlich: Seltsam-

---

2 Walter Benjamin, *Das Kunstwerk im Zeitalter seiner technischen Reproduzierbarkeit. Studien zur Kunstsoziologie*, Frankfurt a. M. 1963, S. 49.

machen). Bis in die 80er-Jahre hinein hat die Brecht-Forschung die Meinung vertreten, Brecht habe, und zwar anlässlich seiner Moskau-Reise 1935, sein Verfremdungs-Verfahren von Sklovskij übernommen, was jedoch nachweislich nicht der Fall ist (vgl. Knopf, B 4: 1974, 15–20). »Ostranenije« gilt der Vermittlung einer neuen künstlerischen Wahrnehmungsweise, mit der die alltägliche, automatisierte Wahrnehmung negiert und wieder dem unvoreingenommenen »Empfinden« der Dinge zugeführt wird (vgl. ebd., 19). Der Anspruch auf Erkenntnis (durch Belehrung), den Brecht mit der Verfremdung erhebt, findet sich bei Sklovskij gerade nicht (*Iskusstvo kak priem*, 1917; dt.: *Kunst als Verfahren*). Bis zuletzt betonte Brecht immer wieder:

> Ich glaube nicht an die Trennbarkeit von Kunst und Belehrung. Die Freude an neuen Erfahrungen und neuen Kenntnissen, besonders Kenntnissen über das menschliche Zusammenleben, ist eine Hauptquelle des Kunstmachens und des Kunstgenießens. Eine Kunst, die den Erfahrungen ihres Publikums nichts hinzufügt, die sie entläßt, wie sie kamen, die nichts will, als rohen Instinkten zu schmeicheln und unreife oder überreife Meinungen zu bestätigen, taugt nichts. Die sogenannte reine Unterhaltung ergibt nur Katzenjammer. (GBA 23,222)

Verfremdung, erstmals in der Verbform bei Berthold Auerbach (*Neues Leben*, 1842) nachgewiesen, geht zurück auf Hegels Begriff der »Entfremdung«, die dieser als Bedingung von Erkenntnis theoretisch begründet hat: »Das Bekannte überhaupt ist darum, weil es *bekannt*, nicht erkannt.«[3] Um zum Gegenstand der Erkenntnis zu werden, muss die unmittelbare Apperzeption negiert werden und das zu erkennende Objekt die Gestalt von etwas Fremdartigem erhalten.

---

3 Georg Wilhelm Friedrich Hegel, *Phänomenologie des Geistes*, Hamburg ⁶1952, S. 28.

Über die Negation dieser Entfremdung (Negation der Negation) ist Erkennen gewährleistet. Brecht übernahm, als er 1936 Verfremdung erstmals verwendete, die theoretische Position Hegels, verband sie zugleich aber – deshalb die terminologische Abweichung – mit seiner Ästhetik eines kritischen Realismus. Diese hatte zum Ziel, mit bewusst demonstrierten künstlerischen Mitteln die von Karl Marx dem Begriff der »Entfremdung« zugeführten materiellen Aspekte offen zu legen: die Fremdbestimmung des Menschen durch Unterdrückung und Ausbeutung sowie die internalisierten gesellschaftlichen Zwänge, die menschliches Selbstbewusstsein verhindern (vgl. zur Tradition des Begriffs Knopf, B 4: 1980, 378–383).

Die V-Effekte bezeichnen die technischen und sprachlichen Mittel, die Verfremdung hervorbringen. Dies geschieht u. a. dadurch, dass die Darsteller einer Rolle nicht in ihr aufgehen, sondern sie während der Verkörperung zugleich kritisieren und kommentieren (Überführung in die 3. Person), dass bei musikalischen Partien die Handlung durch Lichtwechsel unterbrochen wird und die Darsteller eine neue Haltung einnehmen (Desillusionierung), dass die Rampe zum Publikum durch Einführung einer halbhohen Gardine, die die Zuschauer z. B. an Umbauten beteiligt, und durch direkte Ansprachen sowohl während des Geschehens als auch durch Prolog und/oder Epilog durchbrochen wird (Niederlegung der 4. Wand), dass mögliche und widersprüchliche Alternativen zur gezeigten Handlung angedeutet oder mitgespielt werden (Fixierung des Nicht-Sondern), dass überraschende sprachliche Wendungen den gewohnten Sinn von Worten oder Sentenzen umkehren und durch Doppeldeutigkeit kritisieren. Alle Mittel dienen dazu, die Zuschauer in eine entspannte, beobachtende und damit kritische Haltung zu versetzen, die es ihnen ermöglicht, die künstliche und kunstvolle Demonstration auf der Bühne mit ihren realen Erfahrungen zu vergleichen und aus dem Vergleich möglicherweise Konsequenzen für ihr gesellschaftliches Verhalten zu ziehen. Die Demonstration der Kunst als Kunst greift zugleich auf verschiedene Traditionen des Komischen, z. B. der Commedia dell'Arte, zurück und soll dadurch auch das Vergnügen der Zuschauer an der Kunst verbürgen.

Hierzu gehört auch das von Brecht so genannte »Gesellschaftlich-Komische« (GBA 24,312). Durch das »Historisieren«, das heißt Gegenwärtiges als bereits Vergangenes zu beschreiben, werden Figuren und Vorgänge als vergänglich, damit als veränderlich und veränderbar dargestellt. Die Kritik erfolgt jeweils vom Standpunkt der nächstfolgenden Epoche aus. Zeitgenössische gesellschaftliche Verhältnisse, die noch herrschen, lassen sich dadurch als überholt, bereits abgelebt und mit falschen Ansprüchen auftretend entlarven. Die Figuren werden in ihrem (von ihnen ernst genommenem) Rollenverhalten buchstäblich (komisch) vorgeführt, die Verhältnisse, auch wenn sie noch mit aller Brutalität wirksam sind, ihrer Hohlheit und inhumanen Anmaßung überführt. Die Komik entsteht durch den Blick zurück, der davon ausgeht, dass die Geschichte diese Figuren und Verhältnisse einmal hinwegfegen wird (vgl. dazu paradigmatisch das kleine Kinderlied *Der Schneider von Ulm*; GBA 12,19 f.).

Das »epische Theater« bedeutet so einen beträchtlichen Zuwachs an künstlerischen Mitteln und theatralischen Darstellungsweisen, die sowohl aus dem gesamten Arsenal der bisherigen Dramatik gewonnen, aber auch in der Ausrichtung der Formen an den jeweils herrschenden gesellschaftlichen Realitäten neu ausgebildet werden, wozu auch gehört, alle die Techniken ästhetisch umzusetzen, die die Entwicklung der Wissenschaften mit sich gebracht haben (Radio, Film, Montage etc.). »Über literarische Formen muß man die Realität befragen, nicht die Ästhetik, auch nicht die des Realismus« (GBA 22,433).

Auch die Funktion der Bühne bestimmt Brecht neu. Der »Bühnenbildner« wird zum »Bühnenbauer«; es gibt kein

»Bühnenbild« mehr, sondern ein »Spielfeld« (GBA 22,227–
234). Brecht vermeidet mit dieser neuen Sprachgebung die
traditionelle Assoziation mit »Weltbild«, das sein Theater –
auch in der Negation von »Weltanschauung« – gerade *nicht*
vermitteln will. Die Bühne zeigt keine vorgegebene »Welt«
mehr, in welche die Figuren eintreten und durch die sie bestimmt werden. Der Bühnenbau wird vielmehr aus dem jeweiligen Geschehen entwickelt und das Spielfeld durch die
Figuren und ihre Widersprüche abgesteckt. Art und Umfang des Bühnenbaus ergeben sich aus dem Zusammenspiel
der Akteure und aus den gesellschaftlichen wie persönlichen
Widersprüchen, die sie bestimmen. Ziel ist es, auf diese
Weise die dargestellte »Welt« der Kunst als veränderlich
und vor allem durch die Menschen als veränderbar zu zeigen. Die traditionell geschlossene und womöglich harmoni-
sierte »Kunstwelt« wird aufgebrochen und zur gesellschaftlichen Wirklichkeit der Zuschauer hin geöffnet. »Dramatik«, die durchaus nicht geleugnet wird, entsteht dadurch,
dass zwischenmenschliche Prozesse und gesellschaftliche
Übergänge mit all ihren Kämpfen und Widersprüchen als
»Einheit der Gegensätze« (vgl. GBA 23,294) ins theatralische Blickfeld geraten und die Zuschauer angehalten werden, sich über deren ästhetische Wahrnehmung mit den sie
bestimmenden Realitäten auseinanderzusetzen. Brecht sah
darin durchaus eine Möglichkeit, mit Theater (bzw. Kunst
überhaupt) auf Wirklichkeit einzuwirken bzw., wie er es
formuliert hat, in sie »einzugreifen« (vgl. z. B. GBA 21,414)
und somit zu ihrer Veränderung beizutragen. Diese Möglichkeit aber öffnet sich gerade nicht durch »Abbildung«
von Wirklichkeit, sondern allein dadurch, dass die künstliche gebaute ästhetische Welt auf diese hinweist bzw. im
wörtlichen Sinn aufzeigt.

Der von Brecht häufig gebrauchte Begriff »nichtaristote-
lisch« – zur Abgrenzung vom traditionellen Drama – richtet
sich nicht gegen Aristoteles selbst, dessen *Poetik* er als
»großartig« qualifiziert hat (GBA 22,551). In ihr sieht er

vielmehr die Hauptquelle der bürgerlichen Kunstauffassung, wonach Theater in erster Linie das Gefühl der Zuschauer ansprechen soll: Ihre Leidenschaften werden durch Furcht und Mitleid »gereinigt« (Katharsis). Diese »Theorie der Einfühlung« war etwa im 18. Jahrhundert, vertreten insbesondere durch Lessing mit seiner *Hamburgischen Dramaturgie*, insofern fortschrittlich und für das Bürgertum emanzipatorisch, als mit ihr die Unterschiede zwischen den Ständen aufgehoben und die Gleichheit aller Menschen theoretisch gerechtfertigt wurde. Die bürgerliche Kunstpraxis hat diesen emanzipatorischen Charakter dadurch entwertet, dass sie mit »Einfühlung« in zunehmendem Maß gefühlsmäßige Rauschzustände und bewusste Täuschung erzeugte. Das mit der »Einfühlung« verbundene »Allgemein-Menschliche« gilt, so Brechts kritische Analyse, für die Industriegesellschaften des 19. und vor allem des 20. Jahrhunderts mit ihren offenen und verdeckten Klassenunterschieden nicht mehr – schon gar nicht für die Verfolgung und fabrikmäßige Vernichtung von Menschen im Faschismus.

Brechts Polemik gegen die Einfühlung richtete sich nicht gegen Gefühle überhaupt, sondern gegen Emotionen, die sich jeder vernünftigen Kontrolle entziehen, vorhandenes Wissen verleugnen und neue Kenntnisse nicht zulassen. Die endgültige Bestätigung seiner Kritik an der Einfühlung lieferte ihm der Faschismus, der durch einen hoch technisierten Einsatz eben dieser Kunstmittel der Einfühlung auf politischer Ebene Massenrausch und Massenwahn zu erzeugen vermochte. Täuschung dieser Art hatte sich als unmenschlich erwiesen und damit historisch erledigt.

Mit dem Typus des durch »fröhliche Kritik« arbeitenden Physikers Galilei hat Brecht seinen Gegenentwurf gestaltet. Galilei denkt aus Sinnlichkeit und bezieht seine Gefühle aus seinen wissenschaftlichen Entdeckungen, die ihn durchaus nicht vor Fehlverhalten bewahren. Die aristotelischen Kategorien »Furcht und Mitleid« ersetzte Brecht durch »Wissensbegierde und Hilfsbereitschaft« (GBA 22,554). Die Zuschauer sollten nicht mehr durch das Theater »gekidnappt«, sondern mit wachem Sinn, zu dem auch Gefühle gehören, auf seine reale Welt hingeführt werden. Ziel war es, den Zuschauer zu einem ›großen Änderer‹ zu machen, »der in die Naturprozesse und in die gesellschaftlichen Prozesse einzugreifen vermag, der die Welt nicht mehr nur hinnimmt, sondern sie meistert« (GBA 22,555).

Als theoretische Hauptschrift gilt das *Kleine Organon für das Theater* (1949 in *Sinn und Form, Sonderheft Bertolt Brecht* publiziert). Brecht schrieb es auf Drängen von Helene Weigel, die der Ansicht war, dass für die bevorstehende Theaterarbeit in Berlin angesichts der Verwüstungen, die die Nazis auch im Bereich des Theaters angerichtet hatten, eine grundlegende Zusammenfassung von Brechts theoretischen Überlegungen vonnöten sei. In 77 aphorismusartigen Kurzartikeln nach dem Vorbild von Francis Bacons *Novum organum* (1621) entwickelte Brecht seine Vorstellungen vom »Theater des wissenschaftlichen Zeitalters«. Wie Bacon in seinem Werk gegen die herrschende »aristotelische« Physik das neuzeitliche Prinzip der empirisch-experimentellen Wissenschaft vertreten hatte, so polemisierte Brecht gegen die »aristotelische«, vom Naturalismus bestimmte Kunst der »Einfühlung« als eines »Zweig[s] des bourgeoisen Rauschgifthandels« (GBA 23,65), die nach wie vor den Einzelnen (»Helden«) in den Mittelpunkt des künstlerischen Werks stellte und die Zuschauer kritiklos dazu anhielt, sich mit ihm zu identifizieren (was übrigens auch gegen die Werke des »sozialistischen Realismus« gerichtet war). Stattdessen forderte Brecht die Darstellung der großen Menschenmassen und der »Beziehungen der Menschen untereinander bei der Ausbeutung und Unterwerfung der Natur« (GBA 23,72); diese lägen nach wie vor im Dunkel und würden immer undurchsichtiger, später sagte man: »komplexer« (GBA 23,72). Dazu wäre es notwendig, die »neue Wissenschaft, die sich mit dem Wesen der menschlichen Gesellschaft befasst«, für die Kunst zu nutzen (GBA 23,72). In Analogie zum wissen-

schaftlichen Experiment entwirft die Kunst ästhetische An-
schauungsmodelle von Wirklichkeit, die ihre Gesetze sichtbar und das Urteil der Zuschauer »dazwischenkommen«
lassen (GBA 23,92). Brecht betonte dabei, dass die wissenschaftliche Haltung der künstlerischen nicht widerspricht
und dass ihre lehrhafte (aufklärerische) Ausrichtung keine
Emigration aus dem »Reich des Wohlgefälligen« (GBA
23,66) bedeuten dürfte. Das Theater sollte Stätte der Unterhaltung bleiben. Wie sich die Wissenschaft mit dem Unter-
halt beschäftigt, so befasst sich die Kunst mit der Unterhaltung, wobei beide dazu da sind, das »Leben der Menschen
zu erleichtern« (GBA 23,73).

In seinen *Nachträgen zum »Kleinen Organon«* von 1954
(zu Lebzeiten nicht publiziert), in denen sich Brecht selbstkritisch mit den apodiktischen Formulierungen im *Kleinen
Organon* auseinandersetzte, verwarf Brecht den Begriff des
»epischen Theaters«: der Begriff sei »zu ärmlich und vage
für das gemeinte Theater« (GBA 23,289), und er ersetzte
ihn durch »Dialektik auf dem Theater« bzw. »dialektisches
Theater« (vgl. GBA 23,296–303).

> Das Theater des wissenschaftlichen Zeitalters vermag
> die Dialektik zum Genuß zu machen. Die Überra-
> schungen der logisch fortschreitenden oder springen-
> den Entwicklung, der Unstabilität aller Zustände, der
> Witz der Widersprüchlichkeiten usw., das sind Ver-
> gnügungen an der Lebendigkeit der Menschen, Dinge
> und Prozesse, und sie steigern die Lebenskunst sowie
> die Lebensfreudigkeit.   (GBA 23,290)

Die widersprüchliche Aufnahme, die das *Kleine Organon*
nach seiner Publikation fand und die eine heftige kulturpo-
litische Kontroverse in der DDR um »sozialistischen« und
kritischen Realismus auslöste, wobei Brecht u. a. »volks-
fremde Dekadenz« (Fritz Erpenbeck) vorgeworfen wurde
(GBA 6,396), bestätigte Brechts Vorbehalte gegen eine
Theorie, die sich von der Praxis löste. Zwar kann die wirk-

liche Praxis, mit Ernst Bloch zu sprechen, ohne die Theorie »keinen Schritt tun«[4], bestehen kann sie jedoch nur in der widersprüchlichen Einheit mit der Praxis und am besten dann, wenn sie sich in der Praxis aufhebt. 1953 sagte Brecht zurückblickend:

> Sähen sich die Kritiker mein Theater an, wie es die Zuschauer ja tun, ohne meinen Theorien zunächst dabei Gewicht beizulegen, so würden sie wohl einfach Theater vor sich sehen, Theater, wie ich hoffe, mit Phantasie, Humor und Sinn, und erst bei einer Analyse der Wirkung fiele ihnen einiges Neue auf – das sie dann in meinen theoretischen Ausführungen erklärt finden könnten. Ich glaube, die Kalamität begann dadurch, daß meine Stücke richtig aufgeführt werden mußten, damit sie wirkten, und so mußte ich für eine nichtaristotelische Dramatik – o Kummer! – ein episches Theater – o Elend – beschreiben. (GBA 25,401 f.)

Die Anfänge

Nach dem Auffinden des *Tagebuchs Nr. 10* von 1913 wissen wir, dass bereits der 15-jährige Schüler (und womöglich auch der noch jüngere) Pläne für Stücke entwarf; ob auch nur einer davon zur Ausführung kam, ist nicht überliefert. Mit dem »Drama in 1 Act«, *Die Bibel*, das Brecht zeitgleich zum Tagebuch im Spätsommer 1913 schrieb, liegt ein erstes kurzes Stück des jungen Brecht vor, das ein ethisch-religiöses Thema (Verteidigung des Glaubens gegen eine weltliche Übermacht) mit Fragestellungen nach den sozialen Folgen verbindet.

Das bedeutsame dramatische Werk beginnt 1918 mit *Baal*, einer dramatischen Biografie eines dichtenden Vagan-

4 Ernst Bloch, *Das Prinzip Hoffnung*, Frankfurt a. M. 1985 (zuerst 1959), S. 322.

ten nach dem Vorbild des François Villon, der »im XV. Jahrhundert in der Bretagne Mörder, Straßenräuber und Balladendichter war« (GBA 28,45). Das Stück stellt in seiner ersten Fassung (1918) einen Gegenentwurf zu Hanns Johsts Dichterdrama *Der Einsame* dar, entfernt sich in seinen weiteren Bearbeitungen (1919 und 1920) immer mehr vom Vorbild und wird eigenständiger. Im Mittelpunkt der Handlung steht der selbstsüchtige, tierhafte Lyriker Baal, der sowohl mit seiner Dichtung als auch mit seinem Verhalten das ihn umgebende spätwilhelminische Bürgertum brüskiert und herausfordert. Alle Versuche, Baal in das bürgerliche Leben einzugliedern, werden mit »ästhetischen Schocks« (Frühwald, B 7: 1984, 38) beantwortet, »da er zwischen Fiktion und Existenz keinen Abstand duldet, sondern die Kunst als integrierten Teil des Lebensgenusses lebt« (ebd.; vgl. vor allem die Stierszene mit den Bauern). Gezeigt werden Stationen seines ausschweifenden Lebens über einen Zeitraum von etwa acht Jahren. Seine Opfer werden sein Freund Ekart, den Baal im Suff ersticht, Johannes, dem Baal die Braut Johanna ausspannt, Johanna selbst, die von Baal geschwängert ins Wasser geht, und schließlich sogar Baal, der sich selbst verbraucht hat und am Ende einsam verreckt, sozusagen den hemmungslosen Selbstgenuss bis zum bitteren Ende auskostet.

Hugo von Hofmannsthal hat, als er das Stück März 1926 im Theater in der Josefstadt (Wien) inszenierte, in seinem Vorspiel, *Das Theater des Neuen, Baal* als Ausdruck der Zeit gedeutet, die vom Individuum erlöst sein wolle: »ich würde so weit gehen, zu behaupten, daß alle die ominösen Vorgänge in Europa, denen wir seit zwölf Jahren beiwohnen, nichts sind als eine sehr umständliche Art, den lebensmüden Begriff des europäischen Individuums in das Grab zu legen, das er sich selbst geschaufelt hat«.[5]

---

5 Hugo von Hofmannsthal, *Das Theater des Neuen. Eine Ankündigung*, in: *Gesammelte Werke. Lustspiele IV*, Frankfurt a. M. 1956, S. 405–426; hier 419.

Trommeln in der Nacht

Das Stück entstand zunächst mit dem Titel *Spartakus* Anfang 1919. Die entscheidende Umarbeitung erfolgte von Mitte 1920 bis 1922: Einfügung des 3. Akts, *Walkürenritt*, Umarbeitung des 4. und 5. Akts sowie Umbenennung in *Trommeln in der Nacht. Komödie*. In dieser Fassung wurde das Stück im September 1922 an den Münchener Kammerspielen uraufgeführt, eine Aufführung, die zu Herbert Iherings legendärem Urteil führte: »Der vierundzwanzigjährige Dichter Bert Brecht hat über Nacht das dichterische Antlitz Deutschlands verändert. Mit Bert Brecht ist ein neuer Ton, eine neue Melodie, eine neue Vision in der Zeit« (*Berliner Börsen-Courier*, 2. Oktober 1922; GBA 1,157). Eine weitere Bearbeitung des Textes erfolgte für die Buchausgabe 1922 in München (Drei Masken Verlag), die dann während der Weimarer Republik (bis 1930) an vielen Theatern gespielt wurde und zeitgenössisch die größte Verbreitung hatte. Sie liegt der folgenden Interpretation zugrunde.

Das Stück spielt November 1918 in Berlin. Karl Balicke ist Besitzer einer Korbfabrik und hat, Geschosskörbe herstellend, am Ersten Weltkrieg glänzend verdient. Seine Tochter Anna ist mit Andreas Kragler verlobt, der im Krieg verschollen ist. Da die Zeiten im November 1918 unsicher sind und Revolution droht, möchte Balicke sein Geschäft konsolidieren, indem er sich mit dem potenten Geschäftsmann Friedrich Murk, der sich vom Laufjungen hochgedient hat, zusammentut und mit ihm zugleich seine Nachfolge sichert. Murk ist im Haus Balicke eingeführt, hat Anna kennen und schätzen gelernt, also drängen Herr und Frau Balicke auf baldige Heirat – mit Erfolg. Die Verlobung wird sofort beschlossen, und zur Feier geht es ins »Café Vaterland«. Da erscheint plötzlich Andreas Kragler auf der Bildfläche. Verkommen, im Aussehen verändert, mit exotischem Touch hat er aus dem Krieg in Afrika doch noch den Weg nach Hause gefunden. Obwohl er über die neuen Verhältnisse aufgeklärt wird, sein Platz also, auch der auf der Frau, bereits besetzt ist, besteht er auf seiner Braut, um dann, als er keinen Erfolg verbuchen kann, in die Zeitungsviertel zu gehen und sich dort den Revolutionären anzuschließen. Anna, die Geschmack am verlotterten Heimkehrer gefunden hat, eilt ihm nach; ihr wiederum Murk und dessen Freund Babusch, der Zeitungsreporter. Kragler unterdessen findet nicht in die Zeitungen, sondern nur in die Kneipe, besäuft sich dort und erzählt seine afrikanische Geschichte, die die anwesenden potentiellen Aufständischen als Beweis dafür ansehen, dass Kragler der prädestinierte Revolutionär sei. Sie beschließen großmäulig, in die Zeitungen zu gehen. Anna jedoch passt mit Babusch – Murk ist auf einem verpatzten Walkürenritt verloren gegangen – Kragler ab. Obwohl Anna dem Andreas gesteht, dass sie von Murk ein Kind erwartet, und diese Tatsache Kragler in seinem Entschluss zu bestärken scheint, Revolution zu machen, beschließt er – auch angesichts des Siegs der herrschenden Ordnung, der sich im Hintergrundgeschehen abzuzeichnen beginnt –, die Revolutionäre zu verraten und mit Anna, die »nicht unbeschädigt« (GBA 1,226) ist, heimzugehen und mit ihr das »große, weiße, breite Bett« (GBA 1,229) aufzusuchen.

Familie Balicke gehört zu den Kriegsgewinnlern, den »Schiebermenschen«, die Brecht im Neutrum »das Schiebermensch« fasste (Schieber war ein allgemeines Schimpfwort der Zeit, mit dem Leute bezeichnet wurden, die durch verbrecherische Geschäfte sich am Krieg bereichert hatten). Für Balicke herrschen im November 1918 unsichere Zeiten, aber nicht etwa, weil der Krieg verloren wäre und Kriegsgewinnler mit Bestrafung rechnen müssten, sondern weil das Kriegsende die Soldaten in die Heimat zurückschwemmt und diesen unterstellt wird, die »Ordnung« zu untergraben:

> Die Zeiten sind unsicher. Der Krieg zu Ende. Das Schweinefleisch ist zu fett [...]! Die Demobilisation

schwemmt Unordnung, Gier, viehische Entmenschung
in die Oasen friedlicher Arbeit.
[. . .]
Unsichere Existenzen mehren sich, dunkle Ehrenmän-
ner. Die Regierung bekämpft zu lau die Aasgeier des
Umsturzes. [. . .] Die aufgepeitschten Massen sind
ohne Ideale. Das Schlimmste aber, ich kann es hier sagen, die Frontsoldaten, verwilderte, verlotterte, der
Arbeit entwöhnte Abenteurer, denen nichts mehr heilig ist. Wahrhaftig eine schwere Zeit, ein Mann ist da
Goldes wert [. . .]. (GBA 1,182)

Ein Mann, der »Goldes wert« ist, ist Murk, der Balickes
Worten mit einem »Bravo!« zustimmt und von sich sagt:

Was ein Mann ist, kommt durch. Ellenbögen muß man
haben, genagelte Stiefel muß man haben und ein Gesicht und nicht hinabschauen. [. . .] Ich bin auch von
unten. Laufjunge, mechanische Werkstätte, hier ein
Kniff, dort ein Kniff, hier was gelernt, dort was. Unser
ganzes Deutschland ist so heraufgekommen! Nicht
immer Handschuhe an den Händen, aber harte Arbeit
immer, weiß Gott! Jetzt oben! (Ebd.)

Es ist merkwürdig, wie wenig diese Passagen, die für das
gesamte Stück tragend sind und den unmissverständlichen
zeitgenössisch-politischen Bezug der Handlung herstellen,
für die Analysen des Stücks beachtet worden sind. Zunächst
ist festzuhalten: Die politische Basis des Stücks bildet nicht
die Revolution, sondern das etablierte bourgeoise Bürgertum, das seine Vorstellung von der Revolution hat und einzig daran interessiert ist, dass die Regierung ihre Interessen
wahrnimmt und durchsetzt.
Alles, aber auch alles ist auf den Kopf gestellt – oder sage
ich besser: auf die Füße der herrschenden Tatsachen. Die
Verbrecher vertreten die Ordnung, ihre Werte und ihre
Ideale. Der Weltkrieg fand einzig allein für ihr Geschäft

statt, ansonsten gab es ihn nicht. Die Soldaten, die dieses
Geschäft, wie unsere eingewohnte Sprache mit Recht formuliert, mit dem Leben oder zumindest ihrer gesellschaftlichen Existenz »bezahlt« haben (sie »zahlen« ja tatsächlich), sind »lachend in den Heldentod gezogen«; sie haben
»Gewaltiges geleistet« (GBA 1,196). Kehren sie in die Heimat zurück, die sie angeblich »verteidigt« haben, werden sie
»Abenteurer, denen nichts mehr heilig ist« und die die »viehische Entmenschung« in die geheiligte Ordnung und
friedliche Arbeit tragen. Nicht der Krieg machte die Zeiten
unsicher, sondern das Ende des Krieges und die damit verbundene Gefahr, dass die Ordnung, die für den Krieg und
seine Opfer verantwortlich war, jetzt in Frage gestellt werden könnte. Man ist über Leichen gegangen – genagelte
Stiefel und nicht hinabschauen – und protzt noch damit.
Deutschland ist durch den Krieg nicht etwa herabgewirt-
schaftet und diskreditiert worden, es ist heraufgekommen.
»Jetzt oben!« Der Krieg geht auf andere Weise weiter, und
er muss weitergehen, wenn diese Geschäfte weitergehen
sollen.

Das ist die Perspektive, die der Text im 1. Akt entwickelt.
Auf ihrer Basis ist die folgende Handlung zu sehen. Balicke
spricht sie nochmals unmissverständlich aus, wenn er zu
Murk sagt:

> Und das mit dem Geschäft, Fritz, mit den Geschoß-
> körben, das ist jetzt bald faule Sache. Höchstens noch
> ein paar Wochen Bürgerkrieg, dann Schluß! Ich habe
> vor, ohne Spaß, das Beste: Kinderwägen. Die Fabrik ist
> in jeder Beziehung auf der Höhe. [...] Neubau zwei
> und Neubau drei. Alles dauerhaft und modern. Anna,
> zieh das Grammophon auf! Das ergreift mich immer
> wieder.   (GBA 1,183)

Das Grammophon spielt »Deutschland, Deutschland
über alles«. Die Verbrecher rüsten um und weiterhin auf.
Äußerlich erhält das Verbrechen eine neue Fassade: dauer-

haft und modern. Aus Geschosskörben werden Kinderwägen. In ihnen wird das Kanonenfutter für die kommenden äußeren Kriege großgepeppelt – so lange, bis das Geschäft mit Geschosskörben wieder lohnt. Krieg ist Geschäft, Geschäft ist Krieg, und beide Kriege zahlen sich für die Geschäftsleute aus, und die anderen, die an den Geschäften nicht teilhaben, bezahlen sie mit ihrer Existenz, mit Terror, Verfolgung und schließlich mit ihrem Leben. Das Ganze spielt in Deutschland, und Deutschland soll immer noch und weiterhin über allem sein. Die Rettung seiner korrupten Ordnung, die das Stück zum Inhalt hat, verweist auf die kommenden Katastrophen. Am Beginn der Weimarer Republik war bereits ihr Ende beschlossen. Bleiben die Balickes oben, und sie blieben oben, wird die nächste Katastrophe gewiss kommen – und sie kam.

Die auf diese Exposition folgende Handlung kann das Fundament, das sie gelegt hat, nur noch mäßig berühren. Die Balickes sind zwar beunruhigt, dass die (mögliche, aber nie wirklich ernst genommene) Revolution mit dem Auftauchen Kraglers plötzlich ein Gesicht, ein ihnen unbekanntes, fremdes Gesicht gewinnt, auch gibt ihnen die Feststellung, dass der Ober des Café Vaterland, genannt »Manke«, das heißt Menschlein, Kraglers Recht einklagt, Anlass zur Sorge, jedoch formuliert der Text nie grundsätzliche Zweifel an der Behauptung ihrer Position.

Ihre Mittel wirken. Als Kragler sein Recht, das er sich auf dem »Schlachtfeld der Ehre« nicht erworben hat, einklagt, wird er zum Sitzen genötigt: »Im Sitzen gibt es kein Pathos« (GBA 1,194), und zum Alkoholkonsum: mit ihm sieht die Welt gleich ganz anders aus. Und falls er, Kragler, noch nicht verstanden haben sollte, worum es wirklich geht, erklärt ihm Murk:

Ich habe gearbeitet! Ich habe geschuftet, bis mir das Blut in den Stiefeln gestanden ist! Sehen Sie sich meine Hände an! Sie haben die Sympathie, weil Sie sich ha-

ben hauen lassen, ich habe Sie nicht gehaut! Sie sind
ein Held, und ich bin ein Arbeiter! Und das ist meine
Braut.   (GBA 1,199)

Der »Held« darf zwar verbal ein Held sein, aber auf ihn
kommt es nicht mehr an. Es ist die neue »Arbeiterklasse«,
die sich hier formiert und mit Blut in den Stiefeln antritt.
Sie bestimmt, wo es langgeht, indem sie alle Zusammenhänge zwischen ihrem Geschäft und den Opfern leugnet.
Wenig später sollte es einen neuen »Arbeiter«, der sich als
»Führer« einer neuen »Arbeiterklasse«, sich selbst zum ersten Arbeiter des Volkes stilisierend, geben: Sein Name war
Adolf Hitler.
    Kragler, ohnehin mit der Erinnerung an seine Herkunft
beschäftigt, mit dem Wunsch, nun endlich heimkehren und
seine Braut »in Besitz« nehmen zu können, braucht nur
eine Nacht, um zu lernen, wo er sinnvollerweise hingehört.
Zu lange Opfer gewesen, zu lange die Geschäfte derjenigen,
die die wirklichen Arbeiter (und Opfer) noch nicht einmal
wahrzunehmen bereit sind, am eigenen Leib gespürt, und
zu lange die eigene Haut zum Markte (der Geschäfte und
Kriege) getragen zu haben, weiß sich schnell davon zu überzeugen, wo er hingehört: zu ihnen. Das heißt genau in das
Bett, »das weiß ist, breit und weich« (GBA 1,186), wie es
Murk seiner Anna anbietet, als die Verlobung endlich beschlossen ist. Kragler, der inzwischen den Ton seiner Widersacher gelernt hat, wiederholt am Ende fast wörtlich das
Angebot: »Jetzt kommt das Bett, das große, weiße, breite
Bett, komm!« (GBA 1,229) Es muss nicht eigens erwähnt
werden, dass die Redewendung ›sich ins gemachte Bett legen‹ auch eine weniger sexuelle Bedeutung hat, als es der
Kontext des Schlussstücks nahelegt: »Schließlich ist es eine
Korbfabrik.« (GBA 1,181) Kragler macht, da spielt eine
»beschädigte« Frau nur eine untergeordnete Rolle, sein Geschäft, das er dank Anna machen kann. Er fettet die im
Krieg verrotteten Stiefel neu ein (»meine Stiefel fette ich

ein«; GBA 1,229) und wird fortan über die Leichen gehen, über die seine scheinbaren Widersacher bereits gegangen sind. Er wird also die Rolle einnehmen, als deren Opfer er eigentlich gedacht war: »ich bin ein Schwein und das Schwein geht heim« (GBA 2,228 f.).

Revolution, Widerstand? Im Hintergrund des Stücks spielt sich ein wenig davon ab. Die Handlung selbst ist nur daran interessiert, dass die Geschäfte mit den alten Mitteln neu organisiert werden. Sie sind nötig, die Raubgesellschaft am Leben zu erhalten. »Das Geschrei ist alles vorbei [gemeint ist die »Revolution«], morgen früh, aber ich liege im Bett morgen früh und vervielfältige mich, daß ich nicht aussterbe.« (GBA 1,229) Zynischer kann das Versprechen, dass nichts sich ändert, dass im Gegenteil die herrschende Ordnung für ihre Kontinuität sorgt, kaum sein.

Ein weiterer Aspekt kommt dadurch hinzu, dass der Kneipenbesitzer Glubb am Beginn des 4. Aktes die *Moritat vom toten Soldaten* singt, die zum Stücktext gehört und deshalb in den frühen Drucken stets mitabgedruckt worden ist. Die Moritat handelt davon, dass der Soldat, weil der Krieg keine Aussicht auf Frieden bietet, die Konsequenz zieht und den Heldentod stirbt. Da der Krieg jedoch für den Kaiser noch nicht »gar« ist, beschließt dieser, den Soldaten wieder ausgraben, ihn, das heißt, »was von ihm noch da war«, von einer militärärztlichen Kommission »k.v.« (»kriegsverwendungsfähig«) erklären zu lassen und unter der begeisterten Zustimmung aller erneut in den Heldentod zu schicken.

Die Bezüge zum Stücktext sind unübersehbar. Als Murk von Babusch erste Mitteilung erhält, Kragler, der Wolf, sei mit dem Mond gekommen, reagiert dieser: »Er ist glatt begraben. Ziehen Sie die Gardine vor« (an den Ober, damit der Mond nicht mehr sichtbar ist; GBA 1,190). Mehrfach wird Kragler von den Bürgern als »Gespenst« (GBA 1,193;198) bezeichnet. Später wird er der Armee zugeordnet, die lachend in den Heldentod gezogen ist (GBA 1,196).

Als Murk sich zum Arbeiter stilisiert, ist er so gnädig, Kragler sein Heldentum zu belassen (GBA 1,199), allerdings nur deshalb, um sich von ihm abzugrenzen und Kragler auszugrenzen. Balicke schließlich, um die Beispiele zu beenden, der das Getue um ihn satt hat, fragt Kragler: »Wollten Sie Fleisch haben? Das ist keine Fleischauktion! Packen Sie Ihren roten Mond ein und singen Sie Ihren Schimpansen was vor. [...] Sie sind überhaupt nur aus einem Roman. Wo haben Sie Ihren Geburtsschein?« (GBA 1,203)

Im Kontext des Stücks ist Kragler für die etablierte bürgerliche Gesellschaft den Heldentod gestorben, und sie setzt alles daran, dass er tot bleibt. Für sie ist der Krieg zu Ende, neue Helden werden nicht mehr gebraucht, der neue Krieg, der Bürgerkrieg, der vom Zaun gebrochen werden könnte, ist nicht mehr ihr Krieg, weil er sich gegen sie wendet.

An dieser Stelle wird der Einbau der Moritat ungemütlich. Hat der Text diese Bezüge hergestellt, so kann die Schlussfolgerung nur lauten: Kragler kann seine Existenz nur dann beweisen, wenn er sich für den jetzt anstehenden Krieg ausgraben lässt, dieser Krieg aber ist die Revolution.

Tatsächlich gibt es zwei handgreifliche Indizien, durch die die Parallelen im Text belegbar werden. Als Kragler erste Andeutungen macht, dass er sich für das Heim entscheiden wird, fragt ihn Auguste, die ihn in die Zeitungen drängt: »Dann war also alles, Afrika und alles Lüge?« (GBA 1,226) »Afrika«, vom Bürgertum als der vollzogene Heldentod interpretiert und damit mit dieser Bedeutung belastet, ist für Auguste die Voraussetzung, die Kragler zum Revolutionär prädestiniert hat. Die zweite Verbindung ergibt sich dadurch, dass Kragler »mit dem roten Mond« gekommen ist, also das Symbol der Revolution bei sich führt. Auf dem Hintergrund der Moritat erhält die Revolution damit den Anstrich des Perversen, oder anders gesagt: Die Revolution ist die unsinnige Fortführung eines Kriegs, der schon verloren ist. Wenn sich Kragler gegen die Revolution entscheidet, so kann die Folgerung nur lauten: Er handelt vernünftig, er passt sich an die herrschende Ordnung an, er ist Realist, und konsequent zerschmeißt er am Ende den »roten Mond«, der nur ein Lampion war, eine Illusion, der nie reale Chancen gegeben waren.

Diese möglicherweise überraschende Wendung markiert noch nicht einmal unbedingt einen entscheidenden Widerspruch. Der junge Brecht kannte zwar die bürgerlichen Verhältnisse, ihren Terror, ihre Hohlheit und Überlebtheit, sehr gut, und er gab ihnen auch keine Chance; die möglichen Gegenkräfte jedoch waren ihm noch ganz fremd. Das gilt auch noch für die Werke der mittzwanziger Jahre, bei denen immer wieder zu beobachten ist, dass die Texte den notwendigen Anpassungsprozess an die herrschenden Verhältnisse fordern, nicht aber bedenken, dass man ihnen dadurch erliegen kann und möglicherweise sogar dazu gezwungen wird.

Freilich hat die Forderung nach Anpassung, die am radikalsten im *Lesebuch für Städtebewohner* ausgesprochen ist, einen zunehmend desillusionierenden Charakter. Zu lernen und vor allem zu erkennen ist, dass die herrschenden Verhältnisse, die durch Technifizierung, Rationalisierung, Veräußerlichung und Vermassung alle traditionellen Werte, seien es die Ideale, seien es Religion, Nächstenliebe, Menschenfreundlichkeit, menschliches Verhalten und menschliche Wärme, dann aber auch die bürgerlich-autonome Individualität des Menschen, seine Selbstbestimmung und Freiheit total ausgerottet haben. Nur wer das erkennt, hat Chancen, in diesen Gesellschaften – es ist immer auch als ihr Vorbild Amerika mitgemeint – zu überleben. Die Aufdeckung des Widerspruchs zwischen der Aufrechterhaltung der traditionell bildungsbürgerlich geprägten Ideologie, zwischen dem weiteren Festhalten am Selbstverständnis des Menschen als autonomem Individuum und den realen Verhältnissen, die die Menschen zerteilen, entfremden, in festgelegte Rollenzwänge treiben, erscheint wichtiger und entscheidender als eine mögliche Alternative.

Es ist von daher eine falsche Fragestellung der Forschung, wenn sie in Brechts Texten nach der Weltanschauung des Autors sucht und für die Zeit des jungen Brecht konstatiert: Da er die herrschenden Verhältnisse als untergehende beschreibt und alle Werte der Gesellschaft negiert, sei er Nihilist gewesen. Nicht er war Nihilist, sondern die geschilderten Realitäten waren nihilistisch, und dem Autor war daran gelegen, dafür angemessene poetische Bilder und eine angemessene poetische Sprache zu finden. Die Erfolge, die Brecht hatte, beweisen, dass ihm beides gelang, also sowohl die stimmigen Bilder zu finden, als sie auch sprachlich so zu formulieren, dass sie haltbar wurden und heute schon als klassisch gelten (müssen).

Wenn Kragler am Ende seine Heimkehr ins Bett begründet mit der Frage: »Mein Fleisch soll im Rinnstein verwesen, daß eure Idee in den Himmel kommt?« (GBA 1,228), dann ist das im Sinn des Stücks ein konsequentes Fazit, realistisch und nach der gültigen Ordnung auch einzig richtig. Dass Kraglers Worte auf die Ideale der Revolution gemünzt sind, mögen Ideologen als skandalös empfinden (sie haben es bisher auch lieber überlesen), im Rahmen von Brechts Desillusionierungsästhetik sind sie jedoch nur folgerichtig. Aber immerhin, Kragler sagt auch: »Es ist gewöhnliches Theater. Es sind Bretter und ein Papiermond und dahinter die Fleischbank, die allein ist leibhaftig.« (GBA 1,228) Kragler weiß, was er sagt: Er hat die Fleischbank in Afrika kennen gelernt, nun wird er an der deutschen Fleischbank partizipieren und das Deutschland, das sich über allem wähnt, mit in den Untergang treiben. In einer Gesellschaft, in der die Alternative einzig und allein darin besteht, zwischen Heldentod (für erwiesen falsche Ideen) oder Teilhabe an der Fleischbank, die erwiesenermaßen stets gesiegt hat und einzig leibhaftig ist, zu wählen, lässt vernünftigerweise nur die Fleischbank übrig. Wer dieser Vernunft als Widersinn von Vernunft moralisch auf den Leib rücken wollte, müsste seine Ideale oder Ideen vorzeigen, an denen er sein

Urteil messen möchte, und wäre schon im Zugzwang. Die Unvernunft als Vernunft aufzudecken und kenntlich zu machen, mag zwar schmerzlich sein, ist aber realistisch. Wer den gesellschaftlichen Verhältnissen auf den Grund kommen möchte, folgt ihnen auf den Grund.

Weimarer Zeit

Den gesellschaftskritischen Realismus von *Trommeln in der Nacht* setzt Brecht mit den folgenden Dramen fort, vor allem mit *Im Dickicht der Städte* (1921–26), einer seiner verwirrendsten Texte. Das Stück zeigt den Kampf zweier Männer, zwischen Garga und dem Malaien Shlink, bis aufs Messer, den Shlink angezettelt hat, um der unendlichen Einsamkeit der Großstadt (hier: Chicago) zu entgehen. Er endet mit dem Tod Shlinks und der vollständigen Zerrüttung der Familie Gargas: »Sie machen einen metaphysischen Kampf und hinterlassen eine Fleischbank«.[6]

Mit *Mann ist Mann* (1926) schlägt Brecht ein Thema an, das in abgewandelter Form sowohl die Lehrstücke als auch die Lyrik, insbesondere *Aus dem Lesebuch der Städtebewohner*, bestimmen sollte: die Auslöschung der Individualität zugunsten ihrer »Neugeburt« im Kollektiv. Dieses Thema führt mit neuer Akzentuierung fort, was zu *Trommeln in der Nacht* ausgeführt worden ist. Der Krieg und die auf ihn folgenden gesellschaftlichen Verhältnisse in der Weimarer Republik haben die Individualität der Menschen ausgerottet und die Autonomie des Individuums radikal beseitigt. Mit dieser »Entwicklung« *einverstanden* zu sein, auch wenn sie nach traditioneller Humanitätsauffassung un-

6 Zit. nach der ersten Fassung in: Gisela E. Bahr (Hrsg.), »Bertolt Brecht: *Im Dickicht der Städte*. Erstfassung und Materialien«, Frankfurt a. M. 1968, S. 52.

menschlich war, gehörte zu Brechts Verständnis von Realismus. Das Einverständnis (im doppelten Sinn von »verstanden haben« und »als Tatsache anerkennen«) bildete die Voraussetzung zu einer (möglichen und revolutionären) Veränderung der Verhältnisse, die aber nicht zur Tradition zurückkehren kann – die geschichtliche Entwicklung ist irreversibel –, sondern unter der Voraussetzung der gesellschaftlichen Tatsachen eine neue Humanität finden müsste. Anzuerkennen war folglich, dass sich die Gesellschaft in eine Massengesellschaft gewandelt hatte und dass die Produktionsverhältnisse mit Konsequenzen für alle Bereiche des gesellschaftlichen Lebens in rasanter Weise rationalisiert und technifiziert worden waren. Dafür hatte die Gesellschaft die bürgerliche Individualität realiter geopfert, was sie freilich idealiter, sprich: ideologisch, nicht anerkennen wollte. Diese ideologische Lüge zu entlarven, den Realitäten zur Anerkennung zu verhelfen und zugleich Möglichkeiten der Veränderung anzudeuten, galt Brechts Bemühen in den zwanziger Jahren der Weimarer Republik.

Das Thema des Sterben-Müssens beherrschte von *Mann ist Mann* an die Stücke, vor allem die Lehrstücke Brechts. Es handelt sich aber nicht um ein Plädoyer für die physische Ausrottung von Menschen, sondern um die »Auslöschung« der bürgerlichen Individualität bzw. des bürgerlichen Individuums, das, wie gesagt, von der Gesellschaft bereits faktisch ausgelöscht war.

Exemplarisch lässt sich dies an der im *Badener Lehrstück vom Einverständnis* zitierten *Geschichte vom Herrn Keuner* zeigen:

Als der Denkende in einen großen Sturm kam, saß er in einem großen Fahrzeug und nahm viel Platz ein. Das erste war, daß er aus seinem Fahrzeug stieg, das zweite war, daß er seinen Rock ablegte, das dritte war, daß er sich auf den Boden legte. So überwand er den Sturm in seiner kleinsten Größe.   (GBA 3,38)

Brecht 1927

Denn, so lautet die anschließende Begründung, er »kannte« den Sturm und war »einverstanden« mit ihm. Entsprechend heißt es dann, dass das Sterben nur zu überwinden ist, wenn die abgestürzten Flieger des Stücks – es wird differenziert zwischen den Monteuren (des Flugzeugs) und dem »gestürzten Flieger« – das Sterben kennen und mit ihm einverstanden sind. Also »sterben« die Flieger – außer dem »gestürzten Flieger«, der sich weigert und auf seinem persönlichen Ruhm besteht. Ihm aber wird genommen, was er *ist*, das Flugzeug; ohne es ist er nichts (GBA 3,42). Nach ihrem »Tod« erhalten die Monteure den Auftrag, das Flugzeug neu zu bauen und die neue Technik zum Wohl der Menschen anzuwenden: »Ändernd die Welt, verändert euch!« (GBA 3,46)

Mann ist Mann führt das Thema auf modifizierte Weise fort, indem das Stück die »Ummontierung« des einfachen Packers Galy Gay in die »menschliche Kampfmaschine« Jeraiah Jip (GBA 2,157) »in den Militärbaracken von Kilkoa im Jahre neunzehnhundertfünfundzwanzig« (so der Untertitel; GBA 2,93) thematisiert. Auch dazu muss Galy Gay zunächst »sterben«; er wird symbolisch erschossen und fällt darauf in eine Ohnmacht (GBA 2,136). Als er wieder aufwacht, ist er – nach vielen weiteren, im Übrigen als Spiele im Spiel realisierten komischen Nummern – endgültig von seiner alten Identität, des »letzten Charakterkopfes im Jahre 1925« (GBA 2,140), befreit. Er hält auf sich die Leichenrede, geht gestärkt in das Kollektiv ein und trägt wesentlich zum Sieg der britischen Armee in Indien bei. Seine »Heldentaten« kommentiert Gay damit, dass er »Beinahe nichts! Beinahe nichts!« getan habe, und er definiert sich selbst mit den Worten »Ich bin es, einer von euch, Jeraiah Jip!« sowie mit »Mann ist Mann« (GBA 2, 156 f.).

Die »Ummontage« Galy Gays, die ausdrücklich mit der eines Autos verglichen wird (GBA 2,123), bleibt jedoch zweischneidig; und hier rächt sich, dass Brecht die Verwandlung ausgerechnet in der britischen Kolonialarmee und in einem modellhaften Indien (nach Rudyard Kipling) spielen lässt. Der Untergang des Individuums im Kollektiv, aus dem es als kämpfender Berserker wieder auftaucht, ließ ohne weiteres an die faschistische Massenbewegung gemahnen, in der ebenfalls ausgelöschte Individuen mit neuem Selbstbewusstsein auftraten und martialisch die Abschaffung der republikanischen Gesellschaft forderten und schließlich brutal durchsetzten. Brecht reagierte darauf, indem er ab 1929 bis 1931 das Stück mehrfach bearbeitete, um den positiven Schluss in einen negativen zu verändern, also jetzt »dieses Wachstum ins Verbrecherische« zu zeigen.

> Das Problem des Stückes ist das falsche, schlechte Kollektiv (der ›Bande‹) und seine Verführungskraft, jenes Kollektiv, das in diesen Jahren Hitler und seine Geldgeber rekrutierten, das unbestimmte Verlangen der Kleinbürger nach dem geschichtlich reifen, echten sozialen Kollektiv der Arbeiter ausbeutend [. . .].
>
> (GBA 23,245)

Aufstieg und Fall der Stadt Mahagonny

Auf der Flucht vor der Polizei, gründen drei Schwindler, Leokadja Begbick, Dreieinigkeitsmoses und Willy, der Prokurist, in einer öden Gegend am Meer die »Paradiesstadt« Mahagonny, um die Goldgräber der Umgebung anzulocken; denn es sei leichter, so ist ihre Überzeugung, das Gold von den Männern als von den Flüssen zu bekommen. In Mahagonny gilt: »Sieben Tage ohne Arbeit«, das heißt Spaß und Genuss (GBA 2,336) und ein Ende der Kämpfe jeder gegen jeden. Ruhe und Eintracht ist die Maxime; »Gin und Whisky / Mädchen und Knaben« werden versprochen. Die Stadt wächst rasch an, weil »die Unzufriedenen aller Kontinente« der »Goldstadt« entgegenziehen (GBA 2,339), darunter auch Jenny mit sechs Mädchen sowie die vier Holzfäller Paul Ackermann, Jakob Schmidt, Heinrich Merg und Joseph Lettner aus Alaska, wo sie sieben Jahre schwer geschuftet haben.

Jedoch bereits bei ihrer Ankunft, bei der sich Paul Jenny »nimmt«, sehen sie Leute, die Mahagonny fliehen. Der Grund ist, dass bloßer Genuss auf die Dauer langweilig wird. Eben dies sollen auch die Holzfäller erfahren. Obwohl sie alles haben (Essen, Trinken, Rauchen, Gespräche unter Männern, Mädchen), werden sie nicht glücklich, und Paul konstatiert: »Aber etwas fehlt« (GBA 2,349 f.). Als ein Hurrikan auf Mahagonny zurast und der Untergang der Stadt beschlossen scheint, gibt Paul die neue Parole aus: »Du darfst es!« (GBA 2,358 f.), und zerschlägt damit alle Verbotstafeln, die in Mahagonny ein Leben in Ruhe und Eintracht garantiert haben. »Wir brauchen keinen Hurrikan / Wir brauchen keinen Taifun / Denn was er an Schrecken tuen kann / [. . .] / Das können wir selber tun« (GBA 2,357). Obwohl der Hurrikan auf wunderbare Weise um Mahagonny einen Bogen macht, bleibt die für die »Nacht des Entsetzens« (GBA 2, 355) ausgegebene Parole Pauls in Kraft, und der »Fall« der Stadt kann beginnen.

»Ungefähr ein Jahr nach dem großen Hurrikan« ist wieder »Hochbetrieb« (GBA 2,362) in Mahagonny. In lockerer Nummernfolge wird das nun herrschende Leben vorgestellt, nach dem Motto: »Erstens vergeßt nicht, kommt das Fressen / Zweitens kommt der Liebesakt / Drittens das Boxen nicht vergessen / Viertens Saufen, das steht im Kontrakt. / Vor allem aber achtet scharf / Daß man hier alles dürfen darf.« (GBA 2,362)

Die erste Nummer zeigt, wie sich Jakob Schmidt glücklich zu Tode frisst. In der zweiten Nummer stehen die Männer, unter ihnen Paul, vor dem Bordell an und werden nacheinander eingelassen; postkoital singen Jenny und Paul das Lied von den Kranichen, nach dem »die Liebe Liebenden ein Halt« scheint. Die Nummer »Kämpfen« bringt das nächste Opfer. Der Dreieinigkeitsmoses, ein Riese, schlägt den hoffnungslos unterlegenen Joseph (Joe) zu »Hack-fleisch« (GBA 2,368); sein Tod erntet unter den Männern in Mahagonny lediglich Gelächter. Unglückseligerweise hat Paul Ackermann sein Geld auf Joe gesetzt und ist pleite. Das anschließende Saufen besiegelt Pauls Tod. Nachdem er die Männer von Mahagonny eingeladen hat, auf seine Kos-ten zu fressen und zu saufen, kann er, als es an die Zeche geht, nicht bezahlen. Der letzte verbliebene Holzfäller aus Alaska, Heinrich, wendet sich von Paul ab, und auch Jenny ist nicht bereit, für ihn in die Bresche zu springen. Paul wird gefesselt und zum Tode verurteilt; denn das größte Verbre-chen in Mahagonny ist (GBA 2,381), kein Geld zu haben, wohingegen Mörder vor den Gerichten in Mahagonny, die »nicht schlechter [waren] als andere Gerichte« (GBA 2,376), gegen Bestechung freigesprochen werden, wobei die Richter eben die sind, die Mahagonny gegründet haben. Paul wird auf dem elektrischen Stuhl hingerichtet, nachdem ihm im Spiel von Gott in Mahagonny bewiesen worden ist, dass es keinen Gott und folglich keine Gnade gibt. Die Hölle ist bereits auf Erden verwirklicht (GBA 2,368). Der verspro-chene »Genuß« bzw. das »Schlürfen« des Lebens »in vollen Zügen« (GBA 2,358) war nicht zu haben: »Die Freude, die ich kaufte, war keine Freude, und die Freiheit für Geld war keine Freiheit« (GBA 2,386), konstatiert Paul vor seiner Hinrichtung. Da in Mahagonny weiterhin das Gesetz gilt, dass es nichts gibt, was nicht zu kaufen ist (GBA 2,387), be-siegeln »Teuerung und Feindschaft aller gegen alle« den Untergang der Stadt. In der Schlussszene demonstrieren »die noch nicht Erledigten für ihre Ideale – unbelehrt«, während die Stadt abbrennt (GBA 2,386).

Mahagonny wird von der Forschung weitgehend als »Spiegelbild der kapitalistischen Welt« und damit als typi-sche moderne Großstadt gesehen (vgl. Völker, B 7: 1983, 112). Dabei wird nicht beachtet, dass Mahagonny eine Ge-gengründung zu den großen Städten darstellt, die als »Para-

diesstadt« eben darum die Leute aus den großen Städten, ja
sogar die »Unzufriedenen aller Kontinente«, anzieht (GBA
2,338 f.), was ihr den »Aufstieg« garantiert. Versprochen ist
ein Leben ohne Arbeit, aber auch ein Leben in Eintracht,
die durch die vielen Verbote garantiert wird. Auch »die
Kämpfe sind fair« (GBA 2,336), werden folglich nach Regeln durchgeführt, die niemand schädigen. Die Stadt funktioniert auf diese Weise bis zur »Nacht des Grauens«, als
der Hurrikan die Stadt bedroht. Freilich gibt es auch vorher
schon Leute, die, wie schon erwähnt, aus Mahagonny über-
stürzt flüchten, was die Begbick kommentiert: »Dummköpfe, Quadratschädel! Da laufen sie hin auf das Schiff.
Und ihre Taschen sind noch voll von Geld. Schlechte Ras-
se! Leute ohne Humor!« (GBA 2,344) Der Grund für
ihre Flucht kann, was die Begbick ausdrücklich betont,
nicht Geldmangel sein, an dem Paul zugrunde geht, die Begründung kann nur darin zu finden sein, dass das Leben in
Eintracht und Genuss kein Leben ist, dass vielmehr zum
Leben die Arbeit gehört, die in Mahagonny abgeschafft
worden ist.

Dieser Mangel an Arbeit ist auch als Ursache dafür anzusehen, dass Paul sich langweilt, eine Veränderung der Verhältnisse durchsetzt und sich am Ende, nachdem auch die
Parole »Du darfst es!« sich als illusionär erwiesen hat, wieder nach Alaska zurücksehnt. Er ist »tief enttäuscht«, als er
nach seiner »Ausfahrt« auf dem Billardtisch nicht in Alaska,
sondern wieder in Mahagonny landet: »Ach, es ist Mahagonny!«, konstatiert er resigniert (GBA 2,372). Auch gibt
es Entsprechungen in der wiederholten Nennung der Zahl
Sieben. Sieben Jahre haben die Männer in Alaska gearbeitet;
in Mahagonny dagegen gilt die Definition: »Und eine Woche ist hier: Sieben Tage ohne Arbeit« (GBA 2,336).

Der Begriff der Arbeit, den der Text ex negativo und indirekt als Mangel definiert, rekurriert auf den Arbeitsbe-
griff in der klassischen Dialektik Hegels. In seiner *Phänomenologie des Geistes* hat Hegel – über die Arbeit des

Knechtes – den Menschen als Arbeitenden bestimmt, der sich mit seiner Arbeit (bei Hegel ist es die geistige Arbeit) entäußert und damit vergegenständlicht. Seine kurze Formel heißt: »Arbeit bildet«.[7] Das ursprünglich in sich ruhende »Selbst« tritt durch die Arbeit aus sich heraus und stellt sich »dem Tage« aus. Das durch Arbeit geschaffene Werk ist Garant dafür, dass der Mensch »wird«, was er ist. Zugleich ist die »Entäußerung« die Grundlage für soziale Kommunikation. Nur ein Mensch, der sich entäußert, kann mit anderen Menschen in Kontakt kommen. Der Herr dagegen, der nicht arbeitet und bloß die ihm fremden Produkte genießt, muss ohne Entwicklung bleiben, verharren in dem, was ihm fremd ist.

Das Leben in der ersten Phase von Mahagonny (vor dem Hurrikan) kann sozial nur dadurch funktionieren, dass strenge Verbote gelten. Die nicht arbeitenden »Herren« lassen sich nur so ruhigstellen. Die Leere, die dabei entsteht, ist die notwendige Folge, zumal Paul am Ende feststellt, dass der Genuss kein Genuss war. Das ändert sich in der zweiten Phase, in der die »Herren« damit beschäftigt werden, dass sie gegeneinander und auch gegen sich selbst kämpfen. Da es sich wieder nicht um Arbeit im Hegelschen Sinn handelt, folglich alles, was in Mahagonny geschieht, asozial ist, müssen die Beschäftigungen für die Leute von Mahagonny zur Katastrophe führen.

Dies wird auch deutlich dadurch, dass die Männerfreundschaft, die die vier Akteure in Alaska verbunden hat, in Mahagonny radikal zerbricht. Paul bleibt gegenüber der tödlichen Bedrohung, der Joe durch den Boxkampf gegen den Dreieinigkeitsmoses ausgesetzt ist, blind, und Heinrich wendet sich von Paul ab, als es um dessen Rettung geht. Auch die Liebe zwischen den Geschlechtern (Paul – Jenny) hat in der Stadt ohne Arbeit, in der nur die »Achtung vor

---

7 Georg Wilhelm Friedrich Hegel, *Phänomenologie des Geistes*, Hamburg 1952, S. 148; vgl. 141–150.

Geld in unserer Zeit« zählt (GBA 2,382), keine Chance und gibt eben keinen »Halt«.

Hinzuweisen bleibt noch auf die Funktion des Hurrikans – vorbereitet von der weißen Wolke, die zitternd abgeht, als Paul Mahagonny einen »Dreckhaufen« (GBA 2,352) nennt –, des Hurrikans, der um Mahagonny einen Bogen macht, während er andere Großstädte zerstört. Dies kann wohl nur modellhaft gelesen werden (und betont damit nochmals, dass Mahagonny nicht für die Großstadt schlechthin steht). Der Hurrikan gehört – so auch im Text – zur ersten Natur, der die Menschen trotz neuer Behaustheit in den großen Städten immer noch schutzlos und ohnmächtig ausgeliefert sind. Mahagonny hat sich demnach bereits so von der ersten Natur entfremdet, dass ihr direktes Eingreifen nicht mehr nötig ist. Die Menschen, die allein auf Genuss durch Geld setzen, haben sich ein Lebensmodell geschaffen, das alle zerstörerischen Kräfte der ersten Natur enthält und garantiert, dass sie sich selbst erledigen werden. Die erste Natur leistet sich großzügig den Verzicht – und darin liegt natürlich auch ein witzig-spielerischer Effekt –, Mahagonny heimzusuchen, und überlässt dies den Männern selbst. Somit lässt sich Mahagonny als Modell verstehen, in dem die selbstzerstörerischen Kräfte der Menschen gebündelt sind und in dem das ersehnte Glück, das durch hemmungslosen Genuss herbeigezwungen werden soll, nicht zu haben ist. Einzig Jakob Schmidt ist, indem er sich zu Tode frisst, konsequent: Nur in der perversen und asozialen Selbstzerstörung ist – hier greift der Text auf den *Baal* zurück – Glück zu haben.

Der Name »Mahagonny«, um den viel gerätselt worden ist, stammt, wie die Kurt Weill-Forschung inzwischen mit an Sicherheit grenzender Wahrscheinlichkeit nachgewiesen hat[8], aus dem »afrikanischen Shimmy« *Komm nach Maha-*

8 Andreas Hauff, »Mahagonnys Ursprung in Mahagonne« in: *Kurt Weill Newsletter* 9 (1991) Nr. 1, S. 5–8.

gonne! (Text von O. A. Alberts, Musik von Leopold Krauss-Elka, 1922). Der Inhalt des Shimmy weist einige Parallelen zur Oper auf. Auch hier geht es darum, dem alltäglichen »Jammertal« zu entfliehen und ein imaginäres Afrika aufzusuchen, wo es keine Steuern mehr gibt und wo man sich ganz dem Liebesleben widmen kann. Eine weitere Parallele besteht zwischen dem Refrain des Shimmy und Brechts *Mahagonnygesang* in der 4. Szene der Oper. Das Wortspiel des Shimmy, »Zi-Zi-Zi-Zi-Ziehharmonika«, wird von Brecht in veränderter Form übernommen: »Auf nach Mahagonny / Das Schiff wird losgeseilt / Die Zi-zi-zi-zi-zivilis / Die wird uns dort geheilt« (GBA 2,340). Die »Zivilis«, zusammengesetzt aus »Syphilis« und »Zivilisation«, ist offenbar die Krankheit, der die Menschen in den neuen Großstädten ausgesetzt sind und der sie in Mahagonny entgehen wollen. Nochmals ist damit ein Beleg dafür gegeben, dass Mahagonny eine Gegengründung darstellt, die sich allerdings als Illusion erweist.

Daraus ist zu schließen: Es gibt kein Entrinnen aus den großen Städten – und damit nimmt die Oper indirekt das alte Thema auf –, vielmehr bleibt nur das »Einverständnis« mit ihrer Realität. Ein »Ausstieg« ist nur noch im fernen Alaska und durch schwere Arbeit zu haben; freilich legen auch da die Holzfäller bereits die Wälder nieder und sorgen für den Einzug der »Zivilis«.

Das Libretto zur Oper, das auf das so genannte »Kleine Mahagonny«, das *Songspiel* von 1927, zurückgeht (vgl. zu den Daten Berg/Jeske, B 6: 1998, 118 f.), arbeiteten Brecht und Weill in den letzten drei Monaten des Jahres 1927 in seiner weitgehend endgültigen Gestalt aus. Der Text ging am 8. Dezember 1927 an den Verlag, und mit einem Schreiben vom 16. Dezember nahm der Direktor der Universal-Edition in Wien, Emil Hertzka, dazu Stellung. Zwar spricht Hertzka dabei von einem »Exposé«, jedoch geht aus Weills Antwort vom 27. Dezember hervor, dass es sich um einen weitgehend ausformulierten Text (noch ohne Komposition) gehandelt haben muss. Dort führt Weill aus, er habe »3 Monate lang Tag für Tag mit Brecht zusammen an der Gestaltung des Librettos gearbeitet« und er habe Brecht dazu gebracht, »einen Text rein für die Bedürfnisse der Musik zu schreiben, und jedes Wort darin ist von mir auf die Erfordernisse der Opernbühne hin geprüft worden. Es ist seit langen Jahren zum erstenmal ein Libretto, das vollkommen auf die Musik, ja sogar auf meine Musik angewiesen ist« (vgl. Schebera, B 6: 1990, 88 f.). Dieser Text liegt in einem 40-seitigen Typoskript in der Universal-Edition vor, der demnach auf Ende 1927 zu datieren ist (zum Text dieser Urfassung s. Hennenberg/Knopf, B 3: 2000). Entgegen allen Werkausgaben, einschließlich der GBA, ist folglich die *Mahagonny*-Oper in Brechts Werk vor der *Dreigroschenoper* einzuordnen (vgl. die Richtigstellung im Registerband von GBA). *Die Dreigroschenoper* war der Grund dafür, dass *Mahagonny* erst 1929 abgeschlossen wurde, obwohl die Komposition Weills Anfang 1928 so weit fortgeschritten war, dass dieser der Universal-Edition ihren Abschluss für den Mai ankündigte (Brief Weills vom 20. März 1928; vgl. Schebera, B 6: 1990, 89). Anfang April 1928 traf Brecht mit Ernst Aufricht zusammen, der ein Stück für die Eröffnung des Theaters am Schiffbauerdamm (Berlin) suchte. Brecht konnte ihn überreden, sich für ein »Nebenwerk«, für eine Bearbeitung von John Gays *Beggar's Opera*, die er vornehmen wollte, zu entscheiden. Noch im April begannen Weill und Brecht mit der Bearbeitung auf der Grundlage einer Übersetzung von Elisabeth Hauptmann. Die gute Zusammenarbeit beider, die sich in der Formulierung des Librettos von *Mahagonny. Oper in 3 Akten* (so der Titel der Urfassung) nach Weills musikalischen Vorstellungen eingespielt und bewährt hatte, sollte zum größten Theatererfolg der Weimarer Republik werden. *Mahagonny* hingegen musste auf seine Fertigstellung bis 1929 warten; der Druck der Uraufführungsfassung vom November 1929 hatte erstmals den Titel *Aufstieg und Fall der Stadt Mahagonny. Oper in drei Akten*.

Die Dreigroschenoper

Wie bei Opern häufiger der Fall, ist die Handlung eher
dünn und trivial. Jonathan Jeremiah Peachum verfügt in einem fiktiven London über ein florierendes Bettlerunterneh-
men, das heißt, er sorgt dafür, dass alle Bettler Londons als
seine Angestellten – mit entsprechender Ausstattung durch
ihn versehen (z. B. »Opfer der Kriegskunst«; GBA 2,236) –
arbeiten müssen und er dabei das meiste Geld kassiert.
Peachum verfügt aber auch über eine Tochter, Polly mit Namen, die sich ausgerechnet in den legendären Räuber Macheath, genannt Mackie Messer oder Mac, verliebt und ihn
heimlich heiratet. Mackie kontrolliert das Räubergeschäft
und pflegt zu dessen Tarnung eine Freundschaft mit seinem
ehemaligen Kriegskameraden »Tiger Brown«, dem Polizeichef von London. Als Polly ihren Eltern die Heirat gesteht,
beschließt Peachum, der um seine Geschäfte bangt, seinen
Schwiegersohn der Polizei auszuliefern. Dies geschieht dadurch, dass er eine von Mackies Huren (Jenny) besticht, ihn
zu verraten. Peachum ist sich sicher, dass Mackie seinen Ge-
wohnheiten folgen wird, also vor seiner Flucht noch das
Bordell aufsucht. Es kommt auch so. »Spelunken-Jenny«
verrät ihn, und Mackie wandert ins Gefängnis, in dem er allerdings nicht lange bleibt, weil Lucy, die ebenfalls als
»Ehefrau« Anspruch auf Mackie erhebt, ihn aus dem von
Brown nachlässig bewachten Gefängnis befreit. Peachum
sieht nun nur noch das Mittel der Erpressung, um Mackie
aus dem Verkehr zu ziehen. Die Krönungsfeierlichkeiten
des Königs stehen bevor, und Peachum droht Brown, den
Krönungszug durch einen Aufmarsch seiner Bettler zur Katastrophe werden zu lassen. Brown muss handeln. Wiederum von Jenny verraten, wird Mackie erneut verhaftet
und soll gehängt werden. Unter dem Galgen, den Kopf
schon in der Schlinge, bittet Mackie »jedermann um Ab-
bitte«. Da jedoch erscheint der »reitende Bote des Königs«

und verkündet – wegen der Krönungsfeierlichkeiten – nicht nur Macs Begnadigung, sondern auch seine Erhebung in den Adelsstand mit Schloss und Lebensrente.

Die *Dreigroschenoper* war, wie ausgeführt, eine Auftragsarbeit. Brecht schrieb, nachdem er den Auftrag von Aufricht erhalten hatte, eine erste Bühnenfassung, genannt *Die Luden-Oper*, die die Grundlage für die gemeinsame Arbeit mit Weill bilden sollte (Juni 1928 bei Felix Bloch Erben als Bühnenmanuskript verlegt). Die eigentliche Ausarbeitung erfolgte Juni/Juli 1928 in St. Cyr (Südfrankreich) als Team-Arbeit von Brecht und Kurt Weill. Das Arbeitsergebnis bildete die Grundlage für die Proben, in deren Verlauf der Text noch weitgehende Veränderungen erfuhr; u. a. entstand da erst die *Moritat vom Räuber Machaeth*, später *Die Moritat von Mackie Messer* genannt, die der Darsteller des Mac, Harald Paulsen, als Auftrittslied gefordert hatte.

Am 31. August 1928 war die Uraufführung, die weniger bei der Kritik als vielmehr beim Publikum den legendären Erfolg der Oper auslöste. Als sich der Erfolg abzeichnete, erschien im Oktober 1928 der erste Druck bei Felix Bloch Erben, Berlin, vertrieben durch die Universal-Edition, Wien/Leipzig; bis 1931 wurden knapp 10000 Exemplare dieses Drucks verkauft. Ein weiterer Druck erfolgte in der Reihe der *Versuche* (Heft 3) 1931 bei Kiepenheuer in Berlin, der gegenüber dem Erstdruck wiederum Varianten aufweist. Nach dem Ende des Zweiten Weltkriegs, als verschiedene Theater planten, die Oper aufzuführen, schrieb Brecht zu zahlreichen Songs aktualisierte und politisierte Neufassungen, die von den Theatern aber ignoriert wurden. Sie erschienen in einer Neuausgabe der *Songs der Dreigroschenoper* (zuerst 1928) 1949 in Berlin.

Die Dreigroschenoper ist Ergebnis einer für Brecht typischen Kollektiv-Arbeit. Die Grundlage bildete Hauptmanns Übersetzung von John Gays *Beggar's Opera*, die aber keineswegs bloß bearbeitet, vielmehr als Ausgangspunkt für einen Gegenentwurf benutzt wurde. Die Einzelheiten, die Gays Vorlage und die *Dreigroschenoper* unterscheiden, können hier nicht ausgebreitet werden. Tatsache ist jedoch, dass Brecht und Weill eine neue Form der »Oper« entwickelt haben, zu der weder dieser Name noch Musical oder Operette passen: eine Anti-Oper besonderer Art, die gegen die »hohe Kunst« eingesetzt ist und die Mittel des Trivialen hemmungslos benutzt. Inhaltlich hat Werner Hecht die Differenz zwischen Gay und Brecht/Weill auf die Formel gebracht: »1728: Verkleidete Kritik an offenen Mißständen«, »1928: Offene Kritik an verkleideten Mißständen« (Hecht, B 6: 1972, 84 und 87). Die Hauptmasse des eigentlichen Texts haben nach Hauptmanns Vorlage und vermutlich unter ihrer Mitarbeit Brecht und Weill, und zwar unter Berücksichtigung der Kompositionen, erarbeitet. Die vielen Änderungen auf den Proben beweisen, dass sowohl die Schauspieler als (wohl) auch die Musiker der Lewis Ruth Band am Aufführungsprodukt mitwirkten. Hinzu kamen als weitere »Mitwirkende« Texte bzw. Lieder von Rudyard Kipling und François Villon, die im ersten Fall von Elisabeth Hauptmann übersetzt, im zweiten Fall der Ausgabe *Des Meisters Werke* von K. L. Ammer von 1907 mit wenigen, aber spezifischen Änderungen übernommen wurden. Der große Erfolg der Oper basierte wesentlich auf der Musik Weills, zu der wiederum Brecht mit »passenden Texten« beigesteuert hatte, wobei es jedoch sinnlos wäre, die Musik gegen den Text ausspielen und Letzteren als ›bloßes Libretto‹, das in keine Werkausgabe Brechts gehöre (vgl. Weisstein, B 7: 1984, 292), für zu leicht befinden zu wollen. Der Text hat durch seine Wirkung und seine zahlreichen »geflügelten Worte« längst seine Haltbarkeit erwiesen.

Die Handlungszeit der Oper ist im Gegensatz zur Vorlage Gays, die am Beginn des 18. Jahrhunderts spielt, nicht genauer fixiert. Einzelheiten wie, dass Peachum seine Bettler je nach Kategorie als Opfer der Kriegskunst, des Verkehrsfortschritts oder des industriellen Aufschwungs ausstattet, deuten auf die zeitgenössische Gegenwart. Als weitere Indizien kommen hinzu, dass durch Peachums Monopolstellung selbst die Bettler nicht »frei« arbeiten dürfen oder dass Mac alle Taten seiner Gang als deren Anführer für sich beansprucht und am Ende ausführt:

> Wir kleinen bürgerlichen Handwerker, die wir mit dem biederen Brecheisen an den Nickelkassen der kleinen Ladenbesitzer arbeiten, werden von den Großunternehmern verschlungen, hinter denen die Banken stehen. Was ist ein Dietrich gegen eine Aktie? Was ist ein Einbruch in eine Bank gegen die Gründung einer Bank? Was ist die Ermordung eines Mannes gegen die Anstellung eines Mannes?   (GBA 2,305)

Als Hauptthema des Stücks hat die Forschung die Darstellung der bürgerlichen Ordnung als räuberische Ordnung herausgearbeitet. Macheath, der chevaleresk als »Captn« mit weißen Handschuhen, Stock und Gamaschen eingeführt wird (GBA 2,238), hat nichts anderes im Sinn, als sich durch die Heirat mit Polly Peachum ein bürgerliches Outfit zuzulegen. Dazu wird ein Pferdestall in ein »übertrieben feines Lokal« umgewandelt, der Pfarrer bestellt und der beste Freund, Polizeichef Brown, eingeladen. Der bürgerliche Unternehmer Peachum sorgt dafür, dass die Umwandlung des Räubers in den Bürger nicht gelingt und der Räuber unter den Galgen kommt.

Der »gute Schluß«, den bezeichnenderweise Peachum ankündigt (vgl. GBA 2,307), ist doppelt parodistisch. Zum einen setzt er als Parodie auf die Gattung Oper ein Happy Ending ein, das in keiner Weise aus der Handlung begründet ist. Entgegen der »inneren Realität« des Ablaufs markiert der in jeder Hinsicht aufgesetzte Schluss das ganze Geschehen als Kunstprodukt. Zum andern bestätigt das Ende die herrschende Ordnung als räuberische Ordnung: Unternehmer wie Macheath können nicht fallengelassen werden, man benötigt sie zur Stabilität des Systems. Als wirkliche Opfer kommen nur die »kleinen Leute« in Frage. Wie weit

das geht, kündigen die oben zitierten Worte Macs unter
dem Galgen an. Die Mittel, die kleinen Leute auszurauben,
sind so zu verfeinern, dass das Räuberische nicht mehr er-
kennbar ist. Im geplanten *Dreigroschenfilm*, mit dem Titel
Die Beule, hat Brecht dafür folgendes Bild entworfen:

> Aussteigend aus ihren gestohlenen Autos, zugehend
> auf das Vertrauen erweckend bescheidene Tor dieses
> altrenommierten Hauses [der National Deposit Bank],
> überschreiten etwa 40 Herren eine illusionäre Linie auf
> dem Bürgersteig. Vor dem seinem Auge nicht trauen-
> den Beschauer verwandeln sich im Moment des
> Überschreitens aus den bärtigen Räubern einer versun-
> kenen Epoche in die kultivierten Beherrscher des mo-
> dernen Geldmarktes.   (GBA 19,315)

Im Stück sind die Opfer vor allem die Bettler. Obwohl
ihr Kennzeichen zu sein scheint, dass sie noch nicht einmal
über »Arbeit« verfügen dürfen, werden sie von Peachum zu
einer neuen Sorte depravierter »Angestellter« degradiert,
die wie die Huren ihre Haut zu Markte tragen müssen, eine
Haut freilich, die durch Peachums Künste verfeinert wird:
»Naturgrind ist natürlich nie das, was Kunstgrind ist«
(GBA 2,258). Indem Peachum ihr Bettlertum als »Kunst«
beschönigt – »Ja, ich brauche Künstler. Nur Künstler er-
schüttern heute noch das Herz« (GBA 2,258) –, veranstaltet
er mit seinen Bettlern ein »reales« Schmierentheater, das
nach der Art eines »Rackets« funktioniert. Schutz und Ausstattung, die Peachum seinen Angestellten gegen Bezahlung
gewährt, bedeuten zugleich ihre totale Unterwerfung unter
seine Gewalt. Das »Racket«, heute bundesdeutsch vornehm
als »organisiertes Verbrechen« bezeichnet, verweist auf das
wirtschaftliche Raubsystem der Gesellschaft, das jeden und
jede unterwirft sowie aller persönlichen Freiheit beraubt
(»Mobbing« wäre eine ganz neumodische Bezeichnung).
Selbst mit dem Elend der Ärmsten sind noch gute Geschäfte
zu machen.

Wie die ausgebeuteten Bettler nicht sie selbst sein dürfen
und ihr eigenes Gesicht verlieren, so fehlt auch den »Helden«, die sich als »Captn« (Mac) oder »Bettlerkönig« (Peachum) titulieren lassen, jegliche Persönlichkeit. Macs »Legende« wird zwar in der Moritat noch beschworen, in
Wirklichkeit aber ist er ein gesichtsloser Anführer, der die
Taten seiner Untergebenen als eigene Taten okkupiert:

> MAC [. . ., zu Matthias] Du hast vorige Woche wieder
> durchblicken lassen, daß die Inbrandsteckung des
> Kinderhospitals in Greenwich von dir gemacht
> wurde. Wenn so etwas noch einmal vorkommt, bist
> du entlassen. Wer hat das Kinderhospital in Brand
> gesteckt?
> MATTHIAS Ich doch.
> MACHEATH *zu den andern:* Wer hat es in Brand ge-
> steckt?
> DIE ANDERN Sie, Herr Macheath.
> MACHEATH Also wer?
> MATTHIAS *mürrisch:* Sie, Herr Macheath. Auf diese
> Weise kann unsereiner natürlich nie hochkom-
> men.
> MACHEATH *deutet mit einer Geste das Aufknüpfen an:*
> Du kommst schon hoch, wenn du meinst, du kannst
> mit mir konkurrieren.
>
> (GBA 2,267)

Macheath »definiert« sich über die Taten seiner »Mitarbeiter«, das heißt über sein Geschäft; seine »Persönlichkeit«
ist reine Anmaßung. Was er »ist«, ist er allein über seine
Macht, die er über die anderen hat und die er rücksichtslos
für sich reklamiert. So ist dem Räuber jegliche Romantik,
die in der Moritat noch anklingt, genommen. Der Räuber
sieht sich als (bürgerlicher) Geschäftsführer, der sich selbst
die Hände nicht mehr schmutzig macht und für die »eigentliche Arbeit« seine ausgebeuteten Angestellten hat.

Die Dreigroschenoper enthält mit der zweiten Szene des ersten Akts eine epische Musterszene, an der der thematische Zusammenhang anhand der formalen Lösung nochmals vertiefend angesprochen werden kann. Die Bühne ist ein leerer Pferdestall, in den die Gang Macs eingebrochen ist, um dort die Hochzeit von Polly und Mac zu feiern. Es handelt sich um die erste (fiktive) Spielebene, die innerhalb des Spiels der »reale« Ausgangsort ist.

Da ein Pferdestall kein geeignetes Etablissement für eine solche Feier ist, muss er umgebaut werden. Die Bande hat dazu Mobiliar zusammengestohlen. Mit ihm wird die Bühne neu eingerichtet; die Mitglieder der Bande arbeiten sozusagen als Bühnenarbeiter, die vor den Augen des Publikums eine neue Spielwelt einrichten, wobei es auch Gelegenheit gibt, die Qualität und Zusammenstellung der Requisiten zu beurteilen. Die Zuschauer haben ihrerseits Gelegenheit, das neue Bühnenbild zu bewerten sowie die Qualitäten der Spieler einzuschätzen (so verwechselt Mac z. B. als angeblicher Kenner Chippendale mit Quatorze; vgl. GBA 2,244). Dies ist die zweite Spielebene der Szene, zugleich das erste Spiel im Spiel.

Dann wird gefeiert. Da jedoch keine rechte Stimmung aufkommen will, bietet sich Polly an, etwas vorzutragen. Sie ahmt ein Mädchen nach, »das ich einmal in einer kleinen Vier-Penny-Kneipe in Soho gesehen habe« (GBA 2,248). Dazu ist es nochmals nötig, die Bühne umzubauen. Dies geschieht aber nicht »real«, sondern als Imagination, indem der vorhandene Raum und die vorhandenen Requisiten neu definiert werden:

> POLLY [...] Es war das Abwaschmädchen, und Sie müssen wissen, daß alles über sie lachte und daß sie dann die Gäste ansprach und zu ihnen solche Dinge sagte, wie ich sie Ihnen gleich vorsingen werde. So, das ist die kleine Theke. Sie müssen sie sich verdammt schmutzig vorstellen, hinter der sie stand

morgens und abends. Das ist der Spüleimer und das
ist der Lappen, mit dem sie die Gläser abwusch. Wo
Sie sitzen, saßen die Herren, die über sie lachten.
[...] *Sie fängt an, scheinbar Gläser abzuwaschen
und vor sich hin zu brabbeln.* Jetzt sagt zum Beispiel
einer von Ihnen *auf Walter deutend,* Sie: Na, wann
kommt denn dein Schiff, Jenny?

WALTER Na, wann kommt denn dein Schiff, Jenny?

(GBA 2,248)

Die Spieler übernehmen neue Rollen, indem sie sich vor
den Augen des Publikums in neue Figuren verwandeln.
Eine dritte Spielebene der Szene ist eröffnet, ein zweites
Spiel im Spiel wird veranstaltet.

Schließlich erfolgt eine vierte Verwandlung der Szene dadurch, dass Polly mit der Ankündigung »So, und jetzt fange
ich an« nochmals die Szene verändert, um das Lied von der
Seeräuber-Jenny vorzutragen: »*Songbeleuchtung: goldenes
Licht. An einer Stange kommen von oben drei Lampen
herunter, und auf den Tafeln steht:* / DIE SEERÄUBER-
JENNY« (GBA 2,248). Dann singt sie das Lied von Jenny,
die als Seeräuberbraut den Umsturz der Gesellschaft ankündigt, die sie zum kleinen Abwaschmädchen degradiert
hat.

Nach ihrem Vortrag springt die Handlung auf die zweite
Ebene zurück. Die Songbeleuchtung erlischt, die Imagination der Vier-Groschen-Spelunke wird aufgehoben, jetzt ist
Pollys Liedeinlage zu beurteilen; auf den Kunstvortrag
folgt die Kunstkritik:

MATTHIAS Sehr nett, ulkig, was? Wie die das so hin-
legt, die gnädige Frau!

MAC Was heißt das, nett? Das ist doch nicht nett, du
Idiot! Das ist doch Kunst und nicht nett. Das hast
du großartig gemacht, Polly. Aber vor solchen
Dreckhaufen, entschuldigen Sie, Hochwürden, hat
das ja gar keinen Zweck. *Leise zu Polly:* Übrigens,

ich mag das gar nicht bei dir, diese Verstellerei, laß
das gefälligst in Zukunft.

(GBA 2,250)

Die Szene und ihre Verwandlungen führen musterhaft
vor, wie (episches) Theater zu machen ist. Da wird keine
– wie immer geartete – Wirklichkeit nachgeahmt, da wird
nicht suggeriert, dass die Zuschauer an einem als »real« ima-
ginierten Geschehen teilnähmen, da wird vielmehr die
ganze Kunst und Künstlichkeit der Bühnenveranstaltung
gezeigt. Der Spielraum ist hergestellt, die Spieler demonstrieren, dass sie Rollen übernehmen und als (künstliche)
Figuren in einem künstlich eingerichteten Spiel agieren.
Darüber hinaus wird die Kunst als solche dadurch thematisiert, dass Mac darauf insistiert, Pollys Vortrag sei Kunst
gewesen, die freilich vor dem falschen Publikum veranstaltet worden ist. Zugleich jedoch diskreditiert er sein Urteil
wiederum dadurch, dass er Polly »Verstellerei« vorwirft,
also nicht eigentlich ihre Kunst beurteilt, sondern eine Täuschungsabsicht wittert. Er hat an Polly eine Seite wahrneh-
men müssen, die sich ihm entzieht, und entsprechend fordert er Ehrlichkeit, Natürlichkeit und Unterwerfung von
ihr, um ihrer »sicher« zu sein.

Für die realen Zuschauer der Szene bedeutet dies, dass sie
daran gehindert werden, Spiel mit Wirklichkeitsdarstellung
zu verwechseln.

Alles ist inszeniert; es wird gezeigt, dass gezeigt wird.
Zugleich erhalten die Zuschauer Angebote der Beurteilung,
da sie als die eigentlichen Beobachter der Kunstveranstaltung nicht nur die verschiedenen Spiele im Spiel verfolgen,
sondern auch durch die gespielten Zuschauer auf der Bühne
Stichworte erhalten, mit denen die Kunstübungen eingeschätzt werden können. Sie werden folglich regelrecht dazu
angehalten, sich ihrerseits ein Urteil zu bilden, ihre Zuschauhaltung zu überprüfen und sich nicht in irgendeiner
Weise bannen zu lassen oder in die Figuren »einzufühlen«.

Tun sie es doch, so fallen sie (wie Mac) auf eine Täuschung herein und beweisen so – das ist ein weiterer »Trick« dieser Szene –, dass sie zu den »Dreckhaufen« gehören.

Die Täuschungsabsicht, die Mac bei Polly vermutet, hat noch einen inhaltlichen Aspekt. Indem Mac auf der Hochzeit im bürgerlichen Gewand besteht und sich eben nicht wie die Räuber der Legenden mit einer »Braut« einfach liiert, veranstaltet er seine »Verbindung« mit Polly ausdrücklich als Inbesitznahme der Frau. Die mit allen Riten vollzogene Eheschließung soll die Frau einzig an ihn und für »ewig« binden: Die Ehe bedeutet die Auslöschung der Frau als eigenständige Person. Mit dem Vortrag Pollys aber entdeckt er in ihr eine Seite, die sich seiner Kontrolle entzieht. Wenn man den Kunstvortrag mit einer »realen« Möglichkeit Pollys identifiziert, stellt diese mit ihm die ganze Veranstaltung der Hochzeit in Frage: Mac hätte Polly nicht in Besitz genommen, sondern mit ihr eine potentielle Umstürzlerin, die dazu noch im Geheimen wirkt, an den »eigenen Herd« geholt. So wird alles zur Frage von Kunst und ihren Wirkungen.

Die Lehrstücke

Als am 28. Juli 1929 im Rahmen der Festtage »Deutsche Kammermusik Baden-Baden 1929« das *Lehrstück* von Paul Hindemith (Musik) und Bertolt Brecht (Text) uraufgeführt wurde, setzte sich das Wort als Begriff, bald auch als Schlagwort in der Musikkritik durch. Es bezeichnete, wie Klaus-Dieter Krabiel herausgearbeitet hat – auf dessen Studie hier für den neuesten Stand der Lehrstückforschung grundsätzlich verwiesen sei –, ein neues musikalisches Genre und nicht einen Theatertypus, mit dem, wie die Forschung ausschließlich angenommen hat, Lehren, vor allem, wie unterstellt worden ist, »kommunistische« Lehren verbreitet werden sollten (Krabiel, B 7: 1993, 4). Für das Gegenteil stand bereits der Name des Komponisten Paul Hindemith ein, der zur bürgerlichen Avantgarde in der Musik gehörte und an Lehren dieser Art keinerlei Interesse hatte. Der Aufführungsort der Lehrstücke war nicht das Theater, sondern das Konzertpodium bzw. der Rundfunk. So ist *Der Lindberghflug* von 1929, zu dem Kurt Weill und Paul Hindemith gemeinsam die Musik schrieben, als musikalisches Hörspiel bzw. »radiophonische Kantate« zu qualifizieren, mit der neue, dem technisch noch recht primitiven Massenmedium entsprechende Kompositionen auszuprobieren bzw. durchzusetzen waren. Entsprechend handelt es sich beim *Lehrstück*, das für den Druck in den *Versuchen* (1930) in *Das Badener Lehrstück vom Einverständnis* umbenannt wurde, um ein Oratorium, beim *Jasager* von 1929/30 um eine Schuloper bzw. Kammeroper und bei der *Maßnahme* von 1930 wiederum um ein (politisches) Oratorium. Die Texte, die folglich durchweg als Libretti einzuschätzen sind, hatten sich den Kompositionen zu fügen, das heißt ihre bewusste Einfachheit, aber auch ihre auf das Auditive ausgerichtete Eindringlichkeit waren durch die Musik und deren Verbreitung über das Hören vorgegeben. In der Einheit von Musik und Text sollten die Werke in erster Linie in die Köpfe kommen und nicht aufs Papier. Für die Kritik dieses neuen Genres und damit für seine Verbreitung sowie Durchsetzung sorgten die Musikzeitschriften mit z. T. leidenschaftlichen Debatten; die Theater- und Literaturkritik spielte nur eine geringe, und wenn, dann bloß eine untergeordnete Rolle.

Angestrebt war, und zwar auf durchaus seriöse Weise, was schon die Aufführungsorte belegen (Stadthalle in Baden-Baden, später für die *Maßnahme* die Berliner Philharmonie), den herkömmlichen Theaterbetrieb mit seinen festgefahrenen Strukturen zu meiden und einen neuen experimentellen Spieltypus auszubilden, der den neuen Massenmedien Radio und Film gerecht sein würde, aber auch um einer »Umfunktionierung« der Apparate, sowohl des Radios und des Films als auch der Theater, vorzuarbeiten.

Im *Lindberghflug* geschah dies durch die demonstrative Trennung von Apparat (Radio) und Hörer (Part des Lindbergh); den Apparat verkörperten Dirigent, Orchester, Chor und die Solisten, die die Elemente sangen. Der Sänger bzw. Sprecher der Partien des Lindbergh sollte, indem er die Partitur vor sich hatte und in sie hineinblickte, den neuen Hörertypus darstellen, das heißt den Hörenden als Lernenden und Sich-Schulenden vorführen, der Partitur und Text »im Buch mit den Augen verfolgt oder im Verein mit anderen laut singt« (GBA 3,407). Damit sollte eine neue kommunikative Haltung des Hörers zum Apparat demonstriert werden.

Die weiteren Lehrstücke zielten darauf, eine »Demokratisierung des Theaters« vorzubereiten und damit den Apparat von der bloßen Konsumption zur (Mit-)Produktion des Publikums umzugestalten. Die Rolle des Spielens sollte vollständig verändert, das »System Spieler und Zuschauer« aufgehoben werden, und es sollten nur mehr Mitspieler zugelassen sein, »die zugleich Studierende sind« (GBA 21,396). In der Uraufführung der *Maßnahme* in der Nacht vom 13. auf den 14. Dezember 1930 wurde die neue Zuschauhaltung dadurch provoziert, dass drei Chöre mit rund 400 Mitgliedern die Passagen des Kontrollchors sangen und die Zuschauer aufgefordert waren mitzusingen. Zudem hatte sich Hanns Eisler unter die Chöre gemischt, machte den Ansager, stellte Fragen und diskutierte.

Die Musikkritik bescheinigte dieser Inszenierung eine völlig neuartige künstlerische Qualität und prachtvolle Leistungen der Mitwirkenden (vgl. GBA 3,439–441). Dass es den Komponisten und dem Textdichter Brecht nicht mehr gelang, diese neuen Hör- und Theaterformen durchzusetzen, lag an den politischen Verhältnissen. Bereits im Oktober 1930 war die Frankfurter Inszenierung von *Aufstieg und Fall der Stadt Mahagonny* durch Nazi-Horden gestört worden. Bei der Neuinszenierung von *Mann ist Mann*, die am 6. Februar 1931 am Staatlichen Schauspielhaus (Berlin) Premiere hatte, konnte wegen massiver Störungen keine der Aufführungen zu Ende gespielt werden. Nach fünf vergeblichen Versuchen setzte die entnervte Intendanz die Inszenierung ab. Die Umfunktionierung der Apparate sollte nicht mehr gelingen. Die damals fortschrittlichste Form des Theaters wurde von der zunehmenden Gewalt der Rechtsradikalen sowie durch die wirtschaftlich immer desolatere Situation der Weimarer Republik abgewürgt. Auch nach dem Krieg gelang es Brecht nicht mehr, diesen Standard zu erreichen, da seine (kurze) Theaterarbeit in der DDR zunächst der Beseitigung der Schäden gelten musste, die die Nazi-Diktatur angerichtet hatte. Theaterexperimente dieser Art hatten da kaum eine Chance. Es nimmt daher nicht wunder, wenn Brecht Anfang August 1956, also kurz vor seinem Tod, auf die Frage nach dem Theater der Zukunft wie »aus der Pistole geschossen« geantwortet hat: *Die Maßnahme* (Wekwerth, B 6: 1975, 78).

Zu den Lehrstücken zählen neben den bereits genannten Stücken die Umarbeitung des früheren *Jasagers* in *Der Jasager. Der Neinsager* (1930), *Die Ausnahme und die Regel* (1931) sowie *Die Horatier und die Kuriatier* (1934). Die Problematik der Lehrstücke wird im Folgenden, vom *Lindberghflug* ausgehend, an den beiden wichtigsten Stücken *Das Badener Lehrstück vom Einverständnis* und *Die Maßnahme* exemplarisch erörtert. Dabei werde ich nur die Texte von Brecht heranziehen und die Musiken, die – wie ausgeführt – integraler Bestandteil der Stücke sind, vernachlässigen. Aber bereits an den Texten lässt sich zeigen, wie der neue Spieltypus funktioniert und welche Besonderheiten er aufweist. Auf die umstrittene »Lehrstücktheorie«, die Reiner Steinweg 1972 »rekonstruiert« hat (Steinweg, B 7: 1972), die es als solche jedoch bei Brecht nicht gibt (vgl. Krabiel, B 7: 1993, passim), kann hier nicht eingegangen werden.

Lindberghflug
und
Das Badener Lehrstück vom Einverständnis

Die erste Fassung des *Lindberghflugs*, die fälschlicherweise
nicht in der GBA berücksichtigt ist (Erstdruck: *Uhu*, H. 7,
April 1929), endet mit dem *Bericht über das Unerreichbare*;
die Schlussverse lauten:

> gegen ende des 3. jahrtausend unserer zeitrechnung
> erhob sich unsere
> stählerne einfalt
> aufzeigend das mögliche
> ohne uns vergessen zu machen: das
> UNERREICHBARE.
> diesem ist dieser bericht gewidmet.

> (Zit. nach dem Erstdruck; vgl. GBA 3,24)

Der Name Lindbergh steht noch im Singular. Das kleine
Stück ist, wie es Brecht später selbst tituliert, noch ein *Heldenlied*, ein Lobgesang auf den Pionier des Fliegens, der
trotz aller Unbilden und Hindernisse das Wagnis unternommen hat, den Ozean zu überfliegen, und dabei erfolgreich war.

Die Schlussverse des Stücks wurden bisher immer so gelesen, dass angesichts des *erreichbaren* Fortschritts die
Grenzen der Möglichkeiten für noch zu lösende Aufgaben
nicht vergessen sein sollten.

Wenig später übernahm Brecht die Passage des *Lindberghflugs* in das *Lehrstück*, wie das *Badener Lehrstück
vom Einverständnis* zunächst noch hieß, und zwar unverändert. Auch der zweite Druck in den *Versuchen*, der sich nun
Flug der Lindberghs nannte, wies den *Bericht über das Unerreichbare* unverändert auf. Das heißt: mindestens ein Jahr
lang (1929–30) war der Text für Brecht gültig, und dies, obwohl er für den *Versuche*-Druck weitgehende Änderungen

am ersten Lehrstück vorgenommen hatte: Die Lindberghs erschienen im Plural, es war nicht mehr der Einzelne, der Held, der im Lied besungen wurde, und als Szene 8 kam eine ausführliche kommentarartige Erörterung (*Ideologie*) hinzu, die den Atlantikflug zum Paradigma gesellschaftlichen Fortschritts zu erheben schien. Fortschreitende Naturerkenntnis und die damit verbundene soziale Revolutionierung beseitigen die alten Verhältnisse; der Flug sei »[...] eine Anstrengung zur Verbesserung des Planeten / Gleich der dialektischen Ökonomie / Welche die Welt verändern wird von Grund auf« (GBA 3,16).

Die grundlegende Diskrepanz zwischen der Schlussszene und der vorangehenden Verherrlichung des Helden Lindbergh in der ersten Fassung einerseits sowie des technischen und sozialen Fortschritts durch Naturbeherrschung in der *Versuche*-Fassung andererseits ist bisher unbeachtet geblieben. Dort heißt es ausdrücklich: der Bericht sei dem »Unerreichbaren« gewidmet und nicht etwa den vorher gezeigten Leistungen menschlichen Fortschritts. Stählerne Einfalt, und das heißt doch wohl in diesem Kontext: mangelndes Vermögen, geistige Beschränktheit, erhob sich, um das den Menschen Mögliche zu zeigen, aber gleichzeitig und vor allem um das den Menschen Unmögliche nicht aus den Augen zu verlieren. Diesem sei der Bericht gewidmet.

Der Widerspruch lässt sich kaum auflösen, es sei denn, man nähme an, dass Brecht am Ende seines Stücks eine einschneidende Relativierung des vorangegangenen Textes vorgenommen hätte, dass also das Heldenlied oder der Lobgesang auf den kollektiven technischen Fortschritt angesichts dessen, was dem Menschen grundsätzlich an Möglichkeiten entzogen ist, nicht so ernst zu nehmen sind, wie er es selbst und wie es die Zeit mit der Feier der »Neuen Sachlichkeit« vorgaben. Angesichts des Unerreichbaren bleibt, so der Text, die Leistung Lindberghs marginal. Das als Menschheitsereignis gepriesene Pionierunternehmen zeigt lediglich einige wenige Möglichkeiten der Menschen auf, die aber angesichts des Unmöglichen gering und gerade nicht welt- oder gesellschaftsverändernd wirken können.

Der Widerspruch löst sich auch dann noch nicht vollends auf, wenn Brecht für den Druck des *Badener Lehrstücks* in den *Versuchen* (Heft 2, 1930) die Änderung vornimmt: »das / *Noch nicht Erreichte*« (statt: das / Unerreichbare), und in einer Fußnote anmerkt, dass es im »ersten Versuch [...] fälschlich [heiße]: Das Unerreichbare. Dies ist auszu- bessern in: das noch nicht Erreichte«. Zwar ist jetzt dazu aufgefordert, angesichts des erreichten Fortschritts die noch zu lösenden Aufgaben nicht zu vergessen, dennoch aber bleibt der Bericht dem »Noch nicht Erreichten« gewidmet und nicht den vorangehend geschilderten Pioniertaten. Diese bleiben merkwürdig »klein« im Hinblick auf das noch zu Leistende.

Der enge, ja geradezu unmittelbare Zusammenhang zwi- schen *Der Flug der Lindberghs* und dem *Badener Lehrstück vom Einverständnis* zeigt eine rapide Entwicklung der The- matik in den Lehrstücken und der damit verbundenen Lehrzwecke auf. Brecht beginnt mit einem *Heldenlied*, noch ganz im Bann einer Umfunktionierung des Mediums Radio und der Anwendung neuer künstlerischer Möglich- keiten, die vor allem darin lagen, eine für das Medium ge- eignete Wiedergabe von Text und Musik zu finden und ihm zugleich eine den Hörer aktivierende Funktion zuzuweisen. Den Autoren war klar, dass das Medium aufgrund seiner Technik andere künstlerische Formen erforderte als eine theatralische Aufführung. In den *Erläuterungen* zum *Lind- berghflug* schreibt Brecht, es sei pädagogischer Zweck der Übung:

[...] der Übende ist Hörer des einen Textteiles und Sprecher des anderen Teiles. Auf diese Art entsteht eine Zusammenarbeit zwischen Apparat und Üben- den, wobei es mehr auf Genauigkeit als auf Ausdruck ankommt. Der Text ist mechanisch zu sprechen und zu singen, am Schluß jeder Verszeile ist abzusetzen, der abgehörte Text mechanisch mitzulesen. [...] Die zunehmende Konzentration der mechanischen Mittel, sowie die zunehmende Spezialisierung in der Ausbildung – Vorgänge, die zu beschleunigen sind – erforderen eine Art *Aufstand* des Hörers, seine Aktivisierung und seine Wiedereinsetzung als Produzent.

(GBA 24,88)

Man sieht: es ging Brecht nicht um die Inhalte, sondern um eine neue Haltung zum Medium. Dessen Mechanisierung sollte erkannt und durch Mitmachen erlernt werden. Der Apparat erzwang neue Verhaltensweisen beim Benutzer, und dieser konnte nur über die neue »Mechanik« des Apparats verfügen, wenn er sie durchschaut hatte und sie zu benutzen wusste. Dafür war eine »technische Demonstration« wie der Atlantikflug geradezu wie geschaffen. Es kam weniger auf die »Ideologie« an als auf die technische Verfügungsgewalt des Menschen über die Apparate: inhaltlich Lindberghs über das Fluggerät, im Hinblick auf die Rezeption des Hörers über das Radio. Insofern konnte auch ein »Heldenlied« die Ansprüche zunächst erfüllen, und es ist nicht ausgeschlossen, dass Brecht durchaus damit rechnete, dass die Hörer über den Lindbergh-Part durch gewisse Identifikation mit dem »großen Flieger« besser zu aktivieren waren als durch andere Stoffe.

Die Umarbeitung des Stücks zu *Flug der Lindberghs* und vor allem der Einbau der *Ideologie*-Szene wirken denn durchaus als Fremdkörper, als sie »Lehren« ins Stück einführen, die nicht mehr primär der Beherrschung des Apparats, sondern der neuen Thematik der Lehrstücke gelten: der Erziehung zum »neuen Menschen«. Die Lindberghs im Plural betonen in der Neufassung für die *Versuche* das Kollektive, die kollektive Zusammenarbeit, die notwendig ist, damit der Einzelne den Apparat überhaupt beherrschen kann:

Sieben Männer haben meinen Apparat gebaut in
San Diego
Oftmals 24 Stunden ohne Pause
Aus ein paar Metern Stahlrohr.
Was sie gemacht haben, das muß mir reichen
Sie haben gearbeitet, ich
Arbeite weiter, ich bin nicht allein, wir sind
Acht, die hier fliegen.

(GBA 3,13)

Lindbergh ist nicht mehr der »Held«, sondern der Arbeiter, der die Arbeit fortsetzt, die die anderen für den Bau des Apparats aufgewendet haben. Wenn er fliegt, fliegen die anderen mit ihm. Es handelt sich nicht mehr um die Leistung eines Einzelnen, des Pioniers, sondern um die gemeinsame Arbeit aller Beteiligten, deren Namen aber traditionell unbekannt geblieben sind. Die spätere »Ausmerzung« des Namens Lindbergh aus dem Stück und seine Umbenennung in *Ozeanflug* ist hier bereits angelegt. Auf Lindbergh kommt es nicht an; einzig die gemeinsame Arbeit verbürgt den Erfolg.

Mit der Rückkehr auf das Musikpodium rückt das neue Thema, das dem Radiolehrstück nachträglich aufgepfropft worden ist, in den Vordergrund. Gezeigt wird im *Badener Lehrstück* der Fall des Fliegers Charles Nungesser, der für Brecht der Prototyp des individualistischen, allein auf seinen persönlichen Ruhm bedachten Draufgängers war (Nungesser war 1927 mit seinem Flugzeug beim Versuch eines Langstreckenrekords über dem Atlantik abgestürzt). Vier Flieger, der Pilot Nungesser und drei Monteure, erfasst vom Rausch des technischen Fortschritts, sind abgestürzt, weil sie des »Aufbruchs Ziel« (GBA 3,28) vergaßen, und erwarten nun von der Menge Hilfe, damit sie nicht sterben müssen. Die Verschiebung zum *Lindberghflug* ist entschieden: dort der Erfolg der Pioniertat, hier das Versagen von Mensch und Technik. Das Stück nun handelt davon, ob es richtig sei, den Abgestürzten zu helfen, indem es untersucht, ob die geforderte Hilfeleistung angemessen ist oder nicht, »ob / Es üblich ist, daß der Mensch dem Menschen hilft« (GBA 3,29). Untersuchender und Lehrender ist der Chor, der ausdrücklich als »gelernter Chor« gekennzeichnet ist; er bezieht die Menge, das heißt das anwesende Publikum, mehrfach ein. Belehrter bzw. Lernender ist das Individuum, hier der gestürzte Flieger.

War im *Lindberghflug* der technische Fortschritt noch Garant für einen allgemeinen gesellschaftlichen und sozialen Fortschritt, so geht es jetzt um die Diskrepanz zwischen technischem und sozialem Fortschritt. Auf die Preisungen der Erfindungen des Menschen – durch den Führer des gelernten Chors – antwortet der Chor:

> Das Brot wurde dadurch nicht billiger.
> Sondern
> Die Armut hat zugenommen in unseren Städten
> Und es weiß seit langer Zeit
> Niemand mehr, was ein Mensch ist.
> Zum Beispiel: während ihr flogt, kroch
> Ein euch Ähnliches am Boden
> Nicht wie ein Mensch!
>
> (GBA 3,30)

Deshalb plädiert die Menge dafür, den Fliegern die Hilfe zu verweigern. Die Flieger beharren darauf, alles allein geleistet zu haben, ihren Ruhm als eigenen Verdienst in Anspruch nehmen zu können, beharren also auf ihrem Individualismus; und die Menge beharrt darauf, dass die Technisierung und ihre Erfolge nichts am sozialen Elend geändert haben. Hier gilt: der Mensch hilft dem Menschen nicht.

Drei Untersuchungen werden geführt. Die erste zeigt den technischen Fortschritt, der nur dazu geführt hat, dass die Menschen ihm unterworfen, nicht aber durch ihn befreit worden sind. Die zweite zeigt Darstellungen, »*wie in unserer Zeit Menschen von Menschen abgeschlachtet werden*«

(GBA 3,30). Die dritte führt eine Clownsnummer vor, in der Herr Schmitt, der angeblich »so stark« (GBA 3,31) ist, unter der Vorgabe, dass ihm geholfen werde, buchstäblich zerteilt und zerstückelt wird.

Die dritte Untersuchung ist die radikalste. Sie stieß bei der Uraufführung in Baden-Baden auf empörte und zum Teil aggressive Reaktionen des Publikums und der Kritik. Brechts Regie verstärkte die Effekte: Der Clown »Herr Schmitt«, durch Stelzen, verlängerte Arme und einen aufgesetzten Kopf aus Pappmaché von riesigen Dimensionen, wurde »mit veritablen Sägen und veritablen Geräuschen« nach und nach seiner Gliedmaßen beraubt, wobei blutrot gefärbte Stümpfe zum Vorschein kamen. Augenzeugen berichteten, dass ein ohrenbetäubender Lärm einsetzte und das Publikum in Scharen den Saal verließ. Theo Lingen erinnerte sich an einen Skandal, wie er ihn nie wieder am Theater erlebt habe. Ein bekannter Musikkritiker, so berichtete Hanns Eisler, sei ohnmächtig geworden (Nachweise bei Knopf, B 4: 1980, 80 f.).

In meinem *Brecht-Handbuch* habe ich Herrn Schmitt als Kleinbürger qualifiziert und geschrieben:

> Herr Schmitt, von dem am Ende nichts bleibt, bedankt sich sogar noch für diese ›Hilfe‹, in der Meinung, von einer Bürde befreit zu sein, die er selbst ist. Herr Schmitt steht für den Kleinbürger, der einerseits – wie der Arbeiter – das Opfer der Entwicklung der Massengesellschaft geworden ist, indem ihn sein Eigentum, seine Stellung durch die Monopolisierung genommen wurden, der aber andererseits mit dem kümmerlichen Rest seiner selbst darauf besteht, Individuum zu sein. (Knopf, B 4: 1980, 78; vgl. auch GBA 3,415)

Beim Wiederlesen bin ich nicht mehr dieser Meinung. Herr Schmitt – das zeigt nicht nur die Inszenierung – wird als »stark« charakterisiert; seine Übergröße scheint mir kaum ein Hinweis auf Kleinbürgertum zu sein. Einer seiner beiden Widersacher wird ausdrücklich als jemand bezeichnet, der Herrn Schmitt »in den Arsch kriecht« (GBA 3,31), und das heißt, sich in würdeloser Form unterwürfig, schmeichlerisch ihm gegenüber zeigt. Herr Schmitt ist überdies als eine Figur gezeichnet, die sich nur mit ihren eigenen, hypochondrisch orientierten Problemen beschäftigt.

Die Zerstückelung des Herrn Schmitt erfolgt durch rigorose Anpassung der Herren Einser und Zweier an Herrn Schmitts eingebildete Wehleiden. Sie gehen auf alles ein, was er beklagt, und beheben den Schaden nach dem absurden Motto: Eine Wunde am Fuß ist am besten dadurch zu beseitigen, dass man den ganzen Fuß absägt, Kopfweh am besten dadurch, dass man den Kopf gleich im Ganzen abdreht. Als Herrn Schmitt die Gliedmaßen alle entfernt sind, legen Einser und Zweier ihm Arme und Beine in den Schoß und kommentieren: »So, Herr Schmitt, da haben Sie alles, was Ihnen gehört, das kann Ihnen keiner mehr rauben« (GBA 3,33). Der absolute Widersinn triumphiert: Seiner Funktionen beraubt, besteht Herr Schmitt weiterhin auf dem Eigentum seiner Gliedmaßen und darf sie »behalten«. Die Szene endet mit dem Abschrauben des Kopfes, wobei sich Herr Schmitt weiterhin über körperliches Unbehagen beklagt: er liegt mit dem Rücken auf einem Stein. Zweier kommentiert: »Ja, Herr Schmitt, alles können Sie nicht haben.« Einser und Zweier »lachen schallend«. Ende der Clownsnummer (GBA 3,35).

Herr Schmitt steht nicht für eine soziale Gruppe, sondern paradigmatisch für den (überholten) bürgerlichen Individualismus. Dafür sprechen seine Übergröße, seine Selbstbezogenheit, seine Wehleidigkeit im Hinblick auf sich selbst. Es gibt keinerlei Orientierung des Herrn Schmitt auf ein »Außen«. Er ist einzig und allein auf sich selbst bezogen und beklagt sich nach seiner Zerstückelung weiterhin wehleidig über Schmerzen, ohne irgendetwas aus dem Vorgang, der brutal mit ihm getrieben wird, zu lernen. Überdies erfolgt seine Zerteilung völlig schmerzlos. Alle Schmerzen, die Herr Schmitt äußert, beziehen sich einzig und allein auf seinen »ursprünglichen« Zustand, nicht auf die rabiaten Maßnahmen von Einser und Zweier. Er merkt buchstäblich nichts.

Die ungeheure und durch Brechts Regie provozierte Wirkung, die die Szene bei der Uraufführung in Baden-Baden hatte, beweist ebenfalls, dass sich das anwesende bürgerliche Kurpublikum offensichtlich buchstäblich am eigenen Leib herausgefordert fühlte und den brutalen dramatischen Vorgang nicht ertragen konnte. Überdies ist zu beachten, dass auch diese Szene eine »Untersuchung« bildet, ob der Mensch dem Menschen hilft.

Tatsächlich helfen Einser und Zweier dem Herrn Schmitt in voller Unterwürfigkeit; sie gehen auf jede Wehleidigkeit von ihm ein. Nur: das Ergebnis ist völlig absurd. Herr Schmitt existiert sozusagen nicht mehr und hat doch fast »alles«, was er wollte. Gezeigt wird folglich die Demontage des (übergroßen) bürgerlichen Individuums, das es als solches noch nicht einmal bemerkt und unbelehrt aus diesem Prozess der »Hilfeleistung« hervorgeht. Es existiert am Ende zwar nicht mehr, beharrt aber dennoch weiterhin auf seiner Individualität.

Der dahinterstehende gesellschaftliche Vorgang scheint folgender zu sein: Auch der Bürger der Weimarer Gesellschaft ist bereits in radikaler Weise vom gesellschaftlichen Entfremdungsprozess bestimmt, wie er zunächst nur für die Arbeiter festgestellt worden ist. Ich erinnere hierbei an Georg Lukács' Analysen in seinem Buch *Geschichte und Klassenbewußtsein*.

Ausgangspunkt von Lukács' Überlegungen ist die zunehmende Rationalisierung der Arbeit und damit die Zerlegung des Produkts in Einzelelemente; verbunden damit wiederum ist die Spezialisierung der Arbeit, ihr Zerfall in zufällig wirkende, jegliche Einheit leugnende Teiloperationen:

Das einheitliche Produkt als Gegenstand des Arbeitsprozesses verschwindet. Der Prozess wird zu einer objektiven Zusammenfassung rationalisierter Teilsysteme, deren Einheit rein kalkulatorisch bestimmt ist, welche also einander gegenüber als *zufällig* erscheinen müssen. Die rationell-kalkulatorische Zerlegung des Arbeitsprozesses vernichtet die organische Notwendigkeit der aufeinander bezogenen und im Produkt zur Einheit verbundenen Teiloperationen. Die Einheit des Produkts als Ware fällt nicht mehr mit seiner Einheit als Gebrauchswert zusammen: die technische Verselbständigung der Teilmanipulationen ihres Entstehens drückt sich bei Durchkapitalisierung der Gesellschaft auch ökonomisch als Verselbständigung der Teiloperationen, als wachsende Relativierung des Warencharakters eines Produkts auf den verschiedenen Stufen seiner Hervorbringung aus.

Diese »Zerreißung des Objekts der Produktion« hat nach Lukács die »Zerreißung des Subjekts« zur Folge:

Der Mensch erscheint weder objektiv noch in seinem Verhalten im Arbeitsprozeß als dessen eigentlicher Träger, sondern er wird als mechanisierter Teil in ein mechanisches System eingefügt, das er fertig und in völliger Unabhängigkeit von ihm funktionierend vorfindet, dessen Gesetzen er sich willenlos zu fügen hat.[9]

Bei solcher Arbeit stellt das spezifische menschliche Vermögen, stellen die Fähigkeiten des einzelnen Arbeiters keine Qualitätsmerkmale mehr dar, sondern »bloße Fehlerquellen«, da sie potentiell (und auch tatsächlich) den mechanisierten Arbeitsprozess lediglich stören, nicht aber bereichern können. Überdies wird die Arbeit dadurch immer

9 Georg Lukács, *Geschichte und Klassenbewußtsein. Studien über marxistische Dialektik*, Berlin 1923, S. 100 (beide Zitate).

mehr ihres eigenen Charakters entkleidet. Sie verliert ihren
Tätigkeitscharakter und wird tendenziell zur kontemplati-
ven Haltung gegenüber den mechanisch-gesetzmäßig ablau-
fenden Produktionsprozessen. Die »Leistung« des Arbeiters basiert aber auf dessen rationeller Zerlegung. Obwohl
er als Person an der Maschine steht, darf er nur ausführen,
was die Maschine ihm vorgibt, und damit wird seine Person
reduziert auf die zerlegte und spezialisierte Teiloperation
selbst, die er ausführt. Die »Leistung« des Arbeiters wird
demnach von seiner Gesamtpersönlichkeit abgetrennt, mechanisch objektiviert, und das heißt verdinglicht. Da die Arbeit – nicht die Produktion selbst! – damit ihren vergegen-
ständlichenden Charakter verliert, kann sich der Arbeiter
weder mehr über sein Produkt noch über seine Arbeit definieren bzw. sich mit ihr identifizieren. Er wird – zumindest
in seiner Arbeit – selbst zum Ding, zum verdinglichten Wesen, das keine Wirklichkeit, aber auch kein Bewusstsein von
ihr zu bilden vermag. Der mechanisierte und rationalisierte
Arbeitsprozess vollzieht sich unabhängig vom Bewusstsein
und spielt sich unbeeinflussbar von der menschlichen Tätigkeit ab.

Diese Verdinglichung zeigt auch Brechts Szene (nur in
anderer Weise). Herr Schmitt hat auch nach seiner Zerlegung immer noch das, was ihm gehört. Die abgeschnittenen
Gliedmaßen, der herausgeschraubte Kopf verbildlichen dies
sehr deutlich: Was einmal zum Menschen Schmitt gehörte,
ist nun von ihm getrennt und nur noch als Ding vorhanden.

Darstellungen der durch die Technisierung erfolgten radikalen Umwälzungen im Verhalten der Menschen kennen
wir spätestens seit dem Expressionismus. Neue Wahrneh-
mungen stellten sich ein, neue Anpassungen an das durch
die Technik vorgegebene Tempo wurden erforderlich. Ge-
sellschaftlich vollzog sich eben das nach, was Lukács für den
Arbeitsprozess analysiert hat. Was für die Expressionisten
noch neu und »verwunderlich« gewesen war, war in der
Weimarer Republik Alltag geworden. Der Anpassungspro-

zess war internalisiert und bereits als Gewohnheit akzeptiert. Als Realität aber bestand er dennoch, und zwar als Resultat eines radikalen Entfremdungsprozesses, der aber – und darin lag die eigentliche Crux – als solcher gar nicht mehr bemerkt wurde, wie Herr Schmitt seine Demontage nicht bemerkt.

Gerade dem Bürger, der anders als die Arbeiter durch relativen Wohlstand ausgezeichnet war, sich unabhängiger wähnte und deshalb ideologisch weiterhin auf seinem bürgerlichen Individualismus bestand, musste vor Augen gehalten werden, dass der Entfremdungsprozess vor ihm nicht Halt gemacht hatte, dass er ihm ebenso – wenn auch nicht auf die Weise wie die Arbeiter – ausgesetzt war. Brecht war insofern außerordentlich konsequent, als er in perverser Umkehr die Demontage des Herrn Schmitt als Hilfeleistung für ihn vorführte. Tatsächlich genoss der Bürger ja Privilegien, Privilegien, die er als »Unabhängigkeit« für sich reklamierte. In der Zerstückelung des Herrn Schmitt verbildlichte das Stück diese Unabhängigkeit als bloßen Schein, dem keine Realität entsprach. Nur Herr Schmitt bemerkt das noch nicht einmal dann, wenn ihm die Verdinglichung am eigenen Leib demonstriert wird, und auch das Premierenpublikum nicht, wenn es in Scharen den Saal verließ.

Von hier aus erklärt sich auch, warum Brecht sein Stück *Badener Lehrstück* genannt hat: Der Ort Baden-Baden galt schon seit der Kaiserzeit als Kurort für den gehobenen Mittelstand und die Bourgeoisie; auch während der Weimarer Republik änderte sich daran im Wesentlichen nichts, und sogar heute kann man dort noch die gut situierten Kurmenschen bewundern. Die Kammermusiktage in Baden-Baden waren genau auf dieses Publikum ausgerichtet, auch wenn ihm durchaus avantgardistische Musik zugemutet wurde. Die Zielrichtung Brechts und der Komponisten wurde dadurch noch einmal nachdrücklich bestätigt: Dem Bürgertum sollte der falsche Schein seines Individualismus desillusioniert werden. Der »Erfolg« übrigens des *Lehrstücks* von

1929 war, dass es von da an keine *Kammermusiktage* mehr
in Baden-Baden gab. Sie wurden aufgrund des Skandals von
der Stadt abgesetzt und nach Berlin verlegt.

Dass die neuen Realitäten sich nicht nur auf den Alltag
der Bürger, sondern auch auf die Kunstproduktion aus-
wirkten, stellt noch einen weiteren Aspekt des Themas dar.
Brecht schrieb, dass den Schriftstellern ihre Situation innerhalb der geltenden Produktionsverhältnisse und die neue
Rolle, die die Literatur sowie die Kunst allgemein dadurch
spielt, nicht bewusst wäre:

> Die großen Apparate wie Oper, Schaubühne, Presse
> usw. setzen ihre Auffassung sozusagen inkognito
> durch. Während sie schon längst die Kopfarbeit (hier
> Musik, Dichtung, Kritik usw.) noch mitverdienender
> [...] Kopfarbeiter nur mehr zur Speisung ihrer Publi-
> kumsorganisationen verwerten, [...] besteht bei den
> Kopfarbeitern selber immer noch die Fiktion, es han-
> dele sich bei dem ganzen Betrieb lediglich um die Aus-
> wertung ihrer Kopfarbeit [...]. Diese bei Musikern,
> Schriftstellern und Kritikern herrschende Unklarheit
> über ihre Situation hat ungeheure Folgen, die viel zu
> wenig beachtet werden. Denn in der Meinung, sie seien
> im Besitz eines Apparates, der in Wirklichkeit sie be-
> sitzt, verteidigen sie einen Apparat, über den sie keine
> Kontrolle mehr haben, der nicht mehr, wie sie noch
> glauben, Mittel für die Produzenten ist, sondern Mittel
> gegen die Produzenten wurde, also gegen ihre eigene
> Produktion [...]. Ihre Produktion gewinnt Lieferan-
> tencharakter. Es entsteht ein Wertbegriff, der die Ver-
> wertung zur Grundlage hat.   (GBA 24,74 f.)

Auch die Künstler hielten weiterhin die Fiktion aufrecht,
dass sie »frei« und unabhängig seien und der vorhandenen
Apparate eigentlich nicht bedürften. Dabei bemerkten sie
nicht, dass auch die Kunst längst den herrschenden Produk-
tionsverhältnissen unterworfen und folglich zur Ware ge-

worden war. Indem aber die Künstler weiterhin glaubten, die Apparate lediglich zu »speisen« und ansonsten individuell unabhängig zu bleiben, trugen sie realiter zur Erhaltung dieser Verhältnisse bei und unterstützten sie. Und das heißt: sie ließen die Besitzer der Apparate machen, was sie wollten. Da die Apparate aber den Profitinteressen ihrer Betreiber dienten, richtete sich die »Fiktion« der Künstler gegen sie selbst, und dies, obwohl sie völlig entgegensetzte Interessen verfolgten. Gegen den »Wert«, den die Künstler in ihren Vorstellungen zu verteidigen glaubten, stand die »Verwertung« durch die Apparate, der sich auch die Kunst, wollte sie in die Öffentlichkeit treten, nicht entziehen konnte. Das Kunstwerk wurde, so folgerte Brecht weiter, auf seine Eignung für den Apparat, niemals aber der Apparat auf seine Eignung für das Kunstwerk überprüft.

Übertragen auf das ganze Stück ist festzuhalten: Dem Flieger wird die Hilfeleistung verweigert, weil selbst die Hilfe, die der Bürger in Form von Privilegien für sich beansprucht, in Wirklichkeit nur seine Demontage bedeutet. Verweigerte Hilfeleistung wird zum Lernprozess für den Flieger, dass er sich, und zwar aufgrund der gesellschaftlichen Verhältnisse, zunächst von seinem angestammten Individualismus trennen muss, der ohnehin nur Schein ist. Das gilt für alle Bereiche des gesellschaftlichen Lebens in der fortgeschrittenen Industriegesellschaft, auch für die Kunst, die zu neuen Formen der Produktion kommen muss, wenn sie überhaupt etwas über die gesellschaftlichen Realitäten sagen möchte.

Und dies bedeutet in der Konsequenz: Der alte bürgerliche Mensch muss, in der Metaphorik des Stücks gesagt, »sterben«, und zwar »für sich«; »Du stirbst für dich«, heißt die paradoxe Formulierung im Stück, das heißt, das Sterben ist ein Prozess, den der Flieger »für sich« im doppelten Sinne durchstehen muss: Er muss es als Einzelner, als der er sich ja aufgrund seines Individualismus fühlt, und er vollbringt das Sterben »für sich«, zu seinem Besten.

So gesehen gestaltet das Stück einen Bewusstwerdungs-
prozess des (alten) Individuums, zu dem der gelernte Chor,
also die Menge, die bereits über die Einsicht verfügt, nur
aufklärende Hilfestellung leisten kann, der aber keineswegs
automatisch über die gesellschaftlichen Prozesse verläuft;
denn diese sind ja internalisiert und werden als solche nicht
bemerkt. Das (alte) Individuum kann sich nur »überwinden«, wenn es den schmerzhaften Prozess der »Tötung«
seines Individualismus an sich selbst exekutiert, wobei das
Sterben auf der Bühne, das sei betont, durchaus metapho-
risch zu verstehen ist. Die »Abtötung« des alten Menschen
führt zu seiner »Erneuerung«, wenn man will, zur »Auferstehung« eines »neuen« Menschen, wie er im gelernten
Chor andeutungsweise »realisiert« ist, als »Gesellschaftswe-
sen«, das sich seiner »Entfremdungen« bewusst ist und aufgrund der Einsichten darum bemüht, Verhältnisse zu schaffen, in denen diese Entfremdungen nicht mehr gelten. Dies
ist sein »Ein-Verständnis« mit der gesellschaftlichen Realität, nicht aber, um diese als »richtige« anzuerkennen, es ist
vielmehr Voraussetzung, sie verändern zu können. Es gibt,
das sei auch betont, keinen »idealistischen« Entwurf dieses
neuen Menschen, nur die Andeutung der Voraussetzungen,
die lediglich besagen: ändern, das Geänderte in Frage zu
stellen, erneut ändern, wieder in Frage zu stellen – und so
fort. Die Widersprüche sind die Hoffnungen.

Die Maßnahme

Kaum, dass *Die Maßnahme* wieder für Aufführungen frei-
gegeben und im Berliner Ensemble Ende 1997 in einer offenbar nicht überzeugenden Inszenierung gespielt worden
ist, gab es im Rahmen des 100. Geburtstags von Brecht um
das Stück heftige Kontroversen, die zum Beispiel im Juli
1998 auf einer dreitägigen internationalen Konferenz, die
ausschließlich der *Maßnahme* galt, ausgetragen worden

sind, aber durchaus zu keinem Einvernehmen geführt haben.[10] Nach wie vor beherrschen Vorurteile, die sich keineswegs auf den Text berufen können, die Szene. So war z. B. in *Theater heute* zu lesen, was bereits in den Tagen des Kalten Kriegs verhandelt wurde und deshalb nicht richtiger wird:

> Vier kommunistische Agitatoren werden von der Partei nach China geschickt, um die Lehren der marxistisch-kommunistischen Klassiker zu verbreiten. Um das revolutionäre Unternehmen vor Entdeckung zu schützen, sehen sie sich genötigt, einen der ihren, den »Jungen Genossen«, zu liquidieren und in die Kalkgrube zu werfen. Brechts Lehrstück verlangt Spielern und Rezipienten ab, sich mit dem Mord als einer zwingenden Notwendigkeit einverstanden zu erklären. Ein »Kontrollchor«, der den Willen der Partei symbolisiert, gibt den Mördern die proletarische Absolution. [...] Die Brechtsche revolutionäre Übermoral ist eine mönchisch-düstere Asketenethik. Ihr Initiationsakt ist die Auslöschung der irdischen Individualität.[11]

Diese Einschätzung des Stücks bildet das Finale eines Essays von Richard Herzinger über die Neometaphysik in der Bundesrepublik Deutschland, in die Brechts »vollendetes nachchristliches Weihespiel« offenbar bruchlos einzureihen wäre.

Angesichts solcher Urteile wünschte man sich das von Brecht und Hanns Eisler 1954 verhängte Aufführungsverbot (vgl. GBA 3,444), das sie wegen dieser Fehleinschätzungen ausgesprochen haben, geradezu zurück, wenn denn doch noch nicht die Hoffnung aufzugeben wäre, dass wei-

---

10 Siehe Bericht in: *Dreigroschenheft* 4 (1998) S. 14-17.
11 Richard Herzinger, »Wem das Schicksal schlägt oder: Die Angst vor der Freiheit schafft Metaphysik«, in: *Theater heute* 1 (Januar 1998) S. 26-31; hier S. 30.

tere Inszenierungen in der Lage sind, die besondere Ästhetik dieses Stücks sichtbar zu machen und in überzeugenden Bildern so umzusetzen, dass die Kritiker mal etwas anderes sehen als ihre alten, ideologischen Vorurteile.

Die Maßnahme, deren »Größe« von rechts bis links betont und der geradezu antik-klassische Weihe bescheinigt worden ist, ist trotz vieler Angebote, sie zu deuten, in ihrem spezifischen Spielcharakter weithin unerkannt geblieben, und zwar auch trotz der Tatsache, dass seit rund 20 Jahren Analysen vorliegen, die den neuartigen, wenn mal will: revolutionären Spieltypus des Stücks herausgearbeitet haben (Knopf, B 4: 1980, 97–103; Jost, B 6: 1981, 15–70). Sie werden entweder nicht zur Kenntnis genommen oder bis zur Unkenntlichkeit kolportiert. Das gilt auch für Klaus-Dieter Krabiels umfangreiche und viel Neues herausarbeitende Studie zu den Lehrstücken. Weder in seiner Analyse noch in seiner kritischen Abrechnung mit den vorliegenden Interpretationsangeboten ist davon die Rede (Krabiel, B 7: 1993, 158–239).

Das Stück liegt in vier maßgeblichen Fassungen vor: in der ersten vollständigen Fassung von Juli 1930, in einem Sonderdruck der *Versuche* vom Herbst 1930, die Fassung, deren Text der Uraufführung zugrunde lag, in einer (z. T. erheblich veränderten) Fassung von 1931, die in den *Versuchen* gedruckt worden ist (1931), und in einer wiederum veränderten Fassung für die *Gesammelten Werke* von 1937/38 (gedruckt 1938). Brecht entschied sich nach dem Krieg für die Fassung von 1931 als die maßgebliche, indem er sie für die Ausgabe der *Stücke* (im Suhrkamp Verlag und im Aufbau-Verlag, 1955) auswählte. Da eine Untersuchung der Fassungen im Einzelnen den Rahmen sprengte, bezieht sich die folgende Untersuchung auf diesen Text, mit dem die Autoren auf die Kritiken der Uraufführung reagiert, in der sie aber auch die spezifische Ästhetik des Stücks am deutlichsten markiert hatten. Was hier ausschließlich am Text, zu dem die Musik stets mit hinzuzudenken ist, gezeigt wird, gilt jedoch für alle Fassungen der *Maßnahme*.

Zu analysieren ist, dass die Autoren – und ich nenne sie bewusst in der Mehrzahl –, nämlich Hanns Eisler und Bertolt Brecht, ein direktes (leibliches bzw. verkörpertes) Bild der Hauptfigur (ich sage nicht »Person«, diese Bezeichnung gebührt historischen und lebenden Menschen) im Stück verweigern. Ist Theaterspiel ohnehin eine Kunstveranstaltung, in der – auch in der Tragödie – nicht »wirklich«, sondern lediglich »als ob« gestorben wird, so wird in der *Maßnahme* die Fiktionalität der Handlung und vor allem der Hauptfigur potenziert – und entsprechend überhaupt nicht gestorben.

Aber zunächst zur Spielanlage; von ihr her ist der Kontrollchor, der, wie gesagt, in der Uraufführung von mehreren hundert Sängern und Sängerinnen vertreten wurde (in den die Zuschauer einbezogen wurden), nicht der ferne, auf dem Olymp hausende, unfehlbare »mystische Ölgötze«[12] oder das ZK der kommunistischen Partei, sondern die »Masse« der Parteimitglieder, entsprechend der Antwort auf die Frage des Jungen Genossen im Text »Wer aber ist die Partei?« »Wir sind sie. / Du und ich und ihr – wir alle.« (GBA 3,119) Sie alle heißen die Maßnahme am Ende gut. Das gesamte Stück ist folglich darauf angelegt, die Zuschauer von vornherein dazu anzuhalten, eine Entscheidung zu treffen: Mache ich mit oder nicht? Gilt das »Nein«, dann bleibt nur die Rolle des kritischen Beobachters, der dann aber dennoch, ist er kritisch, die künstlerische Veranstaltung keineswegs mit Realität verwechseln kann und die »Maßnahme« durchaus nicht gutheißen muss. Wer mitmacht, verstrickt sich ohnehin in ein ästhetisches Spielknäuel, das sich aber nachträglich ohne den bekannten Schwertstreich Alexanders lösen lässt und dazu anhält, zwischen Kunst und Realität zu unterscheiden.

---

12 So ein anonymer Rezensent 1931 in der Wiener Zeitschrift *Die Front*; Nachweis in: Knopf, B 4: 1980, S. 94 f.

Ausgangspunkt des Spiels ist: Der Kontrollchor fordert die vier Agitatoren, deren revolutionäre Arbeit als »glücklich« eingeschätzt wird, auf hervorzutreten. Die ersten beiden gesungenen Worte »Tretet hervor!« (GBA 3,101) rekurrieren auf das Bild der Urszene des abendländischen Dramas. Aus dem Chor des Dithyrambus treten die Protagonisten heraus und ermöglichen so überhaupt erst eine dramatische Handlung. Aischylos war es, der auf diese Weise die griechisch-antike Tragödie ermöglichte und das dauernde Muster setzte. *Die Maßnahme* zitiert am Beginn das Urbild der Tragödie, aber in anderen Zeiten und mit anderen Themen. Dabei ist daran zu erinnern, dass der *Maßnahme* überdies ein weiteres Urbild (als Intertext) zugrunde liegt: das japanische Nô-Spiel *Taniko*, das bereits die Quelle zum *Jasager* gebildet hat – die erste Notiz zur Szene 1 der *Maßnahme* war überschrieben mit »Der Jasager (Konkretisierung)«; vgl. GBA 3,432. Spekulationen, ob es Übereinstimmungen von Brechts und Eislers Stück mit dem (deutsch-nationalistischen) Thingspiel geben könnte,[13] erledigen sich mit dem Vorbild des Nô-Spiels von vornherein: Die maßgebliche Handlungstruktur geht aufs Japanische zurück und hat mit dem kultischen Bekenntnistheater u. a. der Nazis nichts zu tun.

Beide Intertexte setzen nachhaltige Zeichen. Da nicht Geschichte zu reproduzieren ist, sondern aktuelle Themen über die vorgegebenen Muster anzusprechen sind, ist Künstlichkeit angesagt. Hier wird inszeniert, hier wird gespielt und nicht Realität wiedergegeben.

Vier Agitatoren treten aus dem Chor heraus, eine Frau und drei Männer, wie es der Text unmissverständlich festlegt; drei von ihnen haben sogar Namen: Karl Schmitt aus Berlin, Anna Kjersk aus Kasan und Peter Sawitsch aus Moskau (GBA 3,104), eine internationale Truppe also, die nochmals den Umfang der beteiligten Massen (des Kontrollchors) betont. Die vier melden den Tod des ›jungen Genossen‹, bekennen sich als dessen »Mörder« und fordern den Kontrollchor auf, sein Urteil zu sprechen. Dazu ist es nötig, das Geschehen – das auf der Bühne ausdrücklich als Fiktion und nicht »als solches« stattfindet – nachzuspielen – als eine Art Rekonstruktion der Ereignisse, wie sie etwa vor Gericht vorgenommen werden. Erzählung (epische Passagen im Präteritum) und gespieltes Spiel (dramatische Passagen im Präsens) gehen dabei ineinander über (vgl. etwa GBA 3,101 f.).

Unmissverständlich ist in allen Fassungen des Stücks im Verzeichnis der »Personen« angegeben: »Die vier Agitatoren, nacheinander auch als: Der junge Genosse« (GBA 3,100), und damit dies nicht vergessen wird, heißt es in der ersten Regieanweisung, die dem Spiel im Spiel gilt: »Sie [die Agitatoren] stellen sich drei gegen einen auf, einer von den vieren stellt den jungen Genossen dar« (GBA 3,101).

Es gibt meines Wissens in der Weltliteratur kaum einen vergleichbaren Stücktext, der dermaßen genau und bereits im Figurenverzeichnis ankündigt, hier wird »dargestellt«, also gespielt, hier werden Rollen inszeniert und wird nicht imaginiert oder Realität illusioniert. Spiele im Spiel sind hier konstruiert, wobei nochmals daran zu erinnern ist, dass das Theater ohnehin Spiel ist und auf ihm – glücklicherweise – nicht wirklich gestorben wird, wenn Tode inszeniert werden, und wir wissen, dass sich gerade in traditionellen Tragödien Leichenberge auftürmen, weil die Hauptfiguren in tragische Konflikte gerieten, die nur durch den Tod zu lösen waren; auch dies ist – durch das Zitat der dramatischen Urszene, das Muster des Nô-Spiels sowie durch die Thematisierung der traditionellen »tragischen« Ausweglosigkeit – ein weiterer intertextueller Hintergrund der *Maßnahme*. Hinzuweisen wäre etwa auch auf den Kriminalroman oder -film, der ohne den (oder die) Toten unverbindlich bliebe (was beinahe alle Krimis, vor allem aber die Fernsehkrimis wie selbstverständlich einlösen). Die zitier-

ten Genres fordern den Tod, nicht der Kontrollchor
oder andere angeblich finstere Mächte im Hintergrund des
Stücks.

Da nach der Spielanlage des Stücks der »junge Genosse«
bereits tot ist und folglich alles »reale« (und dennoch höchst
fiktive) Geschehen nur in der Art eines gerichtlichen Nach-
spiels vorgeführt werden kann, zeichnet sich *Die Maßnahme* zuerst und vor allem dadurch aus, dass es eine
Hauptfigur hat, die es als solche nicht gibt. Wenn Schauspieler mit ihren realen Körpern und Möglichkeiten auf der
Bühne Figuren von irgendwelchen Texten, die beanspruchen, »Leben« wiederzugeben, tatsächlich bei jeder Aufführung »verkörpern«, so funktioniert das Spiel hier dadurch,
dass diese tatsächliche Verkörperung von vornherein auf
eine weitere fiktive Ebene verlagert wird: Die tatsächlichen
Schauspielerinnen und Schauspieler spielen im Spiel jeweils
den Part des »jungen Genossen«, den es auf der Ebene der
tatsächlichen Verkörperung überhaupt nicht gibt. Im Gegenteil, der Spielcharakter des Stücks zwingt die vier
Hauptfiguren in ihrer Rolle, die »reale« Handlungsweise
des »jungen Genossen« Szene für Szene »am eigenen Leib«
nachvollziehen und dennoch zugleich ihre »eigene« Haltung dazu verteidigen zu müssen.

Damit löst das Stück geradezu musterhaft die später von
Brecht für sein Verfremdungstheater geforderte Spielhal-
tung der Darsteller ein. Diese sollen einerseits die Figuren
»verkörpern«, andererseits aber auch sie selbst bleiben und
zu ihren Verkörperungen als reale Personen, die sie als zugleich Spielende sind, Stellung beziehen. Nur, dass in der
Maßnahme die notwendige Verdoppelung der Darstellen-
den gespielt, vorgespielt wird und folglich die Haltung der
tatsächlichen Schauspieler und der Schauspielerinnen als
weitere Spiel-Ebene hinzu kommt. Dieses Spiel im Spiel im
Spiel inszeniert der Text und mit – allenthalben zugegebe-
nen – großen Bildern; ein körperliches Bild des »jungen Genossen« jedoch verweigert es ausdrücklich. Die Hauptfigur

des Stücks fehlt als »Mensch«. Selbst eine geschlechtliche Identität erhält der »junge Genosse« nicht – der in allen Deutungen wie selbstverständlich als Mann identifiziert wird –, da er ja auch von einer Frau gespielt werden muss, von Anna Kjersk aus Kasan, die ihrerseits auch »nur« Stückfigur ist. Der »junge Genosse« ist eine Fiktion dritter Art wie auch der »Mord« an ihm.

Zur Debatte gestellt wird eine Art »experimentum crucis«, und zwar vor dem Hintergrund von Ausbeutungsverhältnissen, in denen ein Menschenleben noch nicht einmal so viel wert ist, dass den Arbeitern die Reproduktion für die brutale Ausbeutung zugestanden wird, weil der Mensch ja nach getaner Arbeit – angesichts der bereitstehenden Masse von Auszubeutenden – auch einfach weggeworfen werden kann, wie es die Händler-Szene drastisch genug vorführt (GBA 3,113–116).

Die Maßnahme (1930/31) steht in einem historischen Kontext vor der Barbarei, nach deren legaler Institutionalisierung in Deutschland Menschenleben nichts mehr galten. Dass die Autoren der *Maßnahme* hier ihren aktuellen kritischen Beitrag sahen, wird in der Forschung bzw. den aktuellen Debatten nicht einmal erwogen.

Wenn »reale« Bezüge im Stück zu suchen sind, einem Stück, das die gesellschaftliche »Wirklichkeit«, um deren Erkenntnis es geht, bewusst einseitig und übersteigert darstellt sowie weitgehend über die Lieder vermittelt, in einem sehr fernen und sehr fiktiven »China« angesiedelt ist, dann doch wohl nur über den historischen Kontext, in dem es steht. Die Rezeption aber spricht weiterhin von der »Auslöschung der irdischen Individualität«, die es im Stück weder auf der Seite der Arbeiter noch im Fall des »jungen Genossen« gibt. Diese Individualität ist schon ausgelöscht. In der fiktiven »Wirklichkeit« des fernen China im Stück ebenso wie am nahen Ende der realen Weimarer Republik mit ihren Arbeitslosen, Hungernden und Obdachlosen, ein Tatbestand, für dessen Konstatierung leider nur wenige – z. B.

die Autoren der *Maßnahme* –, nicht erst die offenen und dann nicht mehr leugbaren Abschlachtungen von Menschen benötigten, um auf die Latenz von deren »Realisierung« vorauszuweisen. Diese kam und in bis dahin unbekanntem und unvorstellbarem Ausmaß.

Die Maßnahme war, wie viele weitere Werke Brechts in dieser Zeit, eine Warnung davor, die eigene Wirklichkeit nicht erkennen zu wollen und wie der »junge Genosse« nur in einer oberflächlichen, bloß phänomenalen Sichtweise auf die gesellschaftlichen Realitäten zu verharren. Dies vor allem »lehrt« dieses Lehrstück. Und dazu, so scheint es, wird es auch weiterhin Kunst geben müssen – der gesellschaftlichen Realitäten wegen.

Stückeschreiben im Exil

Mit der Machtübergabe an die Nazis wurde Brecht endgültig die Basis für seine überaus erfolgreiche Stück-Produktion entzogen. Das aufgezwungene Exil kappte – neben den persönlichen Konsequenzen der Vertreibung – alle Verbindungen zu dem Publikum, das ihm zum Erfolg verholfen hatte. Stückeschreiben im Exil hieß in erster Linie für die Schublade zu produzieren, auch wenn sich noch in begrenztem Maße Möglichkeiten für Aufführungen ergeben sollten.

Dies war schon 1933 der Fall mit dem Ballett *Die sieben Todsünden der Kleinbürger*, dem ersten Werk, das Brecht im Exil für das Theater schrieb und das im Juni 1933 durch die Truppe *Les ballets 1933* in Paris uraufgeführt wurde, und zwar in deutscher Sprache (im Programmheft war eine französische Übersetzung abgedruckt).

Im November 1936 gelang es Brecht, in Kopenhagen die Uraufführung von *Die Rundköpfe und die Spitzköpfe* durchzusetzen, ein Stück, das er bereits 1931 in Berlin begonnen und in einer ersten Fassung weitgehend abgeschlossen hatte. Auf der Basis von Shakespeares *Maß für Maß* (ursprünglich war das Stück als Bearbeitung gedacht) versucht der Text auf parabolische Weise die Rassenideologie der Nazis als geschickt inszenierte Propagandalüge zu entlarven, die im Zweifelsfall fallengelassen wird, wenn wirtschaftliche Interessen auf dem Spiel stehen, konkret: die sich zunächst gegeneinander bekämpfenden »Spitzköpfe« und »Rundköpfe« (als scheinbare Rassemerkmale) verbrüdern sich, wenn es darum geht, den inneren Feind, die Bauern, zu unterdrücken: Reich und Reich gesellt sich gern.

Mit dieser Aufführung, der dann auch eine zweite Inszenierung des Pariser Balletts in Kopenhagen zum Opfer fällt, machte Brecht die Erfahrung, dass er auch im Exil nicht vor Verfolgung sicher war. Dänische Nationalsozialisten machten gegen die Aufführung Front, indem sie Brecht als »internationalen Verbrecher« beschimpften, der gekommen sei, das »dänische Volk zu vernichten« (vgl. Knopf, B 4: 1980, 137). Zwar konnten sie nicht verhindern, dass *Die Rundköpfe und die Spitzköpfe*, der eigentliche Stein des Anstoßes, immerhin zwanzig Aufführungen erlebte. *Die sieben Todsünden* jedoch setzte der dänische König, obwohl sie ein Erfolg waren, nach zwei Vorstellungen aufgrund einer Intervention der deutschen Regierung beim dänischen Botschafter in Berlin ab.

Furcht und Elend des III. Reiches

Die Szenenfolge *Furcht und Elend des III. Reiches* (1937/38) kam mit acht Szenen unter dem Titel *99%* (in Anspielung auf das Ergebnis der Volksbefragung nach der Annexion Österreichs am 4. April 1938) in Paris auf die Bühne. Brecht schrieb 27 Einzelszenen als »Montage«, deren künstlerisches Verfahren auf Erfahrungen in der revolutionären Arbeiterbewegung zurückgeht. Mit ihr wollte Brecht das

»proletarische Theater im Exil« erneuern und »im Gang«
halten (GBA 26,319). Die 27 Szenen, die für Aufführungen
stets neu »montiert« werden konnten, sind durch zwei
»rote Fäden« zusammengehalten.

Der eine rote Faden besteht in der immer weiter gestei-
gerten Darstellung von Gewalt und Menschenverachtung
im Terrorstaat Deutschland. Was in den Szenen am Beginn
noch relativ harmlos aussieht, die Rechtsbeugung in *Rechts-
findung* oder die Verleugnung eines geliebten Menschen in
Die jüdische Frau, wird immer brutaler und führt zur Ermordung von Menschen, auch wenn noch Frieden im Staat
zu herrschen scheint: in *Arbeitsbeschaffung* mit dem Tod
des Bruders im Spanischen Bürgerkrieg, in *Volksbefragung*
mit der Hinrichtung der »Gegner« und Andersdenkenden.

Nach Brechts Überzeugung wurde der »äußere« Krieg,
der am 1. September 1939 auch tatsächlich ausgebrochen
›worden‹ ist, durch die »inneren« Kriege vorbereitet. Die
Szenenfolge stellt diesen inneren Krieg im Nazistaat vor
Augen und versucht die Konsequenzen zu ziehen. Das Blut
wird in Strömen fließen, wenn die Menschen stillhalten
oder gar mitmachen, wenn sie meinen, die kleine Lüge oder
die nach außen hin harmlos wirkende Missachtung von
Menschen korrumpiere sie nicht bereits grundsätzlich.

Der zweite rote Faden besteht im Thema Widerstand, das
gegen Ende der Szenenfolge immer mehr in das Zentrum
rückt. Ist zunächst gezeigt, wie die Mitmacher, die Handlanger und Stillhalter alles wegwerfen, worauf sie sich berufen – nämlich Charakter zu haben, Individuum mit eigener
Meinung zu sein, die Familie, die Ehe zu ehren –, so wird
dann deutlich, dass der Jubel zu diesem System klingt »wie
zwanzigtausend Besoffene, denen man das Bier gezahlt hat«
(GBA 4,354). Die von den Nazis beschworene »Volks-
gemeinschaft« ist ein Zusammenschluss von Menschen, die
nicht bei sich sind. Der Staat ist ein abgestuftes System des
Verrats und der Menschenverachtung, in dem noch nicht
einmal Familienmitglieder einander trauen können. Nur

Gewalt hält alles zusammen. Gegen diese Gewalt, die das Leben selbst im Alltäglichsten wertlos macht, hilft nur Widerstand, und zwar durch jeden »auf seinem Platz«, und sei dieser Platz noch so unbedeutend. Auch in Szenen, die Widerstand nicht eigens thematisieren und (scheinbar) banalen Alltag vorführen, verdeutlicht der Text die Notwendigkeit zum Widerstand. In *Das Kreidekreuz* z. B. passiert eigentlich gar nichts, außer dass dem SA-Mann Essen in der Herrschaftsküche verabreicht wird und das übliche Geschwätz bei Tisch stattfindet, und dennoch sieht sich das Dienstmädchen am Ende durch ihren Geliebten gezeichnet, und das Zeichen bedeutet KZ und Tod. Das heißt in der Konsequenz: Wer sich nicht schon gegen die geringsten Anmaßungen der neuen Herrscher wehrt, wird das nächste Opfer sein. Brecht montierte die für ihn gültige Fassung so, dass der Widerstand immer deutlicher als notwendig hervortritt, denn alle sind potentielle Opfer. Am Ende steht das »NEIN!« zu Hitler (GBA 4,442), 1938 geschrieben in der Hoffnung, die in der Szenenfolge angedeutete Konsequenz totaler Barbarei noch zu verhindern, eine Hoffnung, die wieder einmal trog.

Leben des Galilei

Die als »Meisterdramen« eingeschätzten Stücke des Exils entstanden ohne Kontakt zur Bühne. Das heißt aber nicht, dass Brecht während seiner Exilzeit nicht gespielt worden wäre. Insbesondere das Schauspielhaus Zürich machte sich um Brecht dadurch verdient, dass es April 1941 *Mutter Courage und ihre Kinder*, Februar 1943 *Der gute Mensch von Sezuan* und September 1943 *Leben des Galilei* (unter dem Titel *Galileo Galilei*) uraufführte. Nach seiner Rückkehr nach Europa war es eben dieses Haus, das es Brecht ermöglichte, im Juni 1948 mit *Herr Puntila und sein Knecht*

Matti – nach seiner ersten Regiearbeit in Chur (*Antigone*; Februar 1948) – ein eigenes Stück zu inszenieren.

Das erste große Drama des Exils ist *Leben des Galilei*. Im Zentrum des historischen Stoffs steht die Auseinandersetzung zwischen dem mit der wissenschaftlichen Erkenntnis einhergehenden Beginn der Neuzeit und dem Festhalten am traditionellen, anthropozentrischen Weltbild. Galilei, als der Begründer der neuzeitlichen Wissenschaft, war der erste Forscher, der das bis dahin lediglich durch Gedankenhypothesen vertretene kopernikanische Weltbild mit Hilfe des Fernrohrs »beweisen«, das heißt sichtbar machen konnte. Er beanspruchte mit seiner Entdeckung eine Gewissheit der Erkenntnis, die – nach der damaligen Anschauung – allein Gott zukam und ihn folglich in Konflikt mit der katholischen Kirche bringen musste. In einem der berühmtesten Prozesse der Geschichte wurde Galilei 1633 gezwungen, seinen Überzeugungen abzuschwören und damit seine Wissenschaft öffentlich und aufgrund seiner Autorität zu denunzieren. Unter Aufsicht gestellt, gelang es ihm dennoch, an seinen Forschungen weiterzuarbeiten und heimlich sein Hauptwerk, die *Discorsi* (1638), zu schreiben sowie über die Grenze zur Publikation im Ausland schmuggeln zu lassen. »Eppur si mouvo« (»Und sie bewegt sich doch«, die Erde nämlich, nicht die Sonne) soll Galilei trotzig seinem Widerruf entgegen gehalten haben. Insofern ging er als »Märtyrer der Wissenschaft« in die Geschichte ein.

Geht man von der üblichen Beurteilung des historischen Falls aus, so liegt es nahe – zumal Galilei nicht nur ein großer Forscher, sondern auch eine herausragende, Sympathie weckende Persönlichkeit war –, den Trotz und die List, die Galilei der übermächtigen Obrigkeit entgegenstellt, als eigentliches Thema anzusehen, also: Widerstand in der Diktatur. Der zeitgenössische Bezug ergäbe sich dadurch, dass das Stück Möglichkeiten von verdecktem Widerstand im Deutschland der Nazi-Herrschaft propagierte.

Brecht (Mitte) bei der Probe
zum *Leben des Galilei* (Schlussszene),
1956

Die erste Bearbeitung von 1938/39 stellt entsprechend
Galilei als Widerstandskämpfer gegen die mit der katholischen Kirche vertretene Obrigkeit dar. Galilei widerruft öffentlich, forscht aber trotz Kuratel heimlich weiter und
kann so sein Hauptwerk beenden und verbreiten. Brecht
vermeidet es freilich, Galileis List zu glorifizieren und damit seine Figur zum »Märtyrer« werden zu lassen. Die Tatsache, dass Galilei seine wissenschaftliche Arbeit (mit sozialen Folgen) zerstört und sich als Person korrumpiert hat,
kann durch die List, im Verborgenen an der Aufdeckung
der »Wahrheit« weiterzuarbeiten, nicht aufgehoben werden. Galilei »bezahlt« seinen Widerruf in der ersten Fassung mit dem Verlust seiner wissenschaftlichen Autorität:
»Die Wissenschaft kann Menschen, die es versäumen, für
die Vernunft einzutreten, nicht brauchen. Sie muß sie mit
Schande davonjagen.« (GBA 5,102) Galileis Wissen wird
enteignet; sein Name aus den Reihen der Wissenschaft ausgemerzt. Da Galilei diese Konsequenz selbst zieht und also
weit entfernt ist, seinen Widerruf zu rechtfertigen, bleibt er
bei allen Widersprüchen doch eine positive Figur.

Diese Einschätzung änderte sich für Brecht radikal, als
die Amerikaner die erste Atombombe auf Hiroshima (6.
August 1945) abwarfen. »Das ›atomarische Zeitalter‹ machte sein Debüt in Hiroshima in der Mitte unserer Arbeit.
Von heute auf morgen las sich die Biographie des Begründers der neuen Physik anders. Der infernalische Effekt der
Großen Bombe stellte den Konflikt des Galilei mit der Obrigkeit seiner Zeit in ein neues, schärferes Licht.« (GBA
24,241) Der Fall Galilei wurde nun zum »Sündenfall« der
Wissenschaft überhaupt: »Die Wissenschaftler nehmen für
sich in Anspruch die Unverantwortlichkeit der Maschinen«
(GBA 24,252), notierte Brecht bissig. Anstatt daran mitzu-
wirken, »die Mühseligkeit der menschlichen Existenz zu erleichtern« (GBA 5,284), hatten sie dazu beigetragen, ge-
waltige Vernichtungsmaschinerien herzustellen. Mit dem
Widerruf Galileis begann für Brecht die verhängnisvolle

Entwicklung der Physik zur Geheimwissenschaft, die sich den jeweiligen Machthabern bereitwillig zur Verfügung stellte und ihnen die Anwendung ihrer Ergebnisse überließ.

Die Neufassung des Stücks erfolgte 1944 (bis 1947) im amerikanischen Exil in Zusammenarbeit mit Charles Laughton, der die Titelrolle übernahm, und zwar in englischer Sprache mit dem Titel *Galileo* (Uraufführung Juli 1947 in Beverly Hills). Das ursprüngliche Thema »Widerstand« wurde in der Bearbeitung aus dem Stück weitestgehend entfernt. Brecht und Laughton verschärften die sozialen Folgen von Galileis Widerruf und gestalteten den Konflikt im eigenen Haus, nämlich Galileis gewissenslose »Opferung« seiner Tochter Virginia, als unentschuldbaren Frevel: Galilei verhindert Virginias Heirat mit Ludovico wegen seiner Forschungen und vertritt mit großem Pathos seine »Wahrheit« und »Vernunft«, um wenig später sich kleinlaut den ihm vorgehaltenen Folterwerkzeugen der Inquisition zu beugen. Thema ist jetzt: die Verantwortung, oder besser gesagt, die Verantwortungslosigkeit der Wissenschaft.

Als Ethel und Julius Rosenberg 1953 wegen so genannter Atomspionage (Weitergabe von physikalischen Forschungsergebnissen an die Sowjetunion) in den USA auf dem elektrischen Stuhl hingerichtet wurden, und 1954 J. Robert Oppenheimer wegen seiner Weigerung, die Politik der Stärke in den USA durch seine wissenschaftliche Arbeit mitzutragen, vor Gericht gestellt und zum öffentlichen Loyalitätsbeweis gezwungen wurde, war für Brecht die neue Sicht auf den »Fall Galilei« endgültig von der Zeit eingeholt und auf furchtbare Weise bestätigt worden.

Erneut nahm er sich das Stück vor, übersetzte die amerikanische Fassung ins Deutsche und verschärfte die Verurteilung von Galileis Widerruf weiter. Der Prozess gegen Oppenheimer erschien ihm geradezu als Wiederholung des Prozesses gegen Galilei und dessen Loyalitätserklärung als erneuter Widerruf und damit als öffentliche Sanktionierung der Unterwerfung der Wissenschaft unter die Politik.

Der neue *Galilei*, der nun wieder *Leben des Galilei* hieß, wurde zunächst 1955 in der Reihe der *Versuche* (Heft 14) publiziert, 1955/56 noch einmal für die geplante Aufführung am Berliner Ensemble überarbeitet, eine Arbeit, die Brecht wegen Krankheit und seines frühen Todes am 14. August 1956 nicht mehr abschließen konnte. Die Aufführung erfolgte postum am 17. Januar 1957, der erste Druck des Textes 1957 im Band 8 der *Stücke* (Frankfurt a. M. bzw. Berlin, DDR). Dieser Druck bildete in fast allen Untersuchungen zum Stück bisher die Textgrundlage. In der GBA (Band 5) sind die drei wichtigsten Fassungen (1938/39, 1947 und 1955/56) abgedruckt und weitere Bearbeitungen des Textes (insgesamt 28) beschrieben bzw. dokumentiert. Es ist jetzt zu entscheiden, welche Fassung einer Aufführung bzw. Analyse zugrunde gelegt wird.

Die späteren Bearbeitungen des Stoffs freilich hatten – darauf sei noch hingewiesen – mit Widersprüchen zu kämpfen, die verantwortlich dafür waren, dass das Stück nicht auf die von Brecht gewünschte Aufnahme stieß. Da dieser mit einem Historiendrama ein ohnehin traditionelles Genre verwendet und mit Galilei eine »große« Figur geschaffen hatte, kollidierte die Verurteilung des Forschers und die angestrebte Verkleinerung der Figur zum ›erfinderischen Zwerg, der für alles gemietet werden kann‹ (vgl. GBA 5,284), mit der ursprünglichen Anlage des Stücks. Zwölf Szenen lang wird – wenn auch mit Einbrüchen – eine wirksame, fröhliche und sympathische Figur aufgebaut, die dann in zwei bzw. drei Szenen als Verräter entlarvt und verurteilt werden soll. Dieses Vorhaben, wie es die Wirkungszeugnisse von Aufführungen nachdrücklich belegen, gelang durchaus nicht, zumal Brecht die Verurteilung Galilei selbst aussprechen lässt (mit der Selbstanklage; GBA 5,283–285). Hinzu kamen in der Regel die großen Darsteller der Figur (Charles Laugthon, Ernst Busch, Leonard Steckel u. a.), die die positiven Seiten des Galilei viel stärker als die negativen verkörperten. Arnolt Bronnen z. B. schrieb zur Aufführung

Brecht mit Charles Laughton (rechts), 1945

des Berliner Ensembles über Buschs Leistung: »Das war der Wissenschaftler, wie Brecht ihn sah, wie wir ihn uns alle ersehnen: volksnah, immer den sozialen Zweck seiner Arbeit im Auge, forschend, ›die Mühseligkeit der menschlichen Existenz zu erleichtern‹. Was man ihm [. . .] nicht ganz glaubte: den Verrat. Den Widerruf. Das Weichwerden.« (GBA 5,381) So bleibt die Frage, ob es Brecht gelungen ist, »aus dem Helden den Verbrecher herauszuholen«, oder ob nicht die Fassung von 1938/39 als die Bearbeitung anzusehen ist, die dem Stoff am gerechtesten wird.

Mutter Courage und ihre Kinder

Nach Notizbucheintragungen von Brechts Mitarbeiterin
Margarete Steffin entstand das Stück in der Zeit zwischen
dem 27./28. September und dem 3. November 1939, also in
etwa fünf Wochen. Vorarbeiten gab es sicherlich bereits im
dänischen Exil, zumal Brecht rückblickend betonte, er habe
das Drama im dänischen Exil für Skandinavien geschrieben:
»Über das grüne und freundliche Fünen fiel schon ein großer Schatten. Vom Sund her gab es Geschützdonner zu hören. [...] Zwischen Koffern schrieb ich noch ein Stück.«
(GBA 24,271) Es habe nämlich damals in Skandinavien
Leute gegeben, »die nicht abgeneigt waren, sich an den Unternehmungen jenseits der Grenze ein wenig zu beteiligen«
(GBA 24,271 f.).

Die Gründe, als Handlungszeit den Dreißigjährigen
Krieg zu wählen, sind vermutlich zwei: Für die Skandina-
vier hatte dieser Krieg einen ähnlichen Stellenwert wie für
die Deutschen, und es handelte sich historisch um den bisher »größten« Krieg der europäischen Geschichte, der parallele Projektionen zum erwarteten und dann sich schnell
ausbreitenden Zweiten Weltkrieg zuließ.

Die Titelfigur entnahm Brecht der Lebensbeschreibung
der *Ertzbetrügerin und Landstörtzerin Courasche* (1670)
von Grimmelshausen, die sonst allerdings mit Brechts Courage wenig gemeinsam hat, wie auch – außer dem Kolorit
der Kriegsumstände – kaum Handlungselemente aus Grimmelshausens Roman ins Stück eingegangen sind. Wohl aber
ist Grimmelshausen insofern als weitergehendes Vorbild
dadurch anzusehen, dass er in der *Courasche*, mehr aber
noch im *Simplicissimus Teutsch* (1669), den Brecht ebenfalls
gut kannte, den Dreißigjährigen Krieg eindringlich aus der
Perspektive »von unten«, der betroffenen Opfer des Krieges, geschildert hat. Im Bühnenmanuskript von 1941 zur
Züricher Uraufführung hatte Brecht einen Prolog vorgesehen, der genau diesen Aspekt in den Vordergrund rückt:

Verehrtes Publikum, Sie sehen heut
Eine finstere Geschicht, liebe Leut
Erschrecket nicht, es handelt sich um Krieg und zwar
Um einen, der dauerte 30 Jahr.
Aber sie geht nicht über einen großen Schlachten- und
                                        Kriegshelden
Sondern um Leut, die gar nicht als Kriegsleut gelten
Nämlich um solche, die im Troß dahinter bleiben
Und nur im Krieg ihr kleines Geschäft betreiben.

(GBA 6,385)

Damit ist das dominante Thema des Stücks benannt. Obwohl es im Krieg spielt, stellt es nicht dessen »Helden« in den Vordergrund, sondern die »kleinen Leut«, die meinen, nichts mit dem Krieg zu tun zu haben, ihn dennoch wesentlich fördern, auch wenn sie letztlich seine Opfer werden. Beim Begräbnis des Feldhauptmanns Tilly (1634) bemerkt der Feldprediger: »Das ist ein historischer Augenblick«; die Courage kontert: »Mir ist ein historischer Augenblick, daß sie meiner Tochter übers Aug geschlagen haben« (GBA 6,60 f.). Diese *Chronik aus dem Dreißigjährigen Krieg*, wie das Drama im Untertitel heißt, zählt Historie nach anderen Daten als die offizielle »Heldengeschichte«.

Das Stück spielt vom Frühjahr 1624 bis zum Januar 1636. Anna Fierling, genannt Mutter Courage, zieht mit ihrem wohlausgestatteten Wagen und ihren drei Kindern, die sie von verschiedenen Vätern hat, über die Heeresstraßen Europas, um am Krieg zu verdienen; zugleich aber will sie ihre Kinder aus ihm heraushalten. Bereits in der ersten Szene verliert sie ihren Sohn Eilif an einen Werber, weil sie auf ein gutes Geschäft mit einem Feldwebel hofft, sich dadurch ablenken lässt und auch die Warnungen ihrer stummen Tochter Kattrin übersieht. Hat sie schon vor Spielbeginn ihr Pferd verloren, so müssen am Ende der ersten Szene statt drei nur noch zwei Kinder den schweren Wagen ziehen: »Will vom Krieg leben / Wird ihm wohl müssen auch was geben.« (GBA 6,18)

Scheinbar geht es, als die Courage mit den schwedischen
Heeren durch Polen zieht, aufwärts: Eilif wird als Kriegs-
held ausgezeichnet, ihren zweiten Sohn Schweizerkas kann
sie als Zahlmeister aus den Gefechten heraushalten. Drei
Jahre später jedoch verliert sie den redlichen Schweizerkas
wegen angeblicher Veruntreuung der Regimentskasse, die
dieser in den Wirren des Kriegs an sich nehmen musste. Da
die Courage zu lange feilscht, um ihn freizukaufen, wird
Schweizerkas erschossen. Konfrontiert mit seiner Leiche,
muss sie ihn verleugnen, um sich nicht zu verraten. Von jetzt
ab muss die Courage selbst mit ins Geschirr ihres Wagens.

Zwei Jahre später taucht der Feldprediger als Schank-
knecht bei ihr unter und macht ihr einen Heiratsantrag, den
die Courage ablehnt. Sie denkt nur an ihre Geschäfte, die
vorübergehend zu blühen scheinen: »Der Krieg ist nix als
die Geschäfte / Und statt mit Käse ists mit Blei« (GBA
6,61). Als der Frieden ›ausbricht‹ (vgl. GBA 6,62), sieht sie
sich ruiniert, weil keine Geschäfte mehr zu machen sind. In
Wirklichkeit aber »kostet« sie der Friede ihren zweiten,
»kühnen« Sohn, der dieselbe »Heldentat«, für die er im
Krieg ausgezeichnet worden ist, im Frieden nochmals voll-
bracht hat: Eilif wird gehängt, aber die Courage erfährt
nichts davon, weil sie zuerst an ihr Geschäft denkt (»Sie erzählens wir später, wir müssen fort«; GBA 6,71), und sie
zieht weiter mit dem Krieg, nachdem sie den Feldprediger
gegen einen holländischen Koch ausgetauscht hat.

Die nächste Station spielt 1634 im Fichtelgebirge; stren-
ger Winter herrscht, der Planwagen ist fast leer. Der Krieg
hat keinen Gewinn gebracht. Der Koch will eine geerbte
Schankwirtschaft in Holland übernehmen, sieht in ihr aber
nur für die Courage, nicht für Kattrin Platz. Ohne auf den
befürchteten Verrat ihrer Mutter zu warten, will sich Kattrin davonmachen. Aber in diesem Fall entscheidet sich die
Courage für ihr Kind. So trotten sie denn ohne den Koch
weiter durch den Krieg, »folgend den immer zerlumpteren
Heeren« (GBA 6,78).

1636, vor Halle angekommen, »beginnt der Stein zu reden« (GBA 6,79). Die stumme Kattrin, die sowohl immer wieder von ihrer Mutter verraten als auch durch den Krieg weiter verunstaltet worden ist, so dass sie als Frau und Mutter, was ihr sehnlichster Wunsch ist, keine Chance mehr hat, rettet, indem sie mit lautem Trommeln vor einem nächtlichen Überfall durch die kaiserlichen Truppen warnt, die Kinder (und damit auch die Bewohner) der evangelischen Stadt Halle. Ein kaiserlicher Soldat erschießt sie. Die Courage, die sich vormacht, ihre tote Tochter schlafe nur, wiegt sich in der Illusion, noch den Eilif zu haben, und zieht, nun allein vor den Wagen gespannt, weiter; sie muss wieder in den Handel kommen: »Und was noch nicht gestorben ist / Das macht sich auf die Socken nun.« (GBA 6,86)

Die Courage ist eine der widerspruchsvollsten Figuren Brechts. Seine Intentionen, die Brecht mit dem Stück verfolgte, hatte er 1953 anlässlich einer dänischen Aufführung unmissverständlich niedergelegt: Die Courage lerne nichts. »Wenige begriffen, daß gerade dies die bitterste und verhängnisvollste Lehre des Stücks war.« (GBA 24,273) In Erinnerung an seine widerspruchsvolle Aufnahme bei seiner deutschen Erstaufführung 1949 und später schrieb Brecht weiter:

> Die Zuschauer des Jahres 49 und der folgenden Jahre sahen nicht die Verbrechen der Courage, ihr Mitmachen, ihr am Kriegsgeschäft Mitverdienenwollen; sie sahen nur ihren Mißerfolg, ihre Leiden. Und so sahen sie den Hitlerkrieg an, an dem sie mitgemacht hatten: es war ein schlechter Krieg gewesen, und jetzt litten sie. Kurz, es war so, wie der Stückeschreiber ihnen prophezeit hatte. Der Krieg würde ihnen nicht nur Leiden bringen, sondern auch die Unfähigkeit, daraus zu lernen.   (GBA 24,273)

Überprüfe ich Brechts Selbstinterpretation am Text, so lässt sie sich zunächst durchaus bestätigen. Das Stück heißt

Mutter Courage und ihre Kinder. Es geht folglich nicht um die Courage allein, sondern auch um ihre Kinder. Sieht man die Handlung aus der Perspektive der Kinder, so lassen sich die negativen Aspekte der Hauptfigur markieren.

Schon in der ersten Szene wird deutlich, dass die Courage ichbezogen ist. Sie brüstet sich mit ihren Liebschaften, bringt scheinbar in Ordnung, was in Unordnung ist, und die »ordentlichen« Leute, den Feldwebel und den Werber, in Verzweiflung. Der simple Grund ist: Sie hat drei Kinder von drei verschiedenen Männern. Auch zeigt die erste Szene ihren ausgeprägten Geschäftssinn, durch den ihr das erste Kind »abhanden« (GBA 6,9) kommt.

Sieht man von Kattrin aus: Auch hier setzt bereits die erste Szene deutliche Akzente, als Kattrin vergeblich versucht, ihre Mutter darauf aufmerksam zu machen, dass Eilif angeworben wird. Geflissentlich übersieht die Courage die warnenden Gesten ihres Kindes und erklärt dieses dann, als der Schaden angerichtet ist, herablassend für »unschuldig« (GBA 6,18). Das Geschäft geht vor. Das geht im Stück unfröhlich so weiter. Die Mutter verhindert systematisch und grausam, dass die Tochter ihr Leben leben darf.

Sieht man vom redlichen Schweizerkas aus: Er darf einige Zeit bei seiner Mutter bleiben, weil sie ihm nichts zutraut und ihn heraushalten will. Gerade aber dadurch macht sie ihn von sich abhängig – und genau dann, wenn sie zu ihm stehen müsste, verrät sie ihn. Er wird erschossen, weil sie ihr Geld retten will. Und schließlich verleugnet sie ihn auch noch als ihren Sohn.

Der Feldprediger, der ein genauer Beobachter ihres Treibens ist, spricht unmissverständlich, aber meist überhört oder überlesen, aus, was er von der Courage hält: sie sei »eine Hyäne des Schlachtfelds«. Seine Begründung lautet: »[...] wenn ich Sie den Frieden entgegennehmen seh wie ein altes verrottetes Sacktuch, mit Daumen und Zeigefinger, dann empör ich mich menschlich; denn dann seh ich, Sie wollen keinen Frieden, sondern Krieg, weil Sie Gewinne machen, aber vergessen Sie dann auch nicht den alten Spruch: ›Wer mitn Teufel frühstücken will, muß ein langen Löffel haben!‹« (GBA 6,65 f.).

So weit lassen sich die Intentionen des Autors durchaus nachvollziehen. Dennoch lässt der Text auch ganz andere Lesungen zu. Diese finden sich vor allem in den Passagen, in denen die Courage Ideologiekritik übt. So heißt es zum Beispiel:

> Mir tut so ein Feldhauptmann oder Kaiser leid, er hat sich vielleicht gedacht, er tut was übriges und was, wovon die Leut reden, noch in künftigen Zeiten, und kriegt ein Standbild, zum Beispiel er erobert die Welt, das is ein großes Ziel für einen Feldhauptmann, er weiß es nicht besser. Kurz, er rackert sich ab, und dann scheiterts am gemeinen Volk, was vielleicht ein Krug Bier will und ein bissel Gesellschaft, nix Höheres. Die schönsten Plän sind schon zuschanden geworden durch die Kleinlichkeit von denen, wo sie ausführen sollten, denn die Kaiser selber können ja nix machen, sie sind angewiesen auf die Unterstützung von ihre Soldaten und dem Volk, wo sie grad sind, hab ich recht?   (GBA 6,54)

Dies ist der schweyksche Ton, den Brecht später in den *Flüchtlingsgesprächen* zur Demontage von Herrschafts- und Kriegsideologie verwenden sollte. Mit ironischer Hartnäckigkeit nimmt die Courage die falsche Position der anderen ein, um sie zu demaskieren: Sie werden dadurch lächerlich gemacht und ihre »heroischen« Pläne als absurder Menschenverschleiß bloßgestellt.

Nicht weniger wirksam ist der berühmte Doppelpunkt, mit dem Brecht den Sinn des »volkstümlich« fatalistischen Spruchs »Der Mensch denkt, Gott lenkt« in sein Gegenteil verkehrt: »Der Mensch denkt: Gott lenkt« (GBA 6,49), der Mensch denkt nur, dass Gott lenke; er muss nach sich selber sehen, und Gott gibt es nicht.

Diese »Kritische Korrektur eines eingefahrenen Denkens« (Hinck, B 7: 1984, 167), an der die Courage entschieden teilhat, ist von Brecht in seinem *Schweyk*-Stück und, wie gesagt, in den *Flüchtlingsgesprächen* durchweg positiv eingesetzt worden. Es ist von daher nicht verwunderlich, wenn die Zuschauer der deutschen Erstaufführung und, wie sich zeigen sollte, in vielen weiteren Aufführungen die Titelfigur – ähnlich wie den Schweyk oder die Herren Ziffel und Kalle des Dialogs – positiv aufgenommen und in erster Linie als unschuldiges Opfer des übermächtigen Kriegs, nicht aber als Mittäterin und als Kriegsführerin mit anderen Mitteln verstanden haben. Das großartige Schlussbild der legendären Berliner Erstaufführung von 1949 – Helene Weigel zieht als Courage, vornübergebeugt und mit mächtiger Anstrengung den Planwagen über die Drehbühne, verlumpt, gedemütigt und verlassen – hatte ähnliche Wirkung: Vergeblich hatte das »Muttertier« versucht, ihre Kinder durch den Krieg zu bringen. Schicksal war's, nicht Schuld.

Brecht sorgte, als er während der Jahre 1951–55 am Drehbuch zur Verfilmung seines Dramas mitwirkte, dafür, dass die Widersprüche der Courage getilgt wurden. Dies geschah vor allem durch eine radikale Zurücknahme der Hauptfigur, und dies, obwohl der Film nur sie im Titel nennt. Alle großen Sprechpartien der Courage im Stück sind auf ein Minimum gekürzt. Sie wird vorwiegend an ihren Handlungen kenntlich, weniger durch das, was sie sagt. Auf Anweisung Brechts wurden auch fast alle Äußerungen der Courage, in denen sie im Stück – widersprüchlich – Stellung zu Krieg und Frieden bezieht, gestrichen. Die kleine Händlerin, die ausnahmslos und rücksichtslos an ihr Geschäft denkt und danach handelt, ist so herausgehoben, dass kaum mehr Missverständnisse möglich sind. Der Film wurde nicht realisiert. Das Stück wurde – und wohl gerade wegen seiner Widersprüche – zum »Klassiker« des Theaters.

Der gute Mensch von Sezuan

Brechts *Guter Mensch von Sezuan*, der zwischen 1939 und 1941 entstand, ist ein Parabelstück, übrigens das einzige, dem Brecht ausdrücklich diese Genrebezeichnung gegeben hat. Entsprechend ist das Geschehen betont »unwirklich« und modellhaft. Drei Götter haben auf Beschluss des »Himmels« die »Welt« auf folgende Maxime hin zu überprüfen: »die Welt kann bleiben, wie sie ist, wenn genügend gute Menschen gefunden werden, die ein menschenwürdiges Dasein leben können« (GBA 6,179). Denn: »Seit zweitausend Jahren geht dieses Geschrei, es gehe nicht weiter mit der Welt, so wie sie ist. Niemand auf ihr könne gut bleiben.« (GBA 6,180)

Schon zu Beginn erweist es sich als äußerst schwierig für die Götter, denen verbal alle übliche »Verehrung« zukommt, auch nur ein Quartier zu erhalten. Aber die Hure Shen Te ist bereit, die Götter in ihr kleines Zimmer aufzunehmen. Ein guter Mensch scheint damit schon gefunden zu sein. Jedoch zeigt sich, dass auch Shen Te nicht in der Lage ist, die Gebote des Himmels einzuhalten, weil sie sonst verhungern müsste. Um ihr Experiment nicht von vornherein scheitern zu lassen, machen die Götter Shen Te ein Geldgeschenk und unterlaufen damit bereits – durch einen göttlichen Eingriff – ihre selbst gesetzten Voraussetzungen.

Shen Te kauft sich vom Geldgeschenk einen kleinen Tabakladen und steigt damit sozial zur Kleinbürgerin auf. Ehe sich aber Käufer einfinden, überfüllt sich der Laden immer mehr mit Bittstellern, denen zu helfen Shen Te zunächst durchaus bereit ist. Sie muss aber erfahren, dass sie mit weiterer Freigebigkeit ihren Laden schon am ersten Tag ruinierte. Einer der Bittsteller redet ihr ein, einen »Vetter« zu erfinden, dem der Laden eigentlich gehöre und der ein harter Geschäftsmann sei. Nur sehr zögerlich rettet sich Shen Te in diesen Ausweg. Am nächsten Morgen ist der Vetter

Shui Ta da, gespielt von Shen Te, und er lässt mit Hilfe der Polizei den Laden räumen.

Die Geschäfte können beginnen, und sie beginnen damit, dass Shui Ta erst einmal den Schreiner, der die Stellagen für den Laden gebaut hat, übers Ohr haut. Da die Besitzerin des Ladens die gesamte Miete im Voraus verlangt – wegen Shen Tes Herkunft –, beschließt Shui Ta, Shen Te an einen reichen Mann zu verheiraten.

Aber es kommt zunächst anders. Shen Te verliebt sich im Stadtgarten in den Flieger Sun, der Selbstmord begehen will, weil er kein Geld für eine Anstellung als Postflieger aufbringen kann. Shen Te vergisst ihren Laden, möchte allein für ihr Liebesglück leben und entsprechend für Suns Anstellung sorgen. Obwohl sie als Shui Ta erfährt, dass auf Sun kein Verlass ist und er nur Geld aus Shen Te herausschlagen will, setzt sie auf Sun und hofft auf eine Heirat. Als die Hochzeitsgesellschaft zusammengekommen ist, besteht Sun darauf, dass Shui Ta erscheint und ihm die Restsumme für die Fliegerstelle in Peking überreicht. Die Anzahlung hat Shen Te bereits von einem alten Ehepaar geliehen. Da Shui Ta nicht kommen kann, platzt die Hochzeit und Shen Te scheint endgültig ruiniert zu sein.

Ein Ausweg bietet sich allein durch den reichen, aber unsympathischen Barbier Shu Fu. Er überreicht – mit Heiratsabsichten – Shen Te einen Blankoscheck, den sie, sich endgültig in Shui Ta verwandelnd, einzulösen gewillt ist: Sie ist schwanger von Sun und beschließt, angesichts der Schlechtigkeit der Welt nun rücksichtslos, wie ein Tiger (GBA 6,249), für die Zukunft ihres Kindes zu kämpfen.

Sie gründet eine Tabakfabrik, und ihre Hilfeleistung für die anderen, die Bittsteller des Ladens, besteht jetzt darin, sie in Baracken, die für den Tabak zu schade sind, zu stecken und als Arbeiter ihrer Fabrik rücksichtslos auszubeuten. In kurzer Zeit steigt sie zum Tabakkönig (GBA 6,267) auf, wird also zum Bourgeois. Auch Sun erhält seine Chance. Shui Ta lässt ihm die Wahl zwischen »Kittchen oder Fabrik« wegen Bruch des Heiratsversprechens und Hinterziehung von 200 Silberdollars. In der Fabrik – das Geld wird Sun vom Lohn abgezogen – erweist sich der Flieger als »Überflieger«, indem er seine »Kollegen« rücksichtslos zur Seite drängt und zum Vorarbeiter avanciert, der die Arbeiter mit brutalen Methoden antreibt.

Da Shen Te nicht mehr auftaucht, vermuten Sun und der Wasserverkäufer Wang, Shui Ta habe sie ermordet. Es kommt zur Gerichtsverhandlung, bei der die drei Götter den Vorsitz haben. Aufgrund der schlechten Bedingungen in der Welt sind diese immer mehr heruntergekommen; auch die Götter sind also von den unmenschlichen Verhältnissen nicht verschont geblieben. In der Verhandlung gibt sich Shen Te zu erkennen, aber Hilfe wird ihr von den Göttern nicht zuteil. Sie bestehen vielmehr darauf, in Shen Te ihren guten Menschen gefunden zu haben und beschließen, dass alles »in Ordnung« sei (GBA 6,276) und Shen Te sich ab und zu des Vetters bedienen darf. Darauf verschwinden sie auf einer Wolke.

Der Epilog, der konstatiert: »Wir stehen selbst enttäuscht und sehn betroffen / Den Vorhang zu und alle Fragen offen« (GBA 6,278), fordert das Publikum auf, sich selbst den Schluss zu suchen: »Es muß ein guter da sein, muß, muß, muß!« (GBA 6,279)

Das Stück ist traditionell vor allem als Kapitalismuskritik interpretiert worden. Die Gesetze, nach denen der bürgerliche Handel organisiert ist, lassen Güte, auch wenn der Wille dazu wie bei Shen Te besteht, nicht zu. Shen Te muss, wenn sie den Laden behalten will, nach diesen Gesetzen handeln, sie kann also nur gut sein, wenn sie zugleich auch »böse« ist, theatralisch realisiert durch die zwei Figuren Shen Te und Shui Ta. Das ist sicherlich ein wesentlicher Aspekt des Stücks.

Wichtiger scheint mir jedoch zu sein, die Hauptfigur, Shen Te nämlich, genauer zu betrachten. Nach den modellhaften Voraussetzungen des Stücks ist Shen Te »gut«. Was

sie sich am sehnlichsten wünscht, ist Liebe: »Ich will mit
dem gehen, den ich liebe. / Ich will nicht ausrechnen, was es
kostet.« (GBA 6,231) Am Beginn ist sie am untersten Ende
der sozialen »Stufenleiter«: Sie muss sich verkaufen. Über
den Laden erhält sie ihre ersten Lektionen vom Funktionieren der Handelsgesetze: Wer verdienen will, muss die anderen übers Ohr hauen. Dennoch meint sie, mit Sun doch
noch ihre (vorbehaltlose) Liebe leben zu können. Da der
Mann diese Liebe verrät, bleibt ihr keine andere Wahl, als
nun ihrerseits die Gesetze aktiv und zunehmend brutaler
anzuwenden. Verbunden ist damit ihr Aufstieg zum Bourgeois, was aber bedeutet, hemmungslos zum Ausbeuter zu
werden.

Entscheidend ist: Shen Te spielt den Shui Ta. Damit dies
nie vergessen wird, dafür steht u. a. das Zwischenspiel vor
dem Vorhang, zwischen Szene 4 und 5. Shen Te kleidet sich
auf offener Bühne in Shui Ta um. Das bedeutet: Die Frau
lernt im Lauf der Handlung, und zwar immer perfekter, die
Rolle des Mannes zu spielen und über alle deren Möglichkeiten zu verfügen. Am Ende erweist sich Shen Te als raffi-
nierter und hinterhältiger als alle männlichen Figuren des
Stücks, einschließlich des geilen Barbiers, der ihr (als »Göt-
terersatz«, vgl. die erste Zuwendung der Götter) den entscheidenden Scheck übereignet. Bezogen auf die Wirt-
schaftshandlung ist sie am Ende die eigentliche Siegerin, zumal ihr ausdrücklich erlaubt wird, weiterhin den Shui Ta zu
spielen.

Der Preis, den die Frau zu zahlen hat, ist groß. Sie muss
nicht nur ihre »gute Natur«, ihre Hilfsbereitschaft, verleugnen, sie muss zugleich auch ihre geschlechtliche Identität
ablegen. Nur als Mann und als skrupelloser Geschäftema-
cher hat die Frau in einer solchen Gesellschaft eine Chance.
Der »eigentliche« Mensch aber hat zu verschwinden.

Insofern zeigt das Stück exemplarisch kapitalistische »So-
zialisation«; denn so, wie Shen Te als Shui Ta handelt, entspricht es gesellschaftlichen Bedingungen, und ihr Handeln

ist damit auch »moralisch« sanktioniert. Sogar die Götter bestätigen ausdrücklich die herrschende »Ordnung«.

Man kann diesen Sachverhalt auch umgekehrt formulieren. Das Stück führt vor, wie ein Mensch durch die herrschenden Verhältnisse, will oder muss er sich mit ihnen arrangieren, regelrecht ausgelöscht wird. Ihm bleibt lediglich die Rolle, die die Gesellschaft ihm vorschreibt. Gezeigt wird also Entfremdung in radikalster Form. Der »eigentliche« Mensch wird verschlissen und ausgelöscht, was bleibt, ist seine an die gesellschaftlichen Verhältnisse angepasste Rolle. Wie verheerend diese Rolle für die anderen ist, wird deutlich an den Folgen für die Betroffenen. Die Bittsteller werden zu ausgebeuteten Lohnsklaven, denen als »Leben« gerade mal gestattet wird, ihre Arbeitskraft zu reproduzieren. Giorgio Strehler hat in seiner berühmten Inszenierung von 1981 (Mailand) die Szene 8, die die Vorgänge in der Fabrik thematisiert, ausdrücklich als eine Art KZ gebaut, überleuchtet von moderner Leuchtreklame à la Coca Cola, hier mit der Inschrift: »Shui-Ta Tobacco«.

Die Forschung hat die Umwandlung und damit die Entwicklung der einen Figur (Shui Ta) aus der anderen (Shen Te) nicht gesehen oder auch nicht akzeptiert. Und das bedeutet, beide Figuren können nicht als entgegengesetzte »Verkörperungen von Prinzipien« gesehen werden, die in statischer Antithese verharren. Gerd Ueding zum Beispiel meint, dass Brechts Stück im »Zustand« verharre, »vielmehr: der Zustand selber ist dieses Stück«, und er fährt fort:

> Es geschieht nichts außer der dauernden Wiederholung des Gleichen, der Demonstration nämlich von der Unverträglichkeit, ja von dem Antagonismus von Gut und Böse, von schlechten Verhältnissen und ethisch einwandfreiem Verhalten. [...] Das Böse hat keine andere Funktion, als das Gute zu widerlegen. Der realistische, skrupellose, seine Empfindungen beherr-

schende Geschäftsmann Shui Ta bleibt die abstrakte
Antithese zur gutmütigen, idealistischen, weichen Shen
Te [. . .].   (Ueding, B 7: 1984, 185)

Auch die psychoanalytische Begründung dieser Antithese,
die Carl Pietzcker vorgelegt hat, kann nicht überzeugen.
Aufgrund mangelnder Triangulierung (Fehlen der Vaterbin-
dung) wird beim Autor vermutet, dass er nur zu vordergrün-
digen Dualismen fähig sei: Wenn Brecht »Shen Te, der Frau
den nährenden, leidenden und leidenden Part zuteilt, Shui
Ta, dem Mann aber den kalten, rationalen und kämpferi-
schen, so verharrt er ganz im bürgerlichen Geschlechtsrollenschema, das sogar in der bürgerlichen Gesellschaft seiner
Zeit schon umstritten war« (Pietzcker, B 6: 1988, 243).

Diese und andere Deutungen, die in die ähnliche Richtung gehen, nämlich in Shen Te und Shui Ta zwei selbständige Figuren zu sehen, operieren gegen den Text, der insofern das Gegenteil besagt, als er den Mann von der Frau
spielen lässt, es also die Frau ist, die am Ende über alle
»männliche« Herrschaft verfügt, ja, dass es gerade der ge-
suchte »gute« Mensch ist, der schließlich nicht nur die
»schlechten Verhältnisse« buchstäblich »verkörpert«, sondern der zugleich auch sein ›ethisch einwandfreies Verhalten‹ auf Kosten der von ihm ausgebeuteten Arbeiter total
verleugnet. Nach Brechts Text geht es nicht um die Wiederholung des Gleichen, vielmehr um die radikale Umkehrung
des Ausgangsverhältnisses und, wie gesagt, um die Auslöschung eines Menschen – nicht umsonst wird Mord vermutet –, mit der der »gute« Mensch im »bösen« Menschen verschwindet. Radikaler kann eine »Entwicklung« wohl kaum
sein, zumal die Götter mit ihr die gerechte »Ordnung« der
Welt rechtfertigen zu können meinen. In der Frau triumphiert so das patriarchalische Prinzip der Gesellschaft; die
Frauenfigur dieses Stücks – und nicht in erster Linie die
Männer, die selbstgefällig sind (der Barbier), unsicher, le-
bensuntüchtig (Sun) oder lebensfremd (wie der Mann des

alten Ehepaars) – ist es, die den (und die) anderen regelrecht vorführt, wie Kälte, Rationalität und Kämpfertum einzusetzen sind, um sich den eigenen Vorteil zu sichern; und das geht über Leichen.

Von hier aus gesehen, weist das Stück eine völlig anders geartete kritische Tendenz auf. Indem es zeigt, dass die Frau nur in der Rolle des Mannes geschäftlich überleben kann, zielt das Stück auf die Kritik überlebter patriarchalischer Herrschaftsformen hin, die – wie im *Guten Menschen* angedeutet – tatsächlich im Faschismus gelandet sind und potentiell, werden sie nicht abgeschafft, immer wieder in ihrer Erneuerung zu landen drohen. Es ist die Frauenfigur des Textes, die dies ihren männlichen Interpreten zu sagen hat, während diese in eben dem bürgerlichen Geschlechtsrollenschema stecken geblieben sind, das sie dem Text vorwerfen.

Brechts *Guter Mensch von Sezuan* ist, wenn man so will, ein dezidiert feministisches Stück, das die alten Geschlechterrollen bis zu jenem, im Grunde absurden Punkt vorantreibt, an dem der redliche Schluss nur lauten kann, diese abzuschaffen und mit ihnen die patriarchalisch-kapitalistischen Verhältnisse, aus denen sie stammen.

Es sei nur darauf verwiesen, dass die »Hosenrolle« bzw. der Kleidertausch, als wesentliches theatralisches Mittel, das den Text konstituiert, schon in der Tradition, der Brecht sie entnahm, etwa bei Shakespeare in *Die beiden Veroneser* (1593) oder bei Tirso de Molina in *Don Gil von den grünen Hosen* (1617), ein Mittel war, den Zuschauer im Gegensatz zu den mitspielenden Figuren, die sie ernst zu nehmen, das heißt als »real« zu nehmen hatten, in die Täuschung auf der Bühne einzuweihen und damit das Versteckspiel der Frau gegenüber dem (geliebten, aber nur so zu domestizierenden) Mann komödiantisch genießen zu lassen. Das Spiel ging allemal gut aus. Es ist unverständlich, wieso gerade ein moderner Text, der den »Umbau« der Figur ausdrücklich auf die Bühne bringt oder in der Hochzeitsszene seine sarkastische Komik dadurch erhält, dass die andere Figur nicht

zugleich anwesend sein kann, gleichsam »naiv«, das heißt
vordergründig »realistisch« gelesen wird. Die Künstlichkeit
der theatralischen Mittel steht gerade in Brechtschen Texten
im Vordergrund, gemäß seiner Maxime, dass gezeigt werden soll, was zu zeigen ist, dass also sowohl die Darsteller
als auch die Zuschauer angehalten sind, diesen doppelten
»Gestus«, dass beim Zeigen das Zeigen als solches thematisiert wird, zu erkennen. Kein Zuschauer Shakespeares hat
im Dienstmann des Proteus nicht zugleich die verkleidete
Julia gesehen, keine Darstellerin der Julia die Möglichkeit
nicht genutzt, zu zeigen, dass sie als Frau den Mann spielt
und damit über Fähigkeiten verfügt, die sie auf vordergründig realistischer Ebene nicht hätte.

Wie gezielt Brecht in seinem Text die traditionellen
künstlichen Mittel der Bühne einsetzt, vermag Szene 1 zu
verdeutlichen, als für Shen Te der Vetter »erfunden« wird:
Die Zuschauer werden daran beteiligt, wie eine fiktive
(künstliche) Bühnenfigur mitten aus dem Text entsteht, weil
dieser sie verlangt. Shen Te ist schon vor der Eröffnung ihres Ladens in Zahlungsschwierigkeiten, weil sie nicht nur
Reis, sondern auch Zigaretten, die ja verkauft werden sollen, verschenkt. Die Frau der achtköpfigen Familie sieht
Shen Tes Schenkerei kopfschüttelnd zu und meint: »Wenn
du deinen Laden behalten willst, mußt du die eine oder andere Bitte abschlagen.« Ihr Mann sekundiert: »Sag doch, er
[der Laden] gehört dir nicht. Sag, er gehört einem Verwand-
ten, der von dir genaue Abrechnung verlangt. Kannst du
das nicht?« (GBA 6,187) Sie kann. Als der Schreiner die Bezahlung seiner Stellagen verlangt, »souffliert« der Mann
Shen Te: »Vetter!« (GBA 6,188) Zwar zögert Shen Te weiterhin; als jedoch auch noch die Hausbesitzerin die Miete
im Voraus verlangt und der Mann erneut »Vetter! Vetter!«
»souffliert« hat, sagt Shen Te *langsam, mit niedergeschla-
genen Augen*«: »Ich habe einen Vetter.« (GBA 6,190) Mit
diesem Satz ist die neue Bühnenfigur gefunden.

Das »Soufflieren« gehört zum Alltag des Theaters, wenn

ein Darsteller seinen Text nicht weiß; gutes Soufflieren soll vom Publikum möglichst nicht gehört werden, und das heißt für das Spiel auf der Bühne, es soll möglichst so weitergehen, als habe der Darsteller keinen »Hänger« gehabt. Aus der Theaterpraxis ist bekannt, dass es bei solchen Gelegenheiten zu improvisierten Einlagen kommen kann, ohne dass die Zuschauer bemerken, dass diese nicht zum Stück bzw. zur Inszenierung gehören.

In Brechts Text ist gegen die alte Theaterregel das Soufflieren Bestandteil des Spiels. Es muss von den Zuschauern (Lesern) bemerkt und als künstliches Mittel des Theaters erkannt werden. Was sonst unter oder neben der Bühne stattfindet, ist auf die Bühne, in ihre Handlung, verlegt. Mit dem Soufflieren wird der Darstellerin der Shen Te ein Text nachgereicht, den sie offenbar vergessen hat, setzt man einmal die Normalität des Theaterspiels und seines Ablaufs voraus. Aus dem Text der Shen Te geht andererseits hervor, dass sie offenbar sich sträubt, diesen Vetter als Figur zu akzeptieren. Sie meint, ihren Part auch ohne ihn zu schaffen, bis sie merkt, der Text des Stücks und sein Kontext sind stärker als ihr Figurentext. Wenn man so will, findet hier in nuce eine offene Auseinandersetzung – wie auf einer Probe – zwischen dem Regisseur, der den (seinen) Text zu vertreten hat, und der Darstellerin, die auf ihrem Rollenverständnis besteht, statt. Durch das Soufflieren jedoch setzt sich der Text des Stücks gegen den Text der Figur durch; diese unterliegt erstmals und wird gezwungen, sich in den »übergeordneten« Kontext des Stücks zu fügen und ihren Part danach auszurichten. Anders gesagt: Brechts Stück demonstriert bei der Erfindung der dann ja »eigentlichen« Hauptfigur das Kabinettstück eines Streits zwischen zwei Diskursen, in dem der eine Diskurs (der des Stücks) den anderen (den der Figur) regelrecht abkanzelt und Letzteren zwingt, die Sprache des ersten zu sprechen.

Spielerischer und fiktiver lässt sich die Einführung einer Hauptfigur eines Stücks kaum denken. Hier werden keine

Prinzipien aufgestellt, die dann auch noch gesellschaftlichen Prinzipien gleichgestellt werden, sondern es konkurrieren zwei theatralische Diskurse, von denen sich einer durchsetzt. Der Text des gesamten Stücks funktioniert so: Shen Te und ihr Rollenverständnis werden vom dominanten Shui Ta so weit verdrängt, bis Shen Te ganz zum Schweigen gebracht ist. Erst in der Schlussszene darf sie wieder zu Wort kommen, und als sie gesprochen hat, sagt der erste Gott *mit allen Zeichen des Entsetzens:* Sprich nicht weiter, Unglückliche!« (GBA 6,276) Was Shen Te als Shen Te zu sagen hat, hat auf dieser Bühne nichts verloren; die Souffleure des Stücks haben sich durchgesetzt. Ihr Text gilt.

Weitere Exilstücke

Im finnischen Exil (1940) lernte Brecht die Schriftstellerin Hella Wuolijoki kennen, die ein Stück, *Die Sägemehlprinzessin* (*Sahanpuruprinsessa*), geschrieben hatte. Es handelte sich um eine typische Komödie, in der der Knecht (hier Kalle genannt) lediglich den Knecht spielt, sich in Wahrheit aber als reicher Richter entpuppt und damit das obligatorische Happy End gewährleistet. Mit Wuolijokis Zustimmung bearbeitete Brecht den Text und gab ihm den Titel *Herr Puntila und sein Knecht Matti*. Puntila, reicher Besitzer eines Gutshofs, pflegt sich in betrunkenem Zustand mit seinem Gesinde »gemein« zu machen, um dann in »Anfällen von Nüchternheit« seine bewusstlosen Entschlüsse wieder zu verwerfen. Gegenspieler ist der – in feudalen Verhältnissen Finnlands – als Proletarier gezeichnete Knecht Matti, der Puntila durchschaut und ihn am Ende verlässt; die Vertraulichkeiten des »Herrn« sind ihm zu gefährlich geworden.

Obwohl der Text durchaus deutlich macht, dass Puntila auch in betrunkenem Zustand stets nur an seine Interessen denkt und auch da als Ausbeuter kein menschliches Antlitz erhält, vielmehr rücksichtslos seine Willkürherrschaft über andere auslebt, wurde die Figur im Gegenteil als Ausdruck von Freundlichkeit und Menschlichkeit aufgenommen. Als urwüchsige Gestaltung volkstümlicher Lebenskraft nahmen Kritik und Publikum (sowie auch die Forschung) das Stück ab 1949 auf, als Leonard Steckel den Puntila erstmals verkörperte, und dies trotz aller von Brecht gezielt eingesetzten Verfremdungseffekte.

Für die USA begann Brecht, und zwar noch im finnischen Exil (1941), die »Gangsterhistorie« *Der Aufstieg des Arturo Ui* im irrtümlichen Glauben, mit einem im amerikanischen Milieu (Chicago) angesiedelten Stoff auf einer der Bühnen Amerikas zu landen, was denn nicht der Fall war (tatsächlich wurde das Stück erst 1958 uraufgeführt). Das Stück, das meist als direkte Parabel für den Aufstieg Hitlers gedeutet worden ist, erzählt auf der Basis von Gangsterbiografien, hier vor allem der Al Capones, eine durchaus selbständige Geschichte, die über Anspielungen denn auch auf Hitler zu projizieren ist. Arturo Ui und seine Bande werden von Industriellen, den Inhabern des Karfioltrusts (Grünzeugmonopol) angeworben, das schlecht laufende Geschäft dadurch wieder in Schwung zu bringen, dass sie die Abnehmer, die Grünzeugläden, unter »Schutz« stellen; es handelt sich dabei um ein so genanntes »racket« (in Deutschland vornehm »organisiertes Verbrechen« bezeichnet), um die Erpressung von »Schutzgeldern« vor den eigenen Überfällen. Die Bande Uis wird im Laufe der Handlung so mächtig, dass sich die Abhängigkeiten umkehren und die Gangster die Führung übernehmen. Ui leitet das Unternehmen mit Mord und Erpressung in seinem Sinn und vermag es über Chicago hinaus auf weitere Gebiete (zunächst Cicero, dann, wie angedeutet, New York) auszudehnen.

Die Biografie Al Capones (nach Fred D. Pasleys *Al Capone. The Biography of a Self Made Man*, London 1931) enthält erstaunlicherweise beinahe alle Einzelheiten, mit denen auf Hitlers »Aufstieg« angespielt werden kann, so etwa die Ermordung Romas und seiner Anhänger beim »St. Valentins-Massaker« (»Röhm-Putsch« von 1934) oder die Machtausdehnung auf Cicero (»Anschluss« Österreichs von 1938) oder die Schulung Uis durch einen Schauspieler, die mit Capones Ausbildung in gesellschaftlichem Schliff durch einen Lehrer bezeugt ist (Unterricht Hitlers beim Hofschauspieler Fritz Basil). Zu zeigen war, dass die Parallelen zwischen der Gangstergeschichte und dem Aufstieg Hitlers nicht zufällig, sondern tatsächlich vorgegeben waren, dass folglich eine enge Verbindung zwischen (kapitalistischem) Geschäft, das sich nach außen hin den Anstrich von Seriosität gibt, und (faschistischer) Politik, die ihre Macht auf »legalem« Weg etablieren konnte, bestand.

Im amerikanischen Exil versuchte sich Brecht – meist glücklos – als Filmeschreiber. Der einzige Film, an dem er direkt beteiligt war, *Hangmen Also Die* von Fritz Lang (USA, 1943), nennt ihn im Vorspann zusammen mit Fritz Lang lediglich als Urheber der »Originalstory«, obwohl Brecht bis zu Drehbeginn zusammen mit John Wexley intensiv am Drehbuch gearbeitet hatte. Auch mit seiner Dramenproduktion konnte sich Brecht nicht durchsetzen. Mit Lion Feuchtwanger schrieb er eine neue Version des Johanna-Stoffs *Die Gesichte der Simone Marchard*, die trotz aller Bemühungen nicht zur Aufführung kam (immerhin brachte der Verkauf der Filmrechte am Stück etwas Geld ein). Mit *Schweyk* (1955 für eine Aufführung des Berliner Ensembles *Schweyk im zweiten Weltkrieg* genannt) griff er auf den bekannten Roman von Jaroslav Hašek *Die Abenteuer des braven Soldaten Schwejk* zurück und versetzte den verschmitzten Helden des »umwerfenden Einverständnisses« in die Aktualität des gegenwärtigen Krieges. Schweyk verkörpert den volkstümlichen Typus des (scheinbaren) Mitmachers, dem jedoch alles, was er anfasst, prinzipiell misslingt und der dadurch, ohne dass er dafür zur Verantwortung gezogen werden könnte, aktiv Widerstand leistet. Auch für den *Schweyk* ergaben sich keine Aufführungsmöglichkeiten. Kurt Weill, der die amerikanische Übersetzung von Alfred Kreymborg am Broadway lancieren sollte, lehnte das Stück als »sehr unamerikanisch« (GBA 7,421) ab. Und auch *The Duchess of Malfi*, eine Bearbeitung von John Websters *The Tragedy of the Duchesse Malfy*, die Brecht zunächst mit Hoffmann Reynolds Hays, dann mit Wystan Hugh Auden von vornherein auf Amerikanisch schrieb, wurde ein Reinfall. Das Stück kam zwar 1946 auf die amerikanische Bühne, gespielt wurde jedoch weitgehend das Original von Webster.

Der kaukasische Kreidekreis

Brecht hat 1956 zu dem Bildband von Tadeusz Kulisiewicz *Zeichnungen zur Inszenierung des Berliner Ensembles* zu seinem Stück eine Inhaltsangabe geschrieben, deren Text – unter Wegfall der lyrischen Passagen, die aus dem Stück zitiert sind – hier wiedergegeben werden soll (GBA 20,204–210):

Zwei Kolchosdörfer im Kaukasus hatten nach dem Hitlerkrieg einen Streit um ein Tal. Sie brachten ihn vor die Partei. Das eine Dorf züchtete Schafe und war vor den Hitlerbanditen nach Süden weggezogen. Jetzt wollte es zurückkehren. Aber das andere Dorf, das Obst anbaute und nicht hatte wegziehen können, hatte in den finsteren Zeiten ein Bewässerungsprojekt ausgedacht und wollte dafür das Tal für sich haben. Es gab da Gesetze, jedoch wollten die Dörfer sich gütlich einigen. Am Abend der großen Diskussionen spielte der Obstbaukolchos seinen Gästen, den Delegierten der Schafzüchter, ein Spiel aus alten Zeiten vor.

Durch einen Aufstand der Fürsten wurde einmal der Großfürst gestürzt und aus dem Lande gejagt. Alle

Der kaukasische Kreidekreis
Premiere des Berliner Ensembles, 1954

seine Gouverneure fielen an diesem Ostersonntag und verloren ihr Leben, darunter der Gouverneur Georgi Abaschwili in der Stadt Nukha. Seine Frau packte ihre schönen Kleider zusammen, bis sie plötzlich sah, daß die Altstadt brannte, und sie mit dem Adjutanten davonlief. Ihr Kind Michel, den Erben, ließ sie zurück. Er lag auf dem vierten Hof und die Dienstboten fanden ihn, als sie aus dem Palast flohen. Sie wollten ihn ungern aufnehmen, denn die neuen Herren würden jeden umbringen, der mit ihm gesehen würde. So halsten sie ihn der Einfältigsten von ihnen auf, der Magd Grusche Vachnadze aus der Palastküche. Auch sie zögerte lange. [...]
Sie machte sich [mit dem Kind] auf den Weg in die nördlichen Gebirge, wo ihr Bruder in einen Bauernhof eingeheiratet hatte. Sie wanderte mehrere Tage lang. Das Kind war schwer zu schleppen und die Milch war teuer und so beschloß sie, es in einem Bauernhof auszusetzen. Aber sie wurde von Panzerreitern überrascht, die hinter dem Kind her waren, und mußte einen von ihnen sogar niederschlagen, mit einem Holzscheit, als er sich über das Kind bückte. Sie konnte also Michel nicht loswerden, und an einem Gletscherbach im Hochgebirge nahm die Hilflose den Hilflosen an Kindesstatt. [...]
Das Haus des Bruders lag in einem lieblichen Tal, aber die Bäuerin nahm Grusche nicht freundlich auf und der Bruder war feige. Man brachte sie in der Geschirrkammer unter, die kalt war. Das Kind bezeichnete sie als ihr eigenes, sie habe es von einem Soldaten, der im Krieg sei. Im Frühjahr sagte ihr der Bruder, sie müsse nun vom Hof. Er habe ihr einen Mann verschafft, einen kleinen Bauern, der im Sterben liege. Durch die Heirat könne sie einen Unterschlupf für zwei Jahre bekommen und einen Stempel für Michel als Kind des Bauern. Da die Grusche mit einem Soldaten verlobt

war und ihn nicht vor den zwei Jahren aus dem Krieg
zurückerwartete, nahm sie das Angebot Michels wegen
an. Aber der Krieg war früher zu Ende und da stellte
es sich heraus, daß der Bauer sich nur krank gestellt
hatte, um nicht in den Krieg zu müssen, und Grusche
hatte auf einmal einen Ehemann, den sie nicht wollte.
Und nach dem Krieg kam Simon Chachawa, ihr Ver-
lobter, der Soldat, als sie beim Linnenwaschen war,
und er mußte erfahren, sie war verheiratet, mit Kind.
Und wie konnte sie ihn einweihen, ohne Michel zu
verraten, den Sohn des Geköpften? [...]
Der Soldat ging weg, in Zorn.
Und nach dem Krieg kam die Frau des geköpften
Gouverneurs, Natella Abaschwili, und fahndete nach
ihrem Söhnchen Michel, dem Erben. Panzerreiter hol-
ten ihn. In Nukha kam es zum Prozeß um das Kind.
Der Richter zu dieser Zeit war der Armeleuterichter
Azdak, der durch die Wirren auf den Richterstuhl ge-
langt war [...].
Sicher war, daß er das Gesetzbuch nicht verstand, und
so wurden seine Urteilssprüche oft gerecht. Als Na-
tella Abaschwili mit ihren Anwälten und Grusche
Vachnadze (ohne Anwalt) vor ihn kamen, verhörte er
die Grusche sehr streng, bis er wußte, daß sie sich das
Kind fälschlich zuschrieb. Er beschimpfte sie als
Schwindlerin, aber sie sagte: Ich hab's aufgezogen nach
bestem Wissen und Gewissen, ihm immer was zum
Essen gefunden. Es hat meistens ein Dach überm Kopf
gehabt, und ich hab allerlei Ungemach auf mich genommen seinetwegen, mir auch Ausgaben gemacht.
Ich habe nicht auf meine Bequemlichkeit geschaut. Das
Kind hab ich angehalten zur Freundlichkeit gegen jedermann und von Anfang an zur Arbeit, so gut es ge-
konnt hat, es ist noch klein. Da winkte der Azdak sie
zu sich und sagte zu ihr: Ich glaub dir nicht, daß es
dein Kind ist, aber wenn es deines wär, Frau, würdest

du da nicht wollen, es soll reich sein? Willst du's nicht
reich haben? [... Sie will nicht].
Da sagte der Azdak: »Ich glaube, ich versteh dich,
Frau«, und ordnete an, daß auf den Boden vor ihm ein
Kreis mit Kreide gezeichnet würde, damit er erkennen
könne, wer die wahre Mutter des Kindes sei. Er hieß
die beiden Frauen an den Kreis treten und das Kind in
den Kreis stellen. Sie mußten das Kind bei der Hand
fassen und ziehen und »Die rechte Mutter wird die
Kraft haben, das Kind aus dem Kreis zu sich zu ziehen«, sagte der Azdak. Die beiden Frauen zogen, aber
Grusche hatte Sorge um Michel und ließ ihn los, und
die Gouverneursfrau zog ihn an sich und lachte laut.
Aber der Azdak sagte: »Der Gerichtshof hat festgestellt, wer die wahre Mutter ist. Grusche, nimm dein
Kind und bring's weg. Und du, Natella Abaschwili,
verschwind, bevor ich dich wegen Betrug verurteil. Die
Güter fallen an die Stadt, damit ein Garten für die Kinder daraus gemacht wird, sie brauchen einen, und ich
bestimm, daß er nach mir ›Der Garten des Azdak‹
heißt.«
Am Tage nach der Aufführung des Spiels einigten sich
die beiden Kolchosdörfer dahin, daß das schöne Projekt der Obstbaumpflanzer ausgeführt werden sollte
[...].

Brechts Fabel-Erzählung stellt die letzte Bearbeitung des
Kreidekreis-Stoffes dar; ihr voran gehen 1926 das Zwischenspiel von *Mann ist Mann* (*Das Elefantenkalb*), 1938/
39 der Entwurf eines Dramas *Der Odenser Kreidekreis*,
1940 die Erzählung *Der Augsburger Kreidekreis* und 1944
das Drama *Der kaukasische Kreidekreis* (1. Fassung). Das
Motiv des Kreidekreises übernahm Brecht aus Klabunds
Drama *Der Kreidekreis* (1924), und zugleich berief er sich
auf die Schwertprobe Salomos im Alten Testament (1. Kön.
3,16–28) als Vorbild (vgl. GBA 24,341). Dort löst Salomo

den Streit der beiden Mütter, indem er anordnet, das Kind
mit dem Schwert zu teilen und jeder Mutter die Hälfte zuzuweisen. Die leibliche Mutter – »denn ihr mütterliches
Herz entbrannte über ihren Sohn« (3,26) – verzichtet auf ihren Anspruch, wird so als die rechte Mutter erkannt und erhält das Kind zugesprochen. Außer der für die weise und
für die falsche Mutter selbstverräterischen Rechtsprobe dürfen die Quellen ansonsten vernachlässigt werden, obwohl
die Forschung sie ausgiebig vorgestellt und für das Verständnis als »wichtig« erachtet hat (zuletzt Müller in GBA
8,455). Sowohl die Geschichte der Magd Grusche als auch
die des Richters Azdak sind freie Erfindungen Brechts und
weisen keine Bezüge zu den genannten Vorlagen auf.

Das Stück ist in ein Vorspiel und fünf Akte gegliedert
(bezogen auf die hier berücksichtigte 2., überarbeitete Fassung von 1949). Das Vorspiel handelt vom Streit um das
Tal, den zwei Kolchosen (sowjetische Produktionsgenos-
senschaften) in einem kaukasischen Dorf nach dem Sieg
über die Hitlertruppen (1944) führen. Es geht darum, ob
die eine Kolchose das Tal wieder als angestammte »Heimat« zurückerhalten soll oder ob die andere Kolchose, die
das Land als »Werkzeug« (GBA 8,11) ansieht, ihr Bewäs-
serungsprogramm durchführen darf, das beiden Kolchosen
zugute kommen würde. Der Streit, den die Beteiligten
friedlich und freundschaftlich austragen, wird zugunsten
des Bewässerungsprojekts entschieden, das auch diejenigen
überzeugen kann, die ihre »Heimat« wiederhaben wollten.
Zum guten Schluss tritt die Kunst auf den Plan. Der Sänger Arkadi Tscheidse trägt die Geschichte vom »Kreidekreis« vor.

Die Akte 1–3 erzählen die Geschichte der Grusche und
»ihres« Kindes. Der 4. Akt holt in einer Art Rückblende die
Geschichte des Richters Adzak nach, die zeitlich parallel zu
der der Grusche abläuft, im Stück aber im Nacheinander geordnet ist. Beide Geschichten sind zunächst unabhängig
voneinander, kommen dann aber über die Gerichtsverhand-

lung, der Azdak als Richter vorsitzt, im 5. Akt zusammen. Das Nacheinander beider Geschichten verdeutlicht den unwahrscheinlichen Zufall, der beide Hauptfiguren zusammentreffen lässt. Adzak stand zweimal kurz vor seiner Exekution, und nur das Missverständnis, dass der Großfürst in ihm einen Parteigänger vermutet, erhebt ihn – durch den »reitenden Boten«, einer Art deus ex machina – zum Richter. Grusche hat das Glück – »Heut brauch ich Glück« (GBA 8,79) –, das sie sich für die Gerichtsverhandlung erfleht, indem sie in Azdak ihren Richter findet.

Brecht hat darauf aufmerksam gemacht, dass die Geschichten von Grusche und Azdak nicht »zur Klärung des Streitfalls [im Vorspiel] wegen des Besitzes des Tals« erzählt würden. Es handele sich vielmehr um »eine wirkliche Geschichte [bezogen auf die der Grusche], die in sich selbst nichts beweist, lediglich eine bestimmte Art von Weisheit zeigt« (GBA 24,342). Tatsächlich ergeben sich keine parabolischen Korrespondenzen zwischen Vorspiel und Kreidekreis-Erzählung, die »beweisen« könnten, dass die Entscheidung für die Bewässerung des Tals, die ja ohnehin schon vorweggenommen ist, die richtige gewesen wäre.

Die Kreidekreis-Handlung spielt in »alter, in blutiger Zeit« (ohne weitere historische Fixierung; GBA 8,15) und thematisiert die Unwahrscheinlichkeit von humanem Verhalten in ihr. Obwohl Grusche und Azdak nur schlechteste Erfahrungen gemacht haben und sich »eigentlich« wie alle anderen menschenverachtend verhalten müssten, sind sie dennoch zur Menschlichkeit bereit. Schon dadurch ergibt sich keine Parallele zum als »gegenwärtig« zu denkenden Vorspiel, in dem die alten, blutigen Zeiten endlich überwunden sind und die Beteiligten ihren Streit in aller Freundschaft austragen können. Aber auch die Widersprüchlichkeiten der Figuren, die Komplexität der »historischen« Ereignisse sowie das bereits erwähnte »Glück« betonen die Selbständigkeit der Geschichten. Auch ihr glückliches Ende, das sich ohnehin nur größter Unwahrscheinlichkeit verdankt, löst keine gesellschaftliche Veränderung ein, die das Vorspiel ja gerade demonstriert – und wozu die Kunst, ihren Raum und ihre Zeit beanspruchend, bereits wie selbstverständlich gehört.

Vorspiel und Kreidekreis-Spiel stehen in einer anderen Relation: Das Vorspiel verwirklicht aktuell, was die alte Geschichte – als Ausnahme, aber immerhin – tendenziell enthält. Grusche und Azdak zeigen ein beispielhaft humanes Verhalten, das in der Gegenwart des Vorspiels reale Möglichkeit sozialistischen Zusammenlebens geworden und deshalb für die Zukunft zu nutzen ist. »Während im Hauptteil [Kreidekreis-Geschichten] ein glücklicher Zufall im Mittelpunkt steht, verweist das Vorspiel auf gesellschaftliche Erfordernisse. Dort der amorphe Ablauf einer chaotischen Zeit, hier die Vorstellung einer rational umgeformten, humanisierten Wirklichkeit« (Buck, B 7: 1984, 206 f.). Es sei darauf verwiesen, ohne die inzwischen historisch erledigten Kontroversen um das Vorspiel (»bolschewistisches Einwickelpapier«; vgl. ebd., 203) wieder aufnehmen zu wollen, dass das Stück ohne das Vorspiel nicht zu denken ist. Brecht hat deshalb August 1956 in seiner letzten Bearbeitung des Textes das Vorspiel als 1. Akt deklariert (bei nunmehr sechs Akten bzw. Bildern) und es damit unmissverständlich in das Drama integriert (vgl. GBA 8,464).

Die Geschichte der Grusche und ihre Anerkennung als rechte Mutter durch die Kreidekreisprobe des Azdak kehren die richterlichen Entscheidungen der Vorlagen (Bibel und chinesischer Kreidekreis) um und lösen den Streitfall der Mütter sozial; nicht die leibliche Mutter ist die wahre Mutter, sondern diejenige, die sich um das Kind gekümmert und dadurch eine soziale und menschliche Bindung zwischen Mutter und Kind aufgebaut hat. Negiert werden Rechtsauffassungen, nach denen sich über den »Besitz« von Menschen materielle Besitzrechte legitimieren lassen, wie es die Gouverneursfrau mit ihrem Anspruch auf Michel versucht. Menschen sind keine Ware, und auch kleine Kinder dürfen auf Selbständigkeit bestehen und ihre Sympathien zu ihrem Wohl einsetzen: Michel lächelt, als er in den Kreis gebracht wird, Grusche zu (auch hier zeigt sich, dass Michel keineswegs parabolisch für das Tal des Vorspiels steht).

Den positiven (utopischen) Schluss müssen sich beide Hauptfiguren durch eine lange Leidensgeschichte hart erkämpfen. Dabei ist vor allem für die Grusche zu beachten, dass sie sich nicht des Kindes, wie immer wieder behauptet wird, »aus spontaner Nächstenliebe« (Buck, B 7: 1984, 207) annimmt und sich erst – im Laufe des Stücks – »vom ›Muttertier‹ zur bewußten Mutter« entwickelt. »Aus der von Einfalt und Zurückgebliebenheit ihrer Klasse geprägten Magd wird eine selbstbewußte Frau, die ihre ›Produktivität‹ vollkommen zutreffend einzuschätzen vermag.« (ebd., 209) Das Gegenteil ist der Fall. Grusche bekommt – »die Hellste bist du nicht«, sagt die ältere Frau (GBA 8,27) – das Kind zunächst regelrecht aufgehalst und ist durchaus bereit, dem guten Rat des anderen Dienstpersonals folgend, ohne das Kind zu fliehen. Der Part des Sängers vermittelt – in einer fiktiven Ansprache des Kindes – ihren Gewissenskonflikt: »Wisse Frau, wer einen Hilfeschrei nicht hört / Sondern vorbeigeht, verstörten Ohrs: nie mehr / Wird der hören den leisen Ruf des Liebsten [...]« (GBA 8,29), und nur zögerlich gibt sie dem Flehen des Kindes nach: »Nur für ein paar Augenblicke / Bei ihm zu sitzen, nur bis wer andrer käme«. Da niemand kommt, obwohl sie immer wieder darauf hofft, bleibt sie über Nacht beim Kind: »Zu lange saß sie – / Zu lange sah sie – / Das stille Atmen, die kleinen Fäuste / Bis die Verführung zu stark wurde gegen Morgen zu« (GBA 8,29). Schließlich nimmt sie das Kind wie »eine Beute« und schleicht sich weg wie »eine Diebin«. Grusche handelt weder spontan noch aus Mutterliebe, die sie (noch) gar nicht kennt. Es ist vielmehr der kleinste Nenner von Menschlichkeit, dem sie nachgibt; ihn nennt der Text »Güte«, zu der die widrigen Umstände Grusche »verführen«, und »verführen« heißt, dass jemand etwas gegen seine

Absicht tut. Auch später versucht sie, sich des Kindes wieder zu entledigen (bei den Bauern; GBA 8,37), bis sie nach
der Flucht vor den Panzerreitern endgültig an Michel gebunden ist. Über die weitere Beziehung zwischen Grusche
und Michel sagt der Text bis zum 5. Akt wenig. Er thematisiert vornehmlich die Probleme und Schwierigkeiten, in die
Grusche durch das Kind gerät: die Ehe mit dem heucheln-
den und widerlichen Jussup, der Beinahe-Verlust des Ver-
lobten Simon, der mit Recht annehmen muss, dass Grusche
ihn betrogen hat, ihre Erniedrigungen, die sie immer wieder
hinnehmen muss, und schließlich der Verlust des Kindes
selbst; mit diesem müssen alle ihre Entbehrungen sinnlos
geworden sein.

Alles, was Grusche macht, führt zu ihrer »eigenen De-
struktion« (GBA 24,346). Dass sie damit »eine selbstbewußte Frau« würde, darf ebenfalls bezweifelt werden. Was
ihr bleibt, nachdem die Panzerreiter Michel abgeholt haben,
ist nur die Bindung zu Michel, was wenig genug ist in diesen blutigen Zeiten, zumal sie nicht damit rechnen kann,
Recht zu bekommen (vgl. ihre Schimpfkanonade gegen Azdak; GBA 8,87 f.). Was sie an »Argumenten« vorzubringen
hat, ist lediglich die dreifach wiederholte Beteuerung: »Ich
hab's aufgezogen« (GBA 8,84; vgl. 79 und 89), die eher
kleinlaut als selbstbewusst klingt. Ihre Sorge um das Kind
und ihr Versuch, es »zur Freundlichkeit« anzuhalten, also
seine Erziehung gerade nicht der herrschenden Raubgesellschaft anzupassen, aber haben Folgen: »es [das Kind] kennt
mich«, was Michel, indem er Grusche zulächelt, bestätigt.
Diese Zwischenmenschlichkeit, die aus dem sozialen Akt
der freundlichen Erziehung des Kindes resultiert, ist die
Quintessenz der entbehrungsreichen Geschichte von Mutter und Kind. Sie rechtfertigt das Urteil des Azdak, der
nicht nur bewusst das Recht bricht, das er eigentlich zu vertreten hat, sondern der auch sehr wohl weiß, dass Grusche
nicht die leibliche Mutter des Kindes ist (»ich glaub dir
nicht, daß es dein Kind ist«; GBA 8,88). Deshalb kann er es

wagen, den Trick mit der Kreidekreisprobe anzuwenden. Das »Kennen« von Mutter und Kind, das gegenseitiges Anerkennen der je eigenen Existenz bedeutet, nimmt das Resultat der Probe vorweg: Körperliche Gewalt kann nicht da entscheiden, wo es um Menschlichkeit geht. Insofern erhält die »rechte« Mutter »ihr« Kind zugesprochen.

Theaterpraxis nach dem Exil

Nach Europa zurückgekehrt, stand Brechts Arbeit (fast) ganz im Zeichen der Theaterpraxis. Die Verwüstungen, die das Nazi-Reich hinterlassen hatte, betrafen nicht nur die materiellen Schäden, sondern auch die »ideellen«, die der Ästhetik und insbesondere die der Schauspielkunst, die durch das Pathos und die Sentimentalitäten des Hitler-Theaters ruiniert waren. »Schon bevor ich die Trümmer der Theaterhäuser sehe, bekomme ich die der Schauspielkunst zu sehen«, notierte Brecht, als er im April 1948 bei Proben im Zürcher Schauspielhaus einen deutschen Schauspieler beobachtete (GBA 27,268). Ich verweise nur nebenbei auf den Schluss von Rainer Werner Fassbinders Film *Die Ehe der Maria Braun* (BRD, 1979): Dort verkündet, während die Kamera das Haus der Maria abfährt, das kurz später durch die Gasexplosion zerstört werden wird, die Reporterstimme den Sieg Deutschlands bei der Fußballweltmeisterschaft von 1954 in Bern (»Tor! Tor! Tor!« und »Aus! Aus! Aus!«), und die Stimme, von Fassbinder ästhetisch gezielt so eingesetzt, klingt wie die aus der Propaganda-Zentrale Goebbels' und so, als habe Deutschland doch noch den Krieg gewonnen (und das war noch 1954 so).

Es musste folglich darum gehen, zunächst wieder einen Standard zu erreichen, der gewährleisten konnte, die Schauspielkunst im Sinn des »epischen Theaters« weiterentwickeln zu können. Die Frage: »Wann wird es das echte, radikale epische Theater geben?«, die Brecht als rhetorische im *Journal* am 13. November 1949 sich selbst stellte (GBA 27,309), hat – außer dem Hinweis auf *Die Maßnahme* als dem »Theater der Zukunft« – durch den frühen Tod Brechts keine Antwort mehr erhalten.

Es ist daher kennzeichnend, dass alle Stücke (außer einem), die Brecht nach dem Exil zunächst in der Schweiz, dann in Deutschland schrieb, Bearbeitungen fremder Stücke und keine »Originaldramen« mehr waren. Die Bearbeitungen begannen mit der *Antigone des Sophokles* für eine Aufführung in Chur (Februar 1948). Brecht griff bewusst auf die Übersetzung Friedrich Hölderlins zurück, eines Dichters, der von den Nazis als einer der ihren beansprucht worden und der in seiner ursprünglichen Sprachkraft sowie Fremdheit neu zu entdecken war. 1949 folgten *Die Tage der Kommune*, eine Bearbeitung von Nordahl Griegs Drama *Nederlaget* (*Die Niederlage*). Im historischen Vorbild des Aufstands der Pariser Commune von 1871 ließen sich aktuelle Probleme im besetzten Nachkriegsdeutschland spiegeln, und zugleich konnte Brecht für eine sozialistische Erneuerung Deutschlands plädieren. Als weitere Bearbeitungen folgten u. a. 1950 *Der Hofmeister* nach Jacob Michael Reinhold Lenz, 1951 *Biberpelz und Roter Hahn* nach Gerhart Hauptmann, 1954 *Don Juan* nach Molière und 1955 *Pauken und Trompeten* nach George Farquhars *The Recruiting Officer* (*Der Werbeoffizier*). Eine Bearbeitung von Shakespeares *The Tragedy of Coriolanus*, *Coriolanus* (1951–53), blieb unabgeschlossen und wurde erst postum ediert und aufgeführt.

Welche Bedeutung Brecht den Bearbeitungen und seiner praktischen Theaterarbeit zumaß, dokumentiert sich in den beiden »Modellen«, die er von der *Antigone*-Bearbeitung (1948) und von seiner Inszenierung von *Mutter Courage und ihren Kindern* (1949) herstellte bzw. durch Ruth Berlau, die die Inszenierungen fotografiert hatte, herstellen ließ sowie im Band *Theaterarbeit* (1952), der ausgiebig die ers-

ten sechs Inszenierungen des Berliner Ensembles beschrieb
(eine Gemeinschaftsarbeit, die nicht unter Brechts Namen
publiziert wurde). Diese Modelle bzw. Inszenierungs-Be-
schreibungen wurden lange Zeit als Verpflichtung der Theater, die die Stücke spielen wollten, missverstanden, diese
dürften nur nach dem vorgegebenen Muster inszeniert werden. Auch hier galt es zunächst, den Standard festzulegen,
von dem aus neue Inszenierungen entwickelt werden könnten, und es galt nicht, den Theatern vorzuschreiben, die
Stücke seien nur so auf die Bühne zu bringen. Im Gegenteil
betonte Brecht stets, dass die Kunst des Theaters immer
vom »heutigen«, das heißt aktuellen, Standpunkt auszugehen habe. Gegenüber dem verdutzten Germanisten Knut
Borchardt erklärte er im Zusammenhang mit der Inszenierung des *Hofmeisters* von Lenz, dass es ihm nicht um »die
Anerkennung des historischen Lenz« gehe, sondern um
»die Fragen eines revolutionären Proletariers an den Bürger
von heute« (was Borchardt kommentierte: er »halte sie [die
Formulierung] nicht für richtig«). Weiterhin führte Brecht
aus: »ihr als Historiker seid verpflichtet, jede Epoche zu
verstehen und zu deuten, wir Dichter und Künstler aber
sind nur dem heute verpflichtet. Uns interessiert nicht, was
die Wissenschaftler herausbekommen, hier gelten andere
Gesetze« (was Borchardt wiederum kommentierte mit: »Ich
glaube, daß dies ein Standpunkt ist, der mehr als fraglich
ist« – zit. nach Wizisla, B 6: 1998, 135 f.).

Eine Ausnahme bildet das Stück *Turandot oder Der Kongreß der Weißwäscher*, das auf Pläne und Entwürfe von
1930 zurückgeht und das Brecht nach den Ereignissen des
17. Juni 1953 wieder aufnahm. Die Abrechnung mit den
»Tuis«, wie Brecht die Intellektuellen nannte, die ihren
Kopf vermieteten (»Kopflanger«), um den Herrschenden
zu schmeicheln, war ehemals gegen die Haltung der Intellektuellen gegenüber dem »Aufstieg« Hitlers gemünzt (Hitler als »Hampelmann«, der nicht ernst zu nehmen sei). 1953
ließ sich das Thema ohne weiteres auf die Verhältnisse in

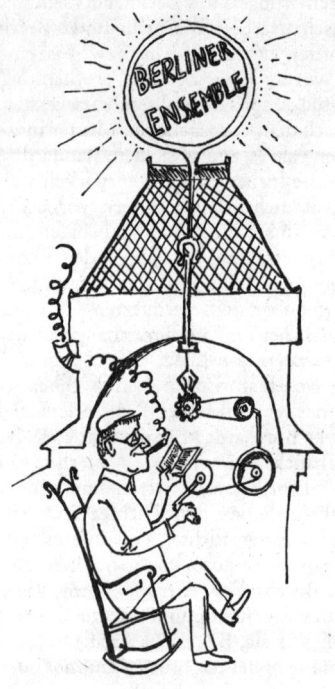

Herbert Sandberg
(1908–91)
Karikatur zum Berliner Ensemble,
1956

der DDR und auf die skandalöse Kulturpolitik der DDR-Funktionäre übertragen. Brecht scheute sich nicht, in einem Entwurf eines Vorworts zum Stück, den Staatsapparat der DDR mit dem alten »Naziapparat« zu identifizieren, der sich »unter neuen Befehlshabern« wieder in Bewegung gesetzt hätte: »Unüberzeugt, aber feige, feindlich, aber sich duckend, begannen verknöcherte Beamte wieder gegen die Bevölkerung zu regieren« (GBA 24,410).

Im März 1954 erhielt das Berliner Ensemble, das bis dahin im Deutschen Theater zu Gast war, mit dem Theater am Schiffbauerdamm sein eigenes Haus und eröffnete es am 19. März mit der Premiere von *Don Juan* nach Molière. Die Übergabe des Theaters war durchaus nicht unumstritten gewesen, da Brechts »Abweichungen« von der offiziellen Kunstdoktrin des sozialistischen Realismus bekannt und (beinahe) alle seine Inszenierungen auf heftigste Kritik der DDR-Kulturfunktionäre gestoßen waren. Brecht war in dieser Hinsicht in der DDR zu Lebzeiten nie wirklich anerkannt gewesen (worauf hier nur verwiesen werden kann). Zur Überprüfung von Brechts »Gesinnung« war u. a. der Funktionär Wilhelm Girnus im Auftrag des Staatsratsvorsitzenden Walter Ulbricht auf Brecht angesetzt worden. Girnus unterrichtete im Juli 1953 Ulbricht über Brechts Kritik an der Kulturpolitik, plädierte aber dennoch, was die Überlassung des neuen Hauses betraf, für eine »elastische Behandlung der ganzen Angelegenheit«. Es sei international untragbar, »Brecht die Überlassung des Theaters« zu verweigern«. Sie hätte auf Brecht eine »erzieherische Wirkung«, weil er dadurch gezwungen wäre, das Publikum zu gewinnen. »Deshalb müßte man ihm nicht irgendeine kleine Quetsche, sondern ein richtiges Theater geben, damit er seinen Primitivismus und Puritanismus nicht durch mangelnde Technik begründen kann« (Hecht, B 6: 1997a, 1071).

2
Lyrik

Allgemeine Charakteristika

Mit über 2300 (nach GBA genau: 2334) Gedichten schuf
Bertolt Brecht eines der umfangreichsten und bedeutends-
ten lyrischen Werke der deutschen Literatur, das vergleichbar ist nur mit dem von Johann Wolfgang von Goethe. Wie
dieser seine Lyrik als »Gelegenheitsdichtung« verstand, die
durch »die Wirklichkeit angeregt« ist und »darin Grund
und Boden« hat,[1] so machte auch bei Brecht Gelegenheit
Poesie, freilich mit dem Unterschied, dass Goethes Gelegenheiten vornehmlich biografisch bezogen waren, während Brecht seinen Grund und Boden überwiegend in Zeit-
ereignissen fand. Gemeinsam sind Goethe und Brecht nicht
nur die große Zahl von Gedichten, mit der sie typische Lyriker wie Heine, Rilke oder Benn bei weitem übertreffen,
sondern auch die ungewöhnliche Vielfalt an Motiven, Bildern, Sprache, Stilarten sowie der thematische Reichtum,
der Alltägliches, Frivoles, Obszönes und Politisch-Brisan-
tes, aber auch traditionelle Themen der Lyrik umfasst, so
dass es in Brechts Gedichten keinen einheitlich gestimmten
»subjektiven Ton« gibt und seine Lyrik – anders, als die lite-
raturwissenschaftliche Übereinkunft bei Lyrik gilt – nicht
»Ausdruck der Persönlichkeit« geworden ist. Im Gegenteil
– und darin dokumentiert sich die Weiterentwicklung der
lyrischen Möglichkeiten durch Brecht gegenüber Goethe,
der Tradition überhaupt, aber auch gegenüber seinen Zeit-
genossen – hat er die Lyrik so verändert, dass die »subjektive Gattung«, die sich mit Begriffen wie »empfindsam-

---

1 *Goethes Gespräche mit Eckermann*, hrsg. von Franz Deibel, Leipzig 1908,
2 Bde., Bd. 1, S. 56.

subjektiver Ausdruck«, »Unmittelbarkeit«, »Gemüt«, »Gefühl«, »Stimmung« u. a. verbindet, sich der Darstellung »objektiver« Gegebenheiten öffnete, die gemeinhin als »unlyrisch« angesehen werden. »Distanz«, »Reflexion«, »Kritik«, »Kälte«, »Sachlichkeit«, »Engagement« sind die Begriffe, die sich seit Brecht mit »Lyrik« vereinbaren lassen und mit denen jede Festlegung von Lyrik auf bestimmte konstante Elemente, die angeblich in stetiger Variation jedes Gedicht bestimmen und »Lyrisches« definieren, endgültig verabschiedet ist.

Brecht erzielte mit seinen Gedichten eine für Lyrik ungewöhnliche Wirkung, nämlich eine politische. Als Zwanzigjähriger, also in einem Alter, in dem eher lyrische »Ergüsse« zu erwarten gewesen wären, schrieb er die *Legende vom toten Soldaten*. Die vierzeiligen, gereimten, aber unregelmäßig rhythmisierten Strophen, die an die »volkstümliche« Tradition der »Chevy-Chase-Strophe« anknüpfen, beschreiben auf makabre Weise die Wiederaufbereitung eines toten Soldaten zum erneuten Gang in den »Heldentod« (vgl. die Analyse innerhalb der Ausführungen zu *Trommeln in der Nacht*, S. 89–99) und hatten nicht nur durchschlagenden Erfolg im politischen Kabarett der Weimarer Republik, sondern auch in der Abqualifizierung Brechts als eines politischen Dichters von »niedrigster Gesinnung« (vgl. die Ausführungen zur *Legende* innerhalb der Biografie, S. 17 f.).

Eine ähnlich nachhaltige und politische Wirkung – freilich ganz anderer Art – hatte, um ein weiteres Beispiel zu nennen, Brechts *Solidaritätslied*. Brecht schrieb den Text, den Hanns Eisler vertonte, 1931 für den Film *Kuhle Wampe*, der auf der Liste der »ewigen« Filmklassiker an prominenter Stelle rangiert und allein schon dafür gesorgt hat, dass der Song ein Millionenpublikum erreichte. Das Lied wurde in zahlreichen weiteren Fassungen, die teils auf Brecht, teils auf Hanns Eisler, der eigene Fassungen schrieb, zurückgehen sowie durch Weiterdichtungen anderer, vor allem durch Ernst Busch, zu einem der bekanntesten internationalen Arbeiterlieder. So trugen es z. B. in Wien Anfang 1932 in einem Stadion mit 60 000 Zuschauern 7000 Sänger vor. In der Sowjetunion wurde es durch die Erstaufführung von *Kuhle Wampe* im Mai 1932 bekannt und 1937 durch ein antifaschistisches Liederbuch (mit russischem und deutschem Text) auch im Druck verbreitet. Im Februar 1934 sangen es Arbeiter bei Demonstrationen im Rahmen des Generalstreiks auf Französisch. 1935 erfolgte, nach einer holländischen Ausgabe von 1934, eine amerikanische Übersetzung in hoher Auflage (*Forward, We 've Not Forgotten*, in: *Workers Song Book No. 2*, New York). 1936 berichtete Slatan Dudow aus den USA: »Neulich sah ich einen Reklamefilm über den 1. Mai in New York. Neben die [!] dominierte das Solidaritätslied« (Dudow an Brecht, 4. September 1936, im Nachlass Brechts). Ein Druck von 1937 (in: *Songs of the People*, New York; irrtümlich ist Erich Weinert als Autor des Textes angegeben) sorgte für weitere Bekanntheit der englischsprachigen Fassung. Während des Spanischen Bürgerkriegs wurde der Song durch Ernst Buschs verschiedene Ausgaben von Kampfliedern der Internationalen Brigaden unter den antifaschistischen Truppen verbreitet. Ernst Busch trat überdies mit diesem Lied und anderen Songs 53-mal im Freiheitssender auf. Der Freiheitssender strahlte seine Sendungen 1937–39 von Spanien (Pozuelo del Rey, in der Nähe von Madrid) gegen die Nationalsozialisten nach Deutschland aus (Kurzwelle 29,8). Er wurde von den kommunistischen Parteien getragen und löste bei den Machthabern in Deutschland erhebliche Unruhe aus. 1940 war Buschs Engagement für dieses Lied einer der Gründe, dass ihn die Nazis bei ihrem Einmarsch in Belgien verhafteten und nach Deutschland deportierten; ihm wurde vorgeworfen, er habe durch Gesangsvorträge den Kommunismus in Europa verbreitet. Während des Zweiten Weltkriegs setzte es die sowjetische Rote Armee als Propagandamittel gegen die Nazis ein. Es war aber auch in antifaschistischen Kreisen in Nazideutschland populär. Nach dem Krieg wurde Brecht vor dem Ausschuss für unamerikanische Tätigkeiten ausführlich u. a. zu diesem Lied befragt. Nach der Niederschlagung des Nazireichs gehörte es zum festen Bestand des internationalen Arbeiterlieds. Die Kommunistische Partei Österreichs erwarb z. B. 1945 von der Universal-Edition 20000 Exemplare im Neudruck. Und schließlich waren am 4. November 1989 in Berlin, damals noch DDR, auf Spruchbändern die Verse zu lesen: »Wessen ist die Straße / Wessen ist die Welt«; auch zur Grablegung der DDR erwies sich das Lied als noch nützlich. Kurz: das *Solidaritätslied* hatte eine derartige Wirkung, dass es allgemeines Liedgut wurde, ihre eigentlichen Urheber zunehmend in Vergessenheit geraten ließ und für die verschiedensten Zwecke einsetzbar war.

Brecht beherrschte alle wesentlichen Formen der Lyrik. Er schrieb ein – Fragment gebliebenes – »Epos« in Hexametern, *Lehrgedicht* (*Das Manifest*), eine Versifizierung des *Manifests der kommunistischen Partei* von Karl Marx und Friedrich Engels; er dichtete Odenstrophen, z. B. mit *Beim Lesen des Horaz*, oder Epigramme, so in der *Kriegsfibel*, nach antiken Metren; er übernahm mit Kinderreimen und Knittelversen »volkstümliche« Liedformen, so in den *Kinderliedern*; er beherrschte die Form des klassischen Sonetts in allen möglichen Varianten, so in den *Augsburger Sonetten* oder in den *Studien*; er schrieb Balladen nach klassischem Muster, aber in völlig neuem, aufreizendem Ton, z. B. mit der *Dritten Lektion* der *Hauspostille*; er prägte in neuer Weise die freien Rhythmen aus, von ihm »reimlose Verse mit unregelmäßigen Rhythmen« (vgl. GBA 22,357) genannt, so in den *Deutschen Satiren* der *Svendborger Gedichte*; er schuf mit den Gedichten der *Deutschen Kriegsfibel* eine neue Form politischer Epigrammatik; er verfasste Erzählgedichte, die auf der Basis traditioneller Metrik durch die Kürze des letzten Verses in jeder Strophe energisch Abschnitte setzen und so die Selbständigkeit der Stationen markieren, wie in der *Legende von der Entstehung des Bu-*

ches Taoteking auf dem Weg des Laotse in die Emigration;
er ahmte mit seiner Prosalyrik, wie den *Psalmen*, auf aufreizende Weise den biblischen Ton des *Psalters* nach, oder er
forderte, um die Aufzählung abzuschließen, mit Gedichten
in Ein-Wort-Versen, wie *Vergnügungen*, und mit Wandinschriften, wie *Theater*, die Rezipienten heraus.

Frühe Lyrik
(1913–25)

Das *Tagebuch No. 10* von 1913 überliefert achtzig Gedichte
und korrigiert das in der Forschung gängige Bild (Schuhmann, B 8: 1964, 7–22; Schwarz, B 8: 1971, 14–31), Brecht
habe mit chauvinistisch-vaterländischen Gesängen, die
Krieg und Kaiser feierten, wie *Dankgottesdienst* von 1914
(GBA 13,71) oder *Der Kaiser* von 1915 (GBA 13,76), einem
besonders abstoßenden Beispiel, seine lyrische Laufbahn
begonnen. Ein Vergleich mit den frühen Gedichten des *Tagebuchs* erhärtet den Verdacht, der junge Autor habe sich
der Zeitstimmung angepasst, um publiziert zu werden. Die
meisten dieser patriotischen Texte sind nur im Druck überliefert, waren folglich, so steht zu vermuten, dem Verfasser
keiner weiteren Aufzeichnung wert.

Ab 1916 sind die ersten haltbaren Produkte Brechtscher
Lyrik nachweisbar. Im Juli dieses Jahres publizierte er *Das
Lied von der Eisenbahntruppe von Fort Donald* in den
Augsburger Neuesten Nachrichten und zeichnete erstmals
öffentlich mit »Bert Brecht«. Diese Ballade, die später in die
Hauspostille aufgenommen wurde, kennzeichnet die neue
Thematik, die für die Folgejahre bestimmend werden sollte.
Nach seinen Vorbildern Frank Wedekind, François Villon
und Arthur Rimbaud prägte Brecht seinen typisch antibür-

gerlichen Gestus aus. Verhöhnung bürgerlicher Lebensweise, Nihilismus, Vitalismus (vor allem in der Gestalt des Baal; *Baals Lied*, *Choral vom Manne Baal*), Exotik und ungebundener Individualismus, die spielerisch der nach dem Krieg neu etablierten Raubgesellschaft entgegengehalten wurden, sind die hervorstechenden Merkmale dieser Gedichte. Sie handeln von Empörern, Abenteurern, haben erotische und sexuelle Themen zum Inhalt und geben sich häufig als Parodie, und zwar in Text und Melodie. Zugleich entwickelte Brecht das zentrale Thema (nicht nur) seiner Lyrik, den »Menschenverschleiß«. Dies und weitere Charakteristika der frühen Gedichte seien exemplarisch an einem der bekanntesten und meistzitierten Gedichte Brechts demonstriert.

Erinnerung an die Marie A.

1

An jenem Tag im blauen Mond September
Still unter einem jungen Pflaumenbaum
Da hielt ich sie, die stille bleiche Liebe
In meinem Arm wie einen holden Traum.
Und über uns im schönen Sommerhimmel
War eine Wolke, die ich lange sah
Sie war sehr weiß und ungeheuer oben
Und als ich aufsah, war sie nimmer da.

2

Seit jenem Tag sind viele, viele Monde
Geschwommen still hinunter und vorbei.
Die Pflaumenbäume sind wohl abgehauen
Und fragst du mich, was mit der Liebe sei?
So sag ich dir: Ich kann mich nicht erinnern
Und doch, gewiß, ich weiß schon, was du meinst.
Doch ihr Gesicht, das weiß ich wirklich nimmer
Ich weiß nur mehr: Ich küßte es dereinst.

3

Und auch den Kuß, ich hätt ihn längst vergessen
Wenn nicht die Wolke da gewesen wär
Die weiß ich noch und werd ich immer wissen
Sie war sehr weiß und kam von oben her.
Die Pflaumenbäume blühn vielleicht noch immer
Und jene Frau hat jetzt vielleicht das siebte Kind
Doch jene Wolke blühte nur Minuten
Und als ich aufsah, schwand sie schon im Wind.

(GBA 11,92 f.)

Das Gedicht ist am »21.II.20 abends 7h im Zug nach Berlin« entstanden und heißt nach der Handschrift im Notizbuch zunächst *Sentimentales Lied No. 1004.* Unter dem Text steht: »Im Zustand der gefüllten Samenblase sieht der Mann in jedem Weib Aphrodite.« Der Duktus der Handschrift zeigt, dass die Verse schnell und spontan niedergeschrieben sind, dass sie folglich weitgehend im Kopf ausformuliert waren, ehe sie aufgezeichnet wurden. Tatsächlich liegt keine Originalschöpfung Brechts vor, das Gedicht ist vielmehr eine Parodie auf einen Schlager der Zeit, *Verlornes Glück,* der in zahlreichen Arrangements verbreitet war (nach dem französischen *Tu ne m'aimais pas* von Léon Laroche, Musik von Charles Malo). Brecht kannte das Lied vermutlich durch Karl Valentin, der es bereits in einer Szene von 1915 parodiert hatte. Eine Strophe der deutschen Fassung lautet:

So oft der Frühling durch das offne Fenster
am Sonntagmorgen uns hat angelacht,
da zogen wir durch Hain und grüne Felder.
Sag, Liebchen, hat dein Herz daran gedacht?
Wenn abends wir die Schritte heimwärts lenkten,
dein Händchen ruhte sanft in meinem Arm,
so oft der Weiden Rauschen dich erschreckte,
da hielt ich dich so fest, so innig warm.

> Zu jener Zeit, wie liebt ich dich, mein Leben,
> ich hätt' geküßt die Spur von deinem Tritt,
> hätt' gerne alles für dich hingegeben
> und dennoch du – du hast mich nie geliebt![2]

Ein Vergleich mit Brechts Gedicht zeigt, wie stark es seiner Quelle verpflichtet ist. Es entsprechen sich »Zu jener Zeit« im Schlager und »An jenem Tag« bei Brecht (variiert im ersten Vers der zweiten Strophe wiederholt »Seit jenem Tag«), »Da hielt ich sie« und »Da hielt ich dich« (»in meinem Arm«), der Dialog in Strophe 2 bei Brecht und im Schlager die Formulierung »Sag, Liebchen, hat dein Herz daran gedacht?«, der Liebesort in der Natur sowie der formale Bau (abgesehen vom Refrain, den Brecht nicht übernimmt: (weitgehend) fünfhebiger Jambus, Reime in den Versen 2 und 4 sowie 6 und 8.

Der frühe Titel, *Sentimentales Lied No. 1004*, ist danach zunächst eine Anspielung auf die Quelle. Ein als sentimental angekündigtes Gedicht setzt den gesamten Text in ironische Anführungszeichen und hat alle Klischees und die kitschig-sentimentale Stimmung bereits einkalkuliert. Durch die Nummerierung ergibt sich dann noch ein weiterer intertextueller Bezug, nämlich zu Mozarts Oper *Don Giovanni* (Libretto von Lorenzo Da Ponte), in der Leporello in seiner Registerarie die Zahlen der Geliebten Don Giovannis in den verschiedenen Ländern reiht (1. Akt, 5. Auftritt). Den Höhepunkt bildet Spanien mit 1003 Geliebten. Brecht überbietet den berühmten »Vorgänger« dadurch, dass er noch eine Dame hinzufügt.

Max Frisch hat darauf aufmerksam gemacht, dass diese »legendäre Zahl seiner [Don Juans] Lieben (1003) [...] nur darum nicht abstoßend [ist], weil sie komisch ist, und komisch ist sie, weil sie zählt, wo es nichts zu zählen gibt«.

---

2 Zit. nach Karl Valentin, *Sämtliche Werke*, hrsg. von Helmut Bachmaier und Manfred Faust, Bd. 5: *Stücke*, München 1997, S. 15 f.

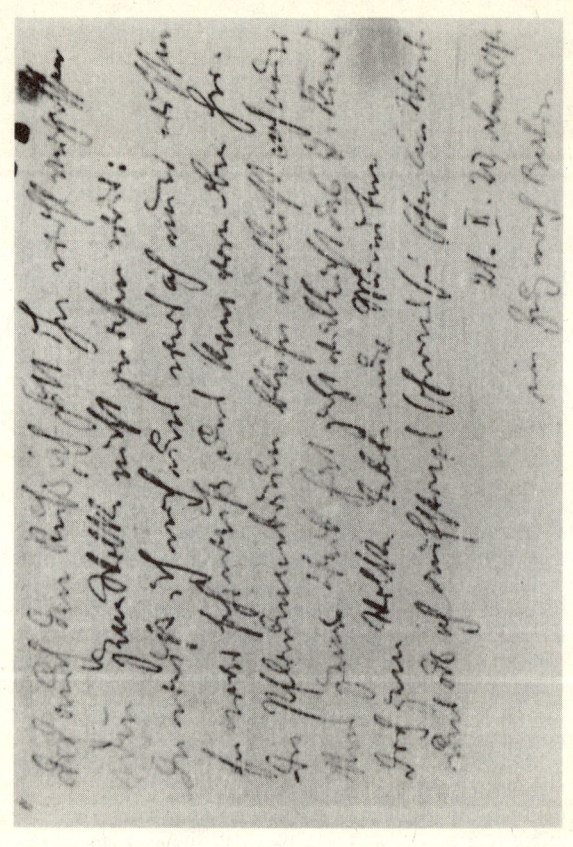

3. Strophe des Gedichts *Erinnerung an die Marie A.*
in der Erstfassung (unter dem Titel
Sentimentales Lied No. 1004; 1920)

Don Giovanni bleibe ohne »Du«, er sei der Prototyp des Narziss'.[3] Eben dies bestätigt Brechts Gedicht und der zynische Kommentar, dass der Mann im »Zustand der gefüllten Samenblase« in *jeder* Frau eine Aphrodite, also eine Göttin der Liebe, sähe. Der Text, obwohl er so unerhört klingt und das übliche Interieur von Liebesgedichten aufzubieten scheint, besagt nichts über ein Liebes*erlebnis* und schon gar nichts über die Frau »unter einem jungen Pflaumenbaum« als geliebtes »Du«. Im Gegenteil, ihr Gesicht, das Individuellste am Menschen, ist vergessen, ja, vermutlich noch nicht einmal wahrgenommen worden; und auch der Kuss wäre dem Vergessen anheimgefallen, wäre da nicht die Wolke gewesen, die als das Flüchtigste und Gestaltlose allein der Erinnerung wert ist. »Gewölkegesicht« nannte der junge Brecht die gesichtslosen Geliebten (vgl. GBA 13,235–237).

Die Marie A., wie der endgültige Titel die Frau scheinbar individuell benennt, ist nur eine unter sehr vielen, die nie ein Gesicht hatte, und die Erinnerung des Mannes ist nur die zynische Bestätigung seines Narzissmus, eines Narzissmus, mit dem er sich sogar leisten kann, lässig und abwehrend, wie in der zweiten Strophe, das Thema Liebe auszublenden und sich lediglich der Erinnerung der Wolke zu überlassen. Eigentliches Thema des Gedichts ist folglich nicht das der Liebe, sondern das der Auslöschung des Individuums, das selbst in der innigsten Beziehung, in der Liebe zwischen Mann und Frau, kein »Du« mehr habhaft werden lässt. Statt der Person der Frau steht ihre Personifikation: »die stille bleiche Liebe«. Still und bleich aber ist der Tod. Insofern handelt auch dieses Gedicht von »Menschenverschleiß«.

Brecht hat mit dem Titel *Erinnerung an die Marie A.* die Forschung weitgehend auf eine falsche Fährte gelockt. Ge-

---

3 Max Frisch, *Gesammelte Werke in zeitlicher Folge*, hrsg. von Hans Mayer, Frankfurt a. M. 1976, Bd. 3,1, S. 169.

wohnt, biografische Bezüge bei Lyrik vorauszusetzen, war eine Frau, die gemeint sein müsste, schnell gefunden: Marie Rose Aman, eine Jugendliebe Brechts, und entsprechend ist ausschließlich von einem Liebesgedicht (Schöne, B 8: 1990, 47) gesprochen worden. Zwar gleite die »Zentralfigur an die Peripherie«, die Wolkenbilder jedoch höben alles Sentimentale und Zynische wieder auf (ebd., 49); zwar versinke das Liebesglück »im »Strom tausender alltäglicher Begebenheiten«, es habe aber seinen »Augenblick« der Erfüllung gehabt (Schuhmann, B 8: 1964, 77 und 79). Das Gedicht selbst jedoch wehrt ausdrücklich die übliche Frage, »was mit der Liebe sei?« ab, und das lyrische Ich antwortet entschieden: »Ich kann mich nicht erinnern«. Was vergessen ist, ist aus dem Leben gelöscht. Wer sich seiner Erlebnisse nicht mehr erinnern kann, verliert das einstmals gelebte Leben und stirbt schon vor dem Tod ab. Folglich liegt kein Liebesgedicht vor, und jeglicher biografische Bezug, die Frage, welche bestimmte Frau der Dichter »gemeint« haben könnte, geht am Text des Liedes vorbei.

1920 schrieb Brecht 18 Prosa-Gedichte, die die Sammlung *Psalmen* bilden. Es handelt sich um provokante erotisch-sexuelle Texte, die sich ihren Sprachduktus aus dem *Psalter* des *Alten Testaments*, Lobgesängen zum Preis Gottes in lyrischer Prosa, borgen: »Man muß die Knie vorwerfen wie eine königliche Dirne, als ob man an Knien hinge. Die sehr groß sind. Und purpurne Todesstürze in den nackten Himmel und man fliegt nach oben, bald mit dem Steiß, bald mit dem vorderen Gesicht. Wir sind völlig nackt, der Wind tastet durch die Gewänder. So wurden wir geboren« (*Vom Schiffschaukeln. 4. Psalm*; GBA 11,18). Wiederum erhält die Geliebte kein individuelles Gesicht. Die Sachlichkeit, mit der die *Psalmen* Sexualität und Partnerschaft behandeln, stellen erneut einen Abgesang auf die Liebe dar.

Mit über 200 Gedichten war 1920 Brechts produktivstes Jahr für die Lyrik. Es entstanden Gedichte wie *Über die Vitalität*, wobei Brecht stets »Fitalität« sagte, was das Gedicht noch bösartiger werden ließ, *Vom Brot und den Kindlein* (GBA 11,41 f.), die *Ballade von der Freundschaft* (GBA 11,95–97) oder *Großer Dankchoral* (GBA 11,77), Lieder, die in die *Hauspostille* eingingen. Den Abschluss der frühen Lyrik bildete das verspätete Erscheinen der *Hauspostille* (1927), die die wichtigsten Gedichte von 1916 bis 1925 vereinte.

Bertolt Brechts Hauspostille

Die *Hauspostille* war die erste Sammlung von Gedichten, die Brecht publizierte. Die Tatsache, dass er im Titel seinen Namen im Genitiv nennt, knüpft an ein Verfahren an, das er bereits in seiner Komödie *Mann ist Mann* verwendet hat, als er dort sagen lässt: »Herr Bertolt Brecht behauptet: Mann ist Mann« (GBA 2,123), sich so selber ins Geschehen einbringend. Für den Titel der *Hauspostille* gilt entsprechend: Der Dichter tritt nicht, wie üblich, primär als Autor auf, vielmehr führt er sich zugleich als »Besitzer« ein (Doppeldeutigkeit des Genitivs als »subjectivus«; das Buch stammt von und es gehört Brecht) *und* als »Gegenstand«, über den gehandelt wird (»genetivus objectivus«: über Brecht). Tatsächlich enthält die Sammlung einen *Anhang: Vom armen BB*, in dem u. a. das berühmt gewordene gleichnamige Gedicht steht, eine lyrische Biografie (»Ich, Bertolt Brecht, bin aus den schwarzen Wäldern«; GBA 11,119 f.), mit der Brecht seine eigene Herkunft und Haltung (fiktiv) stilisiert hat.

Die Sammlung umfasst fünf *Lektionen*: *Bittgänge, Exerzitien, Chroniken, Mahagonnygesänge, Die kleinen Tagzeiten der Abgestorbenen*, ein *Schlußkapitel* (*Gegen Verführung*), den genannten *Anhang* sowie *Gesangsnoten* (für 14 Gedichte); vorangestellt ist eine *Anleitung zum Gebrauch der einzelnen Lektionen*. Die Gedichte der einzelnen *Lektionen* sind sowohl im Inhaltsverzeichnis als auch in den Kolumnentiteln nummeriert und werden in der *Anleitung*

als »Kapitel« bezeichnet. Ebenfalls sind die Strophen der
einzelnen Gedichte konsequent gezählt, und sie sind nach
Brechts Vorbild als Ordinalzahlen beim Vortrag mitzulesen;
sie sind analog als »Abschnitte« der »Kapitel« anzusehen.

Bereits die Bezeichnungen und die äußerliche Aufmachung der *Hauspostille* lassen deutlich werden, dass der übliche Anspruch von Lyrik-Anthologien, nämlich ein zy-
klisch abgestimmtes Gebilde um ein thematisches Zentrum
mit Erbauungswert zu sein, provokativ unterlaufen wird.
Ein »Gebrauchs«-Buch ist angekündigt, es »soll nicht sinnlos hineingefressen« (GBA 11,39), die Lektüre stets mit
dem *Schlußkapital* abgeschlossen werden, das zum (hemmungslosen) Lebensgenuss mahnt, weil es »keine Wiederkehr« gebe und »nicht mehr bereit« stehe, »Und es kommt
nichts nachher« (GBA 11,116).

Vergänglichkeit und Lebensgenuss sind die zwei großen
durchgängigen Themen der *Hauspostille*. Apfelböck hat
seine Eltern ermordet und versteckt ihre Leichen im
Schrank, bis sie zu stinken beginnen und der Mord entdeckt
wird (*Apfelböck oder Die Lilie auf dem Felde*; GBA
11,42 f.). Marie Farrar hat aus Armut und Verzweiflung ihr
uneheliches Kind umgebracht und wird als Mörderin gerichtet (*Von der Kindesmörderin Marie Farrar*; GBA 11,44–
46). Das Schiff, vermodert, beginnt zu sinken und wird
»Ruhestätte« für »Möw und Algen«; sein »Gesicht wird
blasser«, und es bittet sehnlichst darum, »daß es enden soll«
(*Das Schiff*; GBA 11,46 f.).

Exemplarisch für einen profanen Lebenslauf, der von äußeren Zwängen bestimmt ist und jegliche Ausbildung von
Individualität verhindert, steht das Gedicht *Vom Mit-
mensch*, der Lebenslauf eines Mannes, dem die »Sklaven-
kette / Tief in sein mildes Fleisch gewetzt« wird und der
selbst auf dem Totenbett kein eigenes Wort äußern darf
(GBA 11,59–61). Demgegenüber steht der Lebenslauf des
François Villon, der sich als Vagant und Verbrecher durch-
schlägt und dem es dennoch gelingt, aus aller Unbill Genuss

zu ziehen, selbst noch aus seinem Tod: »Als er die Viere streckte und verreckte / Da fand er spät und schwer, daß ihm dies Strecken schmeckte« (*Vom François Villon*; GBA 11,55 f.).

Komplementär zu den Untergangsgedichten stehen die Gedichte, die den Lebensgenuss propagieren, etwa *Orges Gesang*, in dem sich Orge auf dem Abort – »Dies sei ein Ort, wo man zufrieden ist / Daß drüber Sterne sind und drunter Mist« – den »Wanst / Für neue Lüste« präpariert (GBA 11,61 f.), *Über den Schnapsgenuß*, der ironisch gelobt wird (GBA 11,62), der *Choral vom Manne Baal*, der sich im Lebensgenuss selber genüsslich aufzehrt, und vor allem die *Mahagonnygesänge*, die in aufreizend einfacher Weise den hemmungslosen Genuss von Weib und Whisky propagieren.

Der Titel »Hauspostille« stellt die Lyrik-Sammlung in die protestantische Tradition religiöser Gebrauchsbücher, die Predigten und Texte zur moralischen Erziehung enthielten. »Postille« meint ursprünglich »Erklärung des vorangestellten Bibeltextes« (lat. *post illa verba texta* ›nach den eigentlichen Texten‹). Die Überschriften der *Lektionen* spielen zugleich auf den katholischen Ritus an (nicht auf Luther; er hat von *Episteln* gesprochen). So beziehen sich die *Bittgänge* auf die katholischen Gebräuche der »Fürbitte«, mit denen um gute Ernten, Abwehr von Unheil u. Ä. gebetet wird. Die *Exerzitien* zitieren die *Exercitia spiritualia* des Ignatius von Loyola, die geistlichen Grundbücher des Jesuitenordens, Buß- und Andachtsbücher, die dem sündigen Menschen den Weg zu Gott eröffnen sollen. Die *Chroniken* der 3. Lektion verwenden – in diesem Zusammenhang – als Vorbild die *Chroniken* des *Alten Testaments*, die von exemplarischen menschlichen Lebensläufen zum Lob Gottes berichten. *Die kleinen Tagzeiten der Abgestorbenen* schließlich beziehen sich auf die »horae canonicae«, die kanonischen Stunden im katholischen Ritus, die – vor allem im Kloster – zur Andacht vorgeschrieben sind.

Die Entstehungsgeschichte der *Hauspostille* erstreckt sich über sechs Jahre und endet nicht mit ihrer Publikation 1927, weil Brecht die Anordnung der Sammlung bis in sein Todesjahr 1956 hinein immer wieder verändert hat. 1921 fasste er den Plan zu einer Balladensammlung und legte ein erstes Inhaltsverzeichnis an. Der Kiepenheuer Verlag, das heißt der als Lektor tätige Schriftsteller Hermann Kasack, interessierte sich für das Gedichtbuch und bot die Publikation an. Brecht pokerte jedoch mit anderen Verlagen, was schließlich dazu führte, dass der Band in zwei (weitgehend identischen) Ausgaben bei Kiepenheuer (1926) und im Propyläen-Verlag (1927) erschien. Obwohl die *Taschenpostille* von 1926 näher an Brechts Vorstellungen der Sammlung ist, was Aufmachung und Druckbild anbetrifft, muss die Ausgabe von 1927 als die für die Forschung gültige angesehen werden: Auf ihr basierte die Wirkung, wie sie im vorliegenden Band in der Lebensbeschreibung vermerkt worden ist. Alle Veränderungen, die Brecht später vornahm, wurden nicht zu Brechts Lebzeiten publiziert und waren folglich nicht von ihm autorisiert. Die erste einschneidende Änderung erfolgte 1937 für die geplante Ausgabe der *Gesammelten Werke* im Malik-Verlag. Der Druck jedoch kam nicht zustande, weil der Verleger Wieland Herzfelde nach dem Münchner Abkommen (1938) aus dem Verlagsort Prag fliehen und alle Unterlagen zurücklassen musste. Nach dem Zweiten Weltkrieg druckte Peter Suhrkamp 1951 die Sammlung nach, freilich – auf Brechts Anweisung hin – ohne den *Gesang des Soldaten der roten Armee*. 1956 ordnete Brecht die Gedichte der Sammlung erneut um und legte ein neues Inhaltsverzeichnis an. Nach diesem Verzeichnis publizierte Elisabeth Hauptmann postum die *Hauspostille* nach dem Editionsprinzip der »letzten Hand«, das heißt, dass sie auch die jeweils letzten Fassungen der Gedichte und nicht die der Ausgabe von 1927 abdruckte. Diese Ausgabe, die erstmals 1960 innerhalb einer Werkausgabe erschien (*Gedichte 1*), bildete bis zur GBA (weitgehend) die Grundlage für die

Forschung. Die GBA (Band 11) bringt die *Hauspostille* erstmals wieder in ihrer ursprünglichen Gestalt von 1927 und dokumentiert deren Veränderungen und Entstehung im Einzelnen.

Elisabeth Hauptmanns Ausgabe, das sei noch kurz erwähnt, führte zu einem Kuriosum in der Brecht-Forschung. Da die Sammlung mehrere Gedichte über Orge (d. i. Georg Pfanzelt) enthielt, deren Entstehung in den Zeitraum zwischen 1917 und 1920 fiel, datierte die Forschung das Gedicht *Orges Wunschliste*, das Brecht 1956 neu in seinem Inhaltsverzeichnis aufgenommen hatte, wie selbstverständlich auf »um 1917« (so im Bestandsverzeichnis des BBA, B 4: 1970, Gedichte, 143). In Wirklichkeit – so dokumentiert es die Überlieferung zweifelsfrei – schrieb Brecht das Gedicht 1956 (vermutlich Juni/Juli), eben zu der Zeit, als er die *Hauspostille* neu zusammenstellte.

Lyrik der Weimarer Republik

(1925–33)

Die *Hauspostille* war zu einem Zeitpunkt erschienen, als sich Brecht längst gesellschaftlicher Thematik in der Lyrik zugewendet hatte. Am herausforderndsten wirken die Texte der Sammlung von zehn Gedichten *Aus dem Lesebuch für Städtebewohner*, die 1930 veröffentlicht wurde; mehrere Gedichte waren bereits (seit 1926) in verschiedenen Zeitungen erschienen und galten als typische »Stadtgedichte« der Zeit. Sie zeichnen sich dadurch aus, dass sie mit brutaler Sachlichkeit ein der gesellschaftlichen Entfremdung und der großstädtischen Anonymität angepasstes menschliches Verhalten fordern: Alle Spuren seien zu verwischen, selbst die Eltern, ja das eigene Grab zu verleugnen, da auf niemand

Verlass ist; überall herrschen Schwäche, Verrat, Verkom-
menheit, so dass nur rücksichtsloses, unmenschliches Vor-
gehen das einzig Richtige sein kann. Die Anlage der Sammlung, deren erstes Gedicht mit kalten Aufforderungen an
ein lyrisches »Du« unmittelbar beginnt (»Trenne dich von
deinen Kameraden auf dem Bahnhof / [...] Verwisch die
Spuren!«), funktioniert so, dass die Aufforderungen zunächst direkt und mit allem Zynismus ausgesprochen, dann
aber in zweifacher Weise relativiert werden (GBA 11,157).
Die Gedichte haben in den meisten Fällen einen Nachsatz,
der das direkt Gesagte als Übermitteltes und damit als gängige Meinung erweist: »(Das wurde mir gesagt.)« (GBA
11,157) oder »(Das hast du schon sagen hören.)« (GBA
11,159) oder »(»So sprechen wir mit unsern Vätern.)«
(GBA 11,159). Die zweite Relativierung erfolgt durch das
Abschlussgedicht, in dem es heißt: »Wenn ich mit dir rede /
Kalt und allgemein / [...] / So rede ich doch nur / Wie die
Wirklichkeit selber« (GBA 11,165). Das lyrische Ich gibt
folglich nicht seine Meinungen oder Ansichten wieder, sondern beansprucht, die Wirklichkeit zur Sprache zu bringen
mit dem Ziel, dass sie erkannt wird. Dabei übersieht das lyrische Ich durchaus nicht die »besondere Artung«, also die
Individualität, des angesprochenen »Du«, es versucht jedoch klarzumachen, dass die gesellschaftlichen Verhältnisse
Individualität radikal ausgelöscht haben. Mit dem Schluss-
gedicht der Sammlung zeigt es sich als erforderlich, die vor-
anstehenden Texte nochmals mit dieser »Leseanleitung« zu
lesen; sie haben nicht, wie zunächst suggeriert, Meinungen
oder allgemeine Übereinkünfte wiedergegeben, sondern
brutale Tatsachen formuliert. Brecht schrieb die Gedichte
des *Lesebuchs* für die Schallplatte, das geeignete Medium,
das zu wiederholtem Hören sich anbot: »Einmaliges Ab-
spielen der Platte genügt nicht« (GBA 13,371).

Gemeinhin wurden diese Sammlung und weitere Gedichte der Zeit, die den technischen »Errungenschaften«
galten oder dem Sport, allem voran dem Boxsport (*Ge-*

denktafel für zwölf Weltmeister; GBA 13,379–382), von der Forschung der »Neuen Sachlichkeit« zugeschlagen, das heißt, es wurde behauptet, die »Kälte« des Tons und das sachliche Konstatieren der neuen Wirklichkeiten, seien »Ausdruck« der weltanschaulichen Haltung des Autors in dieser Lebensphase. Diese wurde denn auch als »vulgärmarxistische« oder »behavioristische« Übergangsphase Brechts angesehen, der als Vitalist und Nihilist begonnen hatte, ehe er dann zu seinem »reifen« Werk im Exil fand (vgl. Knopf, B 4: 1974, 80–90). Die Texte belegen jedoch eine ganz andere Lesart: Sie fordern dazu auf – und dies meist in parodierender, witzig sarkastischer Weise (vgl. z. B. *700 Intellektuelle beten einen Öltank an*; GBA 11,174–176) –, die herrschenden Verhältnisse »wirklich« zu erkennen und sie damit auch – in all ihrer Unmenschlichkeit – als »herrschende« anzuerkennen, weil man ihnen nur unter diesen Voraussetzungen »begegnen« kann, und zwar im doppelten Wortsinn: mit ihnen umgehen und gegen sie angehen, sie zu verändern und wieder menschlich werden zu lassen. Entsprechend gibt es auch keinen moralischen Ton, weil, wie die Gedichte behaupten, die Gesellschaft keine Moral kennt.

Die Wendung zu gesellschaftlicher Thematik und zur direkten und indirekten Kritik an den herrschenden Verhältnissen verband sich bis zur Machtübergabe an die Faschisten zunehmend mit politischem Engagement, ein Engagement, das zwar mit den Kommunisten gegen den aufkommenden Faschismus sympathisierte, nie aber von Brecht parteipolitisch fixiert wurde. Die Lyrik dieser Zeit stand im Zusammenhang mit den *Lehrstücken* und verstand sich als Eingriff in den politischen Tageskampf. Für die Stücke *Die Maßnahme* und *Die Mutter* schrieb Brecht Kampflieder, in denen die Arbeiter als positive geschichtliche Kraft gewürdigt und zum Umsturz der Gesellschaft aufgefordert wurden.

Während die engagierte Lyrik der Jahre 1927–31 von revolutionärem Elan getragen war – in der Hoffnung, durch

eine proletarische Revolution den Faschismus doch noch zu
verhindern –, begann mit dem Jahr 1932 die antifaschistische Lyrik Brechts, die mit der Etablierung des nationalso-
zialistischen Staates rechnete und zum gemeinsamen Kampf
der Antifaschisten aufrief. Als lyrische Bilanz dieser Zeit
kann die Gedichtsammlung *Lieder Gedichte Chöre* gelten.

Lieder Gedichte Chöre

Die Sammlung ist in drei Abteilungen sowie einen satirischen Anhang aufgeteilt und enthält eine Notenbeilage von
32 Seiten. Die erste Abteilung ist mit *1918–1933* überschrieben. Es ist bezeichnend, dass Brecht sie mit der *Legende
vom toten Soldaten* eröffnete und so einen Zusammenhang
vom Ende des Ersten Weltkriegs, der Weimarer Republik
und dem Aufkommen des Faschismus herstellte. Alle weiteren Lieder der ersten Abteilung entstanden zwischen 1926
und 1933. Mit ihnen deckte Brecht die Ursachen auf, die die
Weimarer Republik in den Untergang geführt hatten: unge-
brochene Kontinuität des preußischen Militarismus, Fort-
bestehen von Ausbeutung, Erniedrigung und »Klassenkampf«, Schein statt Wirklichkeit demokratischer Verhältnisse in der Republik.

Die zweite Abteilung, überschrieben mit *1933*, wendet
sich den gegenwärtigen Verhältnissen unmittelbar nach der
Machtübergabe an die Nazis in Deutschland zu: »Sie tragen
ein Kreuz voran / Auf blutroten Flaggen / Das hat für den
armen Mann / Einen großen Haken« (GBA 11,215). Hitler
ist an der Macht und versucht als »Anstreicher« die herrschenden Zustände zu verkleistern und damit die kleinen
Leute »anzuschmieren«; KZs werden eingerichtet, die Re-
gimegegner brutal verfolgt und ermordet. Einzig im Prozess um den Reichstagsbrand in Leipzig (Ende 1933) ist
durch Georgi Dimitroff noch eine mutige Gegenstimme zu
hören. Die Texte lassen, und dies zu Beginn der Naziherr-

schaft, keinen Zweifel daran, was sie bedeutet: Verfolgung und Ermordung aller Andersdenken, Gewalt, Terror, Ausbeutung und schließlich Krieg. Mit den *Hitler-Chorälen*, die bekannte Kirchenlieder parodieren, versuchte Brecht einen angemessenen Ton für das angemaßte »Führertum« Hitlers zu finden. Hitler beanspruchte eine gottähnliche Verehrung seiner Person, deren Überzogenheit eigentlich hätte stutzig machen müssen, anstatt auf sie hereinzufallen.

In der dritten Abteilung stehen die *Lieder und Chöre aus den Stücken »Die Mutter« und »Die Maßnahme«*, 1930 bzw. 1931 entstanden. Ihre Loslösung aus den Stücken gibt ihnen neues Gewicht: Die Antwort auf den Faschismus war schon vor seiner Etablierung gefunden. Sie behandeln einerseits Nöte, Sorgen und Kämpfe der Arbeiter und benennen andererseits die Möglichkeiten von revolutionärer (offener und illegaler) Zusammenarbeit. So erinnern die Lieder an die mögliche, aber nicht genutzte revolutionäre Lösung in der Weimarer Republik, bieten zugleich aber auch Anweisungen und Erfahrungen, den Umsturz der gegenwärtigen Verhältnisse im Geheimen vorzubereiten.

Im Anhang finden sich zwei Satiren, die eine auf die führende kapitalistisch-demokratische Macht im Westen, die USA (*Verschollener Ruhm der Riesenstadt New York*; GBA 11,243–250), die als veräußerlicht, hohl und bereits als historisch überlebt dargestellt wird, die andere (*Lied der Lyriker*; GBA 11,250–253) auf die Intellektuellen, die »Tuis« der Literatur (u. a. Thomas Mann), die durch ihre »Abgehobenheit«, Weltfremdheit, Schönrednerei mit dazu beigetragen haben, dem Faschismus in Deutschland eine Chance zu geben. Den Abschluss des Anhangs und der Sammlung überhaupt bildet das berühmt gewordene *Deutschland*-Gedicht (*O Deutschland, bleiche Mutter*; GBA 11,253 f.), das Deutschland als blutbesudelte Vettel ins Bild bringt, und zwar als eine Furcht und Gespött verbreitende Vettel, die ihren besten Sohn (den Arbeiter) gemordet hat und sein Blut unter dem Zipfel ihres Rocks verbirgt.

Lieder Gedichte Chöre war eine Auftragsarbeit des emigrierten Verlegers Willy Münzenberg (Editions du Carrefour, Paris) an Hanns Eisler und Brecht. Münzenberg wollte der Machtübergabe an die Nazis ein auf ästhetisch hohem Niveau stehendes »antifaschistische Liederbuch« entgegenstellen und mit ihm in Deutschland Gegen-Propaganda betreiben. Dazu ließ er einen Großteil der 3000 Exemplare über das Saarland nach Deutschland schmuggeln. Ob, und wenn ja, welchen Erfolg die Aktion hatte, blieb unbekannt. Unter den Exilierten stieß das Buch auf beachtliche Reaktionen. So lobte Klaus Mann die wirksame Einheit von Poesie und Politik; so bezeichnete Arnold Zweig die Sammlung als »bleibendes Denkmal deutscher Dichtung«; so meinte der dänische Dichter und Kritiker Kaj Friis Møller, Brecht könne von sich sagen, »ganz allein das nazistische Deutschland eingekreist zu haben« (GBA 11,372 f.). Diese Urteile haben die Brecht-Forschung bisher nicht herausfordern können, die Sammlung eingehender zu beachten. Als eindeutig politische Lyrik verfiel sie dem Verdikt, keine »wirkliche« Kunst zu sein.

Lyrik des dänischen Exils

(1933–39)

Mit Beginn der Exilzeit stellte Brecht sein Werk, und zwar auch die Lyrik, ganz in den politischen Kontext des antifaschistischen Kampfs – immer noch in der Hoffnung, eine Etablierung des Hitlerstaats auf Dauer verhindern und mit dazu beitragen zu können, den Widerstand in Deutschland zu stärken: »In den finsteren Zeiten / Wird da auch gesungen werden? / Da wird auch gesungen werden / Von den finsteren Zeiten« (GBA 12,16). Dies erforderte die Entwicklung einer neuen lyrischen Sprache. War die frühe Lyrik Brechts weitgehend von festen Formen und durch Metren geprägt, so setzte mit dem Exil die Phase der reimlosen Lyrik mit unregelmäßigen Rhythmen ein. Brecht erarbeitete ein neues lyrisches Sprechen, von dem er meinte, es sei ihm von der Zeit aufgewungen:

> Ausschließlich wegen der zunehmenden Unordnung
> [. . .]
> Haben etliche von uns in diesen Jahren beschlossen
> Nicht mehr zu reden von Hafenstädten, Schnee auf den
>   Dächern, Frauen
> Geruch reifer Äpfel im Keller, Empfindungen des
>   Fleisches
> All dem, was den Menschen rund macht und
>   menschlich
> Sondern zu reden nur mehr von der Unordnung
> Also einseitig zu werden, dürr, verstrickt in die
>   Geschäfte
> Der Politik und das trockene ›unwürdige‹ Vokabular
> Der dialektischen Ökonomie [. . .].
>
>   (GBA 14,388)

Zwischen 1933 und 1935 freilich, als die nationalsozialistische Herrschaft noch nicht endgültig sicher schien, schrieb Brecht häufiger Lieder in traditionellen gereimten Formen, um über die Eindringlichkeit der Musik, die meist Hanns Eisler komponierte, wirksam zu werden. Als am 13. Januar 1935 das Saarland, das durch den Versailler Vertrag dem Völkerbund unterstellt war, darüber abzustimmen hatte, ob es zu Deutschland oder Frankreich gehören wollte, versuchte Brecht mit dem *Saarlied* antideutsche Propaganda zu betreiben. Es entstand im Herbst 1934 und wurde in 10 000 Exemplaren, die Willy Münzenberg herstellen ließ, als Flugblatt im Saarland verteilt. Obwohl Brecht selbstbewusst notierte: »Es [. . .] stand in allen faschistischen Zeitungen, auch in englischen, und hat mehr Wichtigkeit als ein halbes Dutzend Dramen« (GBA 28,463), hatte die Aktion offenbar kaum oder gar keinen Erfolg. Die Abstimmung jedenfalls ging mit über 90% für einen »Anschluß« an Deutschland aus und wurde von Hitler als erster großer außenpolitischer Sieg gefeiert.

Wie Brecht für *Das Saarlied* parodistische Anspielungen auf das *Deutschlandlied* verwendete (»Von der Maas bis an die Memel / Da läuft ein Stacheldraht«; GBA 14,219), so griff er auch für weitere Lieder auf traditionelles Liedgut zurück, um politische Aufklärung zu betreiben, so etwa mit der *Ballade vom armen Stabschef* (GBA 14,213–216), die die Hintergründe des von Hitler so genannten »Röhm-Putschs« aufdecken sollte. Hitler hatte sich am 30. Juni 1934 durch einen Überfall der SA unter der Führung Ernst Röhms entledigt und dabei Hunderte von SA-Leuten sowie einige unliebsam gewordene bürgerliche Politiker ermorden lassen. Die Ballade, die als Quelle das Lied *Heinrich schlief bei seiner Neuvermählten* (1779) von Johann Friedrich August Kazner verarbeitet, benennt mit erstaunlichem Hintergrundwissen die wesentlichen Gründe, die zum »Röhm-Putsch« führten: die Zusammenarbeit Hitlers mit Fritz Thyssen (neben Krupp, Bosch, Siemens) durch die Gründung des *Generalrats der deutschen Wirtschaft* (ab 15. Juli 1934), mit der offenbar wurde, dass die Wirtschaftsbosse auf die Beseitigung der SA-Macht, die auf vor der Machtübergabe versprochenen »Sozialisierungs«-Maßnahmen beharrte, gedrängt hatten; weiterhin die Homosexualität Röhms, deren Nutznießer auch Hitler gewesen sein soll; die entscheidende Rolle, die Joseph Goebbels und Hermann Göring bei der Beseitigung Röhms spielten; oder die Brandstiftung des Reichstags, die nach damaliger antifaschistischer Version von den Nazis selbst inszeniert worden war. Auch diese Ballade wurde in Deutschland als illegales Flugblatt mit Karikaturen verbreitet und hatte vermutlich ebenso wenig Erfolg wie *Das Saarlied*.

1936 markiert das Jahr, das für die weitere Entwicklung der Lyrik Brechts als entscheidend anzusehen ist. Die Hoffnungen auf eine Beseitigung des Hitler-Regimes schwanden, die Befürchtungen, welche Folgen die Terror-Diktatur haben würde, nahmen zu und bestimmten die Thematik der Gedichte. Kennzeichnend dafür ist die *Deutsche Kriegsfibel*, die 1936 entstand, dem Jahr, als die nationalsozialistische Regierung internationale Anerkennung durch die Ausrichtung der Olympischen Sommerspiele in Berlin fand. Was im Berliner Olympiastadion als »Fest des Friedens« gefeiert wurde, kommentierte Brecht so: »Dieses Stadion, erbaut / Aus dem Volk gestohlenen Geldern / Soll dienen / Der Ertüchtigung der Mörder« (*Auf ein Stadion*; GBA 14,322). Die Gedichte der *Deutschen Kriegsfibel* haben den Charakter von Wandinschriften und sind in einem »lapidaren Stil« geschrieben: »in Worten, denen, ihrer poetischen Form nach, zugemutet wird, den kommenden Weltuntergang zu überdauern« (Benjamin, B 6: 1966, 74).

Der Anstreicher spricht
von kommenden großen Zeiten

Die Wälder wachsen noch.
Die Äcker tragen noch.
Die Städte stehen noch.
Die Menschen atmen noch.

(GBA 12,88)

Hitlers Versprechungen, er werde das »deutsche Volk großen Zeiten entgegenführen«, stellt das Gedicht in lapidarer Reihung nüchterne Feststellungen gegenüber, die auf den ersten Blick kunstlos wirken. Die Kunst besteht jedoch darin, mit »aus primitiven Worten gebauten Sätzen«, wie Benjamin formulierte, größtmögliche Wirkung zu erzielen. Sie besteht zunächst darin, dass die Sätze – trotz ihrer Reimlosigkeit – gut memorierbar sind, also »mit fliegender

Hast« wahrgenommen und eingeprägt werden können (Benjamin, B 6: 1966, 74). Dies erreicht der Text durch die identische Reihung der Anfangswörter (»Die«; Figur der Anapher) und der Endwörter jeden Verses (»noch«; Figur der Epipher), so dass jeder Vers lediglich aus zwei identischen und je zwei variierten Wörtern besteht. Die Kopplung der rhetorischen Figuren bewirkt eine kompromisslose Schärfe der Insistenz, mit der die Behauptung der Überschrift in Frage gestellt wird. Hinzu kommt, dass acht Wörter genügen, um die totale Bedrohung, die Hitlers »Versprechen« bedeutet, zu erfassen: Mit den Wäldern ist die Natur, mit den Äckern die Kultur, mit den Städten die Technik – jeweils im umfassenden Sinn – benannt, sind also die Voraussetzungen aufgeführt, die menschliches Leben überhaupt erst ermöglichen. Der Schlussvers gilt pointiert den eigentlich betroffenen Menschen, deren Leben unmittelbar bedroht ist. Überprüft man das Lapidare der Verse, so könnte man einwenden, dass die viermalige Wiederholung des »noch« am Ende eigentlich geschwätzig ist: Es reichte doch das »noch« im letzten Vers, um dasselbe zu sagen. Abgesehen davon, dass bei nur einmaliger Setzung des Adverbs die Parallelität der Verse verloren ginge, liegt der ästhetische »Witz« gerade in der insistierenden Reihung des »noch«. »Noch« bedeutet, dass ein Zustand bzw. Vorgang nicht beendet ist, aber möglicherweise bald beendet sein wird. Die Wiederholung stellt das Adverb ins Zentrum des Gedichts. Der Zeitraum, den das »noch« den gegenwärtigen Verhältnissen lässt, wird mit jeder Nennung enger und enger – und darum sind die Wiederholungen notwendig: Es ist eigentlich keine Zeit mehr gegeben, um zu überleben.

In dieser lakonischen Weise stellen die Kurzgedichte der *Deutschen Kriegsfibel* die zur Zeit gängigen Propagandalügen der Nazis und ihres »Führers« Hitler bloß: die Sozialmaßnahmen, die keinen Wohlstand brachten, den Ausbau der Wirtschaft, die längst zur Kriegswirtschaft geworden war, den Bau der Autobahnen, die noch nach dem Krieg als

»Leistung« Hitlers galten, in Wirklichkeit aber als Heer-
straßen gebaut wurden, die Friedensbeteuerungen, die der
Kriegsvorbereitung galten. Dass Hitler Krieg bedeuten
würde, ließe man ihm freie Hand, dessen war sich Brecht
schon vor der Machtübergabe sicher, 1936 aber war für
Brecht, wie es diese Gedichte besagen, spätestens der Zeitpunkt gekommen, an dem es für alle hätte klar sein müssen.
Geradezu flehentlich appelliert die *Deutsche Kriegsfibel*, sozusagen als ABC des notwendigen Grundwissens über die
Nazi-Diktatur, die falschen »Führer« endlich als Verführer
zu durchschauen. Auch hier lässt sich nur konstatieren:
ohne Erfolg.

Die Aporie, die sich für den Dichter in »finsteren Zeiten«
ergab, nämlich entweder ganz aufs Schreiben zu verzichten
(und womöglich aktiv Widerstand zu leisten) oder doch wenigstens zu versuchen, eine Poesie zu entwickeln, die nicht
Ignoranz oder Rückzug bedeutete, formulierte Brecht paradigmatisch und »klassisch« in folgendem Gedicht:

Schlechte Zeit für Lyrik

Ich weiß doch: nur der Glückliche
Ist beliebt. Seine Stimme
Hört man gern. Sein Gesicht ist schön.

Der verkrüppelte Baum im Hof
Zeigt auf den schlechten Boden, aber
Die Vorübergehenden schimpfen ihn einen Krüppel
Doch mit Recht.

Die grünen Boote und die lustigen Segel des Sundes
Sehe ich nicht. Von allem
Sehe ich nur der Fischer rissiges Garnnetz.
Warum rede ich nur davon
Daß die vierzigjährige Häuslerin gekrümmt geht?
Die Brüste der Mädchen
Sind warm wie ehedem.

In meinem Lied ein Reim
Käme mir fast vor wie Übermut.

In mir streiten sich
Die Begeisterung über den blühenden Apfelbaum
Und das Entsetzen über die Reden des Anstreichers.
Aber nur das zweite
Drängt mich zum Schreibtisch.

(GBA 14,432)

Bereits die Überschrift formuliert das Paradox: Lyrik
wird angekündigt, und zugleich wird gesagt, sie sei nicht an
der Zeit. Was folgt, ist, wie der Titel ebenfalls prosaisch besagt, eine theoretische Abhandlung über Lyrik und ihre
Möglichkeiten – aber in Versen. Auf raffinierte Weise eröffnet sich so ein poetischer Spielraum, der sagen lässt, wovon
Lyrik in den »schlechten Zeiten« *nicht* sprechen darf: von
den Schönheiten der Natur, den Schönheiten der Menschen,
von der Liebe, von Glück, also von den dauernden »großen« und »allgemein-menschlichen« Themen, die angeblich
Lyrik und »Lyrisches« auszeichnen. Nur die Betroffenheit
von der Naziherrschaft, die unerbittlich auf den Krieg hin
steuerte, konnte und durfte der Grund zum Schreiben von
Versen sein. Die Lyrik musste sich den Untaten der Zeit
stellen und entsprechend neue Formen ausbilden, die nicht
wie traditionelle Lyrik Harmonie (wie durch den Reim),
Klang, Stimmung, Geschlossenheit evozierten, sondern sich
prosaisch, reflektierend, bewusstseinsfördernd und auf die
realen Widersprüche hin zeigend darboten sowie zugleich
ihre eigene Negation formulierten, die ihr die äußeren Umstände aufzwangen. So entstand eine Lyrik, die, indem sie
noch wagte, lyrisch zu sprechen, sich selbst zugleich in
Frage stellte.

Svendborger Gedichte

Eine Bilanz der Gedichtproduktion der Exilzeit in Dänemark (1933–39) zog die Sammlung der *Svendborger Gedichte* von 1939. Die Sammlung umfasst sechs Abteilungen, die römisch gezählt und im Fall der ungeraden Ziffern zusätzlich mit einem thematischen Titel versehen sind: *I. Deutsche Kriegsfibel, III. Chroniken, V. Deutsche Satiren.* Mit der ersten Abteilung nahm Brecht eine leicht veränderte Fassung der *Deutschen Kriegsfibel* auf, die auf die Gedichte von 1936 zurückging und 1937 in der Moskauer Exilzeitschrift *Das Wort* erstmals publiziert worden war. In der zweiten Abteilung stellte Brecht traditionelle Liedformen zusammen, die beweisen sollten, dass in finsteren Zeiten doch gesungen werden kann: vom sozialen Elend, von der Judenverfolgung in Deutschland, von den Kriegserfahrungen und von der Notwendigkeit des »Klassenkampfes«. Das Zentrum dieser Abteilung bilden die *Kinderlieder*, die Brecht aus einer privaten Sammlung von 13 Liedern für Helene Weigel, die zunächst für den Hausgebrauch gedacht war, auswählte. Walter Benjamin, der abriet, diese Gedichte aufzunehmen, hielt Brecht entgegen: »In dem Kampf gegen die [Nazis] darf nichts ausgelassen werden. [...] Sie schlagen auf alles ein. [...] Sie verkrümmen das Kind im Mutterleib. Wir dürfen die Kinder auf keinen Fall auslassen.« (Benjamin, B 6: 1966, 134) Dass die *Kinderlieder* das genannte lyrische Paradox trotz Metrum und Reim enthalten, kann folgendes Lied belegen:

Der Pflaumenbaum

> Im Hofe steht ein Pflaumenbaum
> *Der* ist klein, man glaubt es kaum.
> Er hat ein Gitter drum
> So tritt ihn keiner um.

Der Kleine kann nicht größer wer'n.
Ja größer wer'n, das möcht er gern.
's ist keine Red davon
Er hat zu wenig Sonn.

Den Pflaumenbaum glaubt man ihm kaum
Weil er nie eine Pflaume hat
Doch er ist ein Pflaumenbaum
Man kennt es an dem Blatt.

(GBA 12,21)

Naturlyrik wird mit der Überschrift angekündigt und in den nachfolgenden Versen zugleich nachhaltig enttäuscht. Ein pflanzliches Etwas, das lediglich durch seine Blattform – wie die Pointe am Schluss lautet – identifizierbar ist, wird besungen. Der Baum steht im Hinterhof, muss durch ein Gitter geschützt werden, und er wird nie »hochkommen«, weil er nie Sonnenlicht zu sehen bekommt. Unschwer ist zu erkennen, dass Natur im sozialen Raum thematisiert ist, und dafür gilt schon seit dem »Dreigroschenfilm«, *Die Beule*: »Denn die einen sind im Dunkeln / Und die andern sind im Licht / Und man siehet die im Lichte / Die im Dunkeln sieht man nicht« (GBA 14,102). Kein Preis der Natur ist angesagt, sondern die Klage über die Unnatur der Verhältnisse, die dem Pflaumenbaum seine Identität bestreitet sowie am Leben und schließlich auch an der Fortpflanzung hindert. Damit wird gerade der Baum, der z. B. in der *Erinnerung an die Marie A.* eindeutig sexuell konnotiert ist, zum Bild der Unfruchtbarkeit. Die sozialen Verhältnisse lassen lediglich Vegetieren zu, und es bedarf keiner gedanklichen Anstrengung, das, was für den Pflaumenbaum gilt, auf die Menschen zu übertragen, die in solcher Umwelt leben müssen. Walter Benjamin kommentierte 1939 die Verse: »Von der Landschaft und allem, was sie dem Lyriker sonst geboten hat, kommt auf diesen heute nicht mehr als ein Blatt. Auch muß einer vielleicht ein großer Lyriker sein, um heute nach mehr nicht zu greifen.« (Benjamin, B 6: 1966, 78)

Die dritte Abteilung versammelt mit den *Chroniken* längere, meist erzählende Gedichte, die auf besondere Weise an geschichtliche Ereignisse erinnern. Ihre (politische) »Tendenz« legt das Eingangsgedicht *Fragen eines lesenden Arbeiters* offen, indem es ausdrücklich – nach dem Muster von Lenins Frage »Wer–Wen?« (besiegt) – nach den eigentlichen Tätern der Geschichte fragt. In den Büchern, das heißt in den Geschichtsbüchern der Schule, die der Arbeiter höchstens zu sehen bekommen hat, findet er die Namen von »Königen«, »Eroberern«, »Siegern« und »großen Männern«, nicht aber die Namen derjenigen, die die Felsbrocken für das siebentorige Theben herbeischleppten, oder die der Bauleute des »goldstrahlenden Lima« oder die der Sklaven des sagenhaften Atlantis. Die Verse »Cäsar schlug die Gallier. / Hatte er nicht wenigstens einen Koch bei sich?« (GBA 12,29) wurden »geflügeltes Wort« und bedürfen keiner weiteren Erläuterung mehr. Unter diesem Aspekt werden im Folgenden der Mythos des Empedokles, die Legende von der Entstehung des Buches Taoteking des Laotse, das Schicksal der in den verschiedenen Zeiten verbannten Dichter und ein Gleichnis des Buddha befragt. Auf die Befragung folgen Beispiele solidarischer und exemplarischer Aktionen »von unten«, Beispiele von Menschen, die sich trotz allem durchgesetzt und damit bewiesen haben, dass es auch eine andere als die »große« Geschichte gibt. Die Abteilung wird abgeschlossen mit drei Gedichten über den aktuellen Aufbau des Sozialismus in der Sowjetunion, die die Forschung als Erneuerung der »alten Hereonklischees« (Ueding, B 8: 1978, 70) eingeschätzt hat. Bei allem Pathos und aller Idealisierung, die den Lobgedichten eigen sind, vermeiden sie es, persönliche Erfahrung wiederzugeben (so beginnt *Inbesitznahme der großen Metro durch die Moskauer Arbeiterschaft am 27. April 1935* mit: »Wir hörten: [. . .]«; GBA 12,43), und feiern sie gerade nicht Einzelne,

sondern die arbeitenden Massen, nach denen der Arbeiter
fragt. Wenn auch »das große Bild, das die Klassiker [Marx,
Engels, Lenin] einstmals / Erschüttert voraussahen« (GBA
12,45), keineswegs auch nur annähernd eingelöst wurde,
wie das Metro-Gedicht behauptet, so hatte die Welt dennoch am Beginn des Weltkriegs »ihre Hoffnung«, nämlich
die Sowjetunion (*Der große Oktober*; GBA 12,45 f.). Wer
daran im historischen Rückblick zweifelt, der müsste eine
schlüssige Antwort auf die Frage haben: Was wäre geschehen, wenn die Hitlerarmeen die Sowjetunion besiegt hätten.
Für Brecht jedenfalls, so dokumentieren es die Gedichte,
gab es keine Alternative.

Die Gedichte der vierten Abteilung widmen sich der Gegenwart des faschistischen Alltags in Form von Anreden
(nach dem Muster »An den/die . . .«) oder Appellen an den
»Schwankenden«, der angesichts der abnehmenden Kräfte
des Widerstands an seinen ehemaligen Überzeugungen
zweifelt (GBA 12,47), an die »Gleichgeschalteten«, die trotz
aller Anpassung an das diktatorische System dennoch seine
Opfer werden (GBA 12,47–49), oder an die bildenden
Künstler, »das Schicksal ihrer Kunstwerke in den kommenden Kriegen betreffend«, denen ironisch empfohlen wird,
ihre Gemälde an bombensicheren Orten anzubringen, wo
sie später vielleicht aus dem Schutt wieder ausgegraben werden können oder auch nicht (GBA 12,50–52), an kranke
Kommunisten sowie ihre Ärzte und Pfleger, alles zu tun,
um zu überleben (GBA 12,54–56). In der *Ansprache des
Bauern an seinen Ochsen*, die nach dem Untertitel ein ägyp-
tisches Bauernlied aus dem Jahre 1400 v. Chr. nachdichtet
(GBA 12,52), versteckte Brecht im Gleichnis des Ochsen,
der geruhen solle zu pflügen und deshalb von den Bauern
besonders gut gepflegt wird, obwohl sie selbst kaum etwas
haben, eine brisante Stalinschelte. Nach Walter Benjamins
Zeugnis ist mit dem Ochsen Stalin gemeint, den die Bauern
deshalb »mästen« (»teurer Ernährer«), weil er dem Pflug
vorausgeht und mit seiner Kraft die Ernährung aller sichert.

Auf Stalin übertragen, bedeutet dies: Stalins Diktatur ist nur gerechtfertigt, wenn er alle Kraft darauf verwendet, die Sowjetunion vor dem Faschismus zu schützen und den Aufbau des Sozialismus zu sichern. Andernfalls wäre er tatsächlich nur ein »Ochse«, der sich Privilegien auf Kosten des Volkes anmaßte. Benjamin notierte: »Im ersten Augenblick kam ich nicht auf den Sinn der Sache; und als mir im zweiten der Gedanke an Stalin durch den Kopf ging, wagte ich nicht, ihn festzuhalten. Solche Wirkung entsprach annähernd Brechts Absicht.« (Benjamin, B 6: 1966, 131) Mit Gedichten über den Soldaten der Revolution, Lenin und Gorki, die die Abteilung abschließen, formulierte Brecht nochmals seine Hoffnung, dass dem Faschismus erfolgreich Widerstand entgegengesetzt werden könnte.

Mit den *Deutschen Satiren* der fünften Abteilung, die zunächst eine eigene Sammlung bildeten, realisierte Brecht eine neue Form von »Radiolyrik«, die in der deutschen Literatur einen einsamen Höhepunkt politischer Dichtung markiert. Die Gedichte zeichnen ein bissig-satirisches Bild des Nationalsozialismus und seiner »Führer« im Widerspruch von angemaßter Größe und tatsächlicher Mickrigkeit mit vielen Einzelheiten aus der Zeitgeschichte, die Brecht als deren Kenner ausweisen. Formal realisieren die Satiren die »reimlose Lyrik mit unregelmäßigen Rhythmen« am radikalsten:

> Wenn das Regime händereibend von der Jugend spricht
> Gleicht es einem Mann, der
> Die beschneite Halde betrachtend, sich die Hände reibt
>   und sagt:
> Wie werde ich es im Sommer kühl haben mit
> So viel Schnee!
>
>   (GBA 12,71 f.)

Die Eigenrhythmik der Verse entsteht, da ja kein geregeltes Metrum zugrunde liegt, aus der Spannung von Syntax- und Versgrenzen. Im ersten und dritten Vers des Beispiels sind Syntax- und Versgrenze kongruent, im zweiten und vierten Vers sind starke Einschnitte gesetzt. So wird das Relativpronomen »der« am Versende isoliert und die Präpositionalbestimmung »mit / So viel Schnee« auseinander gerissen. Prinzipiell gilt, dass beim Lesen und Sprechen die Versgrenzen durch Pausen zu markieren sind, folglich nicht nach den syntaktischen Zusammenhängen gelesen werden darf. Für das Beispiel gilt dann, dass das Relativpronomen besonders stark betont erscheint, dass der folgende Partizipialsatz (im Partizip Präsens) im dritten Vers syntaktisch abgetrennt wird und das eigentliche Objekt der Präpositionalbestimmung im fünften Vers ohne syntaktischen Zusammenhang, »absolut«, im Sinn von losgelöst, steht. Zunächst erreicht Brecht dadurch einen »(wechselnden, synkopierten, gestischen) Rhythmus« (GBA 22,358), der die normalsprachliche syntaktische Betonung in starke Spannung mit der Betonung setzt, die die Verse fordern. Die Portionierung der Satzglieder durch die Versfugen hat dann auch inhaltliche Folgen. Das Relativpronomen erhält demonstrativen Charakter im Sinn von »dieser da« (behauptet etwas sehr Merkwürdiges). Die Partizipialkonstruktion tritt zum Folgesatz (»sich die Hände reibt . . .«) in ein syntaktisch unbestimmtes, verallgemeinertes Verhältnis, das die fast wörtliche Wiederaufnahme aus dem ersten Vers (»händereibend«) inhaltlich in sein Gegenteil verkehrt: »händereibend« ist ein Neologismus Brechts in der Bedeutung, Schadenfreude auszudrücken, der analog zu »händeringend« gebildet ist, in der Bedeutung, verzweifelt zu sein, und eben letztere Bedeutung wird hier mitprovoziert. Und schließlich gewinnt die Verabsolutierung des Objekts in einem Vers neben der Bedeutung, die im Satzzusammenhang gegeben ist, einen weiteren Sinn: Durch die syntaktische Isolierung liest sich »So viel Schnee« wie der »Schnee von gestern«; was die Nazis behaupten, ist nur eine Illusion, die bald verschwinden wird.

Diese formale Eigenheit und die Tatsache, dass Brecht in den relativ langen Satiren viele Beispiele aneinander reiht, die den Verdacht von »Geschwätzigkeit« aufkommen lassen, sind bedingt durch das Medium Radio, konkret durch den Deutschen Freiheitssender in Spanien, für den Brecht die Satiren 1937 schrieb. Da der Sender bei den Nazis Unruhe auslöste, also seiner propagandistischen Wirkung durchaus getraut wurde, versuchten diese, ihn durch gezielte Unterbrechungen oder eingeblendete Piepstöne zu stören. Bei der Übertragung von Gedichten musste Brecht folglich damit rechnen, dass einzelne Wörter oder ganze Teile für die Hörer ausfielen. Pointierte Rhythmisierung, Länge und Reihung waren die Mittel, dem von vornherein entgegenzusteuern. Auch wenn die Hörer nur einige wenige Beispiele eines Gedichts aufnehmen konnten, mussten sie so knapp und präzise formuliert sein, dass die Empfänger das Prinzip erkennen konnten und so in die Lage gesetzt wurden, weitere Beispiele aus eigener Kenntnis zu ergänzen. Dazu noch ein Beispiel einer Strophe aus *Die Regierung als Künstler*:

> Gleich einem Künstler
> Verfügt die Regierung über allerhand übernatürliche
> Kräfte
> Ohne daß man ihr etwas sagt
> Weiß sie alles. Was sie kann
> Hat sie nicht gelernt. Sie hat
> Nichts gelernt. Ihre Bildung
> Ist eher mangelhaft, jedoch zauberhafterweise
> Ist sie fähig, bei allem mitzureden, alles zu bestimmen
> Auch was sie nicht versteht.

(GBA 12,77)

Die abschließende sechste Abteilung der *Svendborger Gedichte* vereinigt die klassisch gewordenen Exil-Gedichte Brechts, von denen vor allem *An die Nachgeborenen* zum Lieferant von »geflügelten« Sprüchen geworden ist (GBA

12,85–87): »Was sind das für Zeiten, wo / Ein Gespräch über Bäume fast ein Verbrechen ist«, zitiert meist ohne das Adverb (»fast«) und ohne den Nachsatz »Weil es ein Schweigen über so viele Untaten einschließt!«; »So verging meine Zeit / Die auf Erden mir gegeben war«, zitiert meist mit ironischer Brechung; »öfter als die Schuhe die Länder wechselnd«, gern zitiert als prägnanter Titel in Büchern über das Exil; und »Gedenkt unsrer / Mit Nachsicht«, bis zum Überdruss zitiert als markanter Abschluss von Reden.

Die Gedichte insistieren darauf, dass das Exil als Vertreibung, Flucht und nicht als Auswanderung oder gar als »Urlaubsreise« zu verstehen ist, verbunden mit dem Verlust der Heimat, der Freunde, der Sprache, der Öffentlichkeit, auf die Dichter besonders angewiesen sind, und auch der »Habe«. Wer vertrieben und verbannt ist, bleibt notwendig mit seinem »Vaterland« verbunden: »wir, die mit Hitler nicht gesiegt hätten, sind mit ihm geschlagen«, notierte Brecht im August 1945 zur Potsdamer Konferenz im *Journal* (GBA 27,228), die Konsequenzen aus den in den Exil-Gedichten formulierten Einsichten ziehend.

Die *Svendborger Gedichte* entstanden in einer ersten Fassung 1937 und hießen da noch *Gedichte im Exil*. Sie sollten mit den bereits vorliegenden Lyrik-Sammlungen einen Band der *Gesammelten Werke* bilden, der durch die politischen Umstände nicht zu realisieren war. Ruth Berlau besorgte deshalb eine Einzelausgabe, ordnete die Gedichte zum Teil neu an und wählte den von Brecht gebilligten neuen Titel, der der Sammlung einen persönlichen Bezug zum Exilort Brechts verleiht und damit auch in der Überschrift die Verbindung von politischer Thematik und persönlicher Betroffenheit andeutet, die viele Gedichte auszeichnet. Die Sammlung erschien 1939 in einer Auflage von 1000 Exemplaren, 100 davon von Brecht handschriftlich signiert, in Kopenhagen. Da sie zunächst für die Werkausgabe geplant war, hatte Berlau den neuen Ort des Malik-Verlags

London ins Impressum setzen lassen mit dem Vermerk: »Vordruck aus Brecht, ›Gesammelte Werke‹, Band IV«.

Brecht schätzte die Sammlung, die er im Übrigen keiner Änderung unterzog und so als einzigartiges Dokument des Exils erhielt, gegenüber der *Hauspostille* als Aufstieg und Abstieg zugleich ein:

> Vom bürgerlichen Standpunkt aus ist eine erstaunliche Verarmung eingetreten. Ist nicht alles auch einseitiger, weniger ›organisch‹, kühler, ›bewußter‹ (in dem verpönten Sinn)? Meine Mitkämpfer werden das, hoffe ich, nicht einfach gelten lassen. Sie werden die ›Hauspostille‹ dekadenter nennen als die ›Svendborger Gedichte‹. Aber mir scheint es wichtig, daß sie erkennen, was der Aufstieg, sofern er zu konstatieren ist, gekostet hat. [. . .] Ich gehe nicht mehr ›im Walde vor mich hin‹, sondern unter Polizisten. Da ist noch Fülle, die Fülle der Kämpfe. Da ist Differenziertheit, die der Probleme. Es ist keine Frage: die Literatur blüht nicht. Aber man sollte sich hüten, in alten Bildern zu denken. (GBA 26,323)

Über die Wirkung der Sammlung liegen – wohl wegen des Kriegs und Brechts Flucht aus Dänemark – nur wenige Zeugnisse vor. Walter Benjamin, der sie 1938 begutachtete, war es wieder einmal, der ihre Bedeutung erkannte, indem er schrieb, die Gedichte ließen in ihm eine Gewalt wirken, »die der des Faschismus gewachsen ist« (Benjamin, B 6: 1966, 134). Dieses Urteil hat die Brecht-Forschung bisher nicht herausfordern können, den *Svendborger Gedichten* eine umfassende monografische Darstellung zu widmen.

Lyrik des schwedischen und finnischen Exils
(1939–41)

Die Gedichte der »Inzwischenzeit«, wie Brecht jetzt die
Zeit seiner Verbannung benannte (GBA 26,414), trieben die
»Sprachwaschung« (GBA 26,416) weiter. Die Themen än-
derten sich, da der Zweite Weltkrieg völlig neue Zustände
geschaffen hatte und der Kampf gegen den Faschismus
nicht mehr in erster Linie auf den Widerstand setzen
konnte, sondern vor allem seine Hoffnungen auf einen Sieg
der alliierten Truppen richten musste. Dadurch nahm die
Isolierung des Exilierten immer mehr zu, auch wenn die unmittelbare Bedrohung durch den Krieg stets präsent blieb.
An die Stelle der großen politischen Themen traten mehr
und mehr das »Kleine«, Alltägliche, Unscheinbare, »Private« ins Blickfeld, und der Naturdarstellung gewann
Brecht nochmals neue Möglichkeiten ab:

> Ich befinde mich auf dem Inselchen Lidingö.
> Aber neulich nachts
> Träumte ich schwer und träumte, ich war in einer Stadt
> Und entdeckte, die Beschriftungen der Straßen
> Waren deutsch. In Schweiß gebadet
> Erwachte ich und mit Erleichterung
> Sah ich die nachtschwarze Föhre vor dem Fenster und
> wußte:
> Ich war in der Fremde.

(GBA 12,97)

Das Gedicht scheint ganz privat zu sein. Es nennt im ersten Vers den Exilort Lidingö, eine kleine Insel vor Stockholm, wo sich Brecht vom Mai 1939 bis April 1940 aufhielt.
Aber nur der Anlass ist privat. Lidingö – schon der Name
klingt nicht deutsch – wird, das belegt der Rahmen, den der
erste und der letzte Vers bilden, mit der »Fremde« identifiziert. Auch der Alptraum, den das lyrische Ich erzählt, gilt

Brecht und Helene Weigel auf Lidingö, 1939

nicht Privatem, sondern der totalen Umkehr der »normalen« Verhältnisse, denen das Ich ausgesetzt ist. Die Erzählung beginnt im zweiten Vers mit einem stark betonten Adversativum, dem »Aber«, das das im ersten Vers konstatierte »Sich-Befinden« radikal in Frage stellt, ohne dass die Leser an dieser Stelle den Gegensatz inhaltlich realisieren könnten: existentielle Bedrohung ist jedenfalls angesagt. Die Erzählung des Traums liefert die Gründe für sie nach. Das lyrische Ich sieht sich im Traum in einer deutschen Stadt, einer Stadt seiner Heimat; wäre es tatsächlich dort, so wäre sein Leben unmittelbar bedroht; deshalb der Schweißausbruch. Dem Blick aus dem Fenster nach dem Erwachen zeigt sich »die nachtschwarze Föhre«, die für Nordeuropa typische Kiefer. Sie versichert dem Ich, dass es in der Fremde ist. Nur die Fremde verleiht ihm Sicherheit. Im scheinbar Privaten spiegelt sich die Unnatur der Verhältnisse wider; ein alltäglicher Traum, hier sogar ein Traum von der Heimat, der eigentlich Glücksgefühle auslösen müsste, ist überlagert von der herrschenden brutalen Wirklichkeit Hitlerdeutschlands, und nur diese gibt ihm den lebensbedrohlichen Sinn. Der Föhre, die mit bestimmtem Artikel benannt ist, gilt keine Naturanschauung, sie ist vielmehr ein »politisches« Zeichen geworden, durch das das Ich sich vergewissert, nur geträumt zu haben. Der Schlussvers wirkt dann wie ein Seufzer der Erleichterung.

Wie dieses Beispiel aus der *Steffinischen Sammlung* thematisiert die Lyrik dieser Zeit die durch das Exil mehr und mehr aufgezwungene Isolation und die damit verbundene Zurückgeworfenheit aufs Private, das aber deshalb nicht privat ist, weil es als politischer Zustand erfasst wird. Ebenso stehen die Naturbilder dieser Lyrik nie für sich, vielmehr wird in ihnen die Unnatur der Verhältnisse sichtbar gemacht, und zwar zum Teil so radikal, dass die realen Brutalitäten die natürlichen Verhältnisse buchstäblich auf den Kopf stellen, formuliert in sachlich-feststellenden, scheinbar wenig Brisantes sagenden Sätzen:

> Das Frühjahr kommt. Die linden Winde
> Befreien die Schären vom Wintereis.
> Die Völker des Nordens erwarten zitternd
> Die Schlachtflotten des Anstreichers.
>
> (GBA 12,96)

Es ist das Frühjahr 1940, wie der gemeinsame Titel für sieben Gedichte festlegt. Seit Februar 1940 fuhr die deutsche Flotte Angriffe in den skandinavischen Gewässern, im April wurde Norwegen überfallen und Dänemark von Hitlertruppen besetzt. Das zentrale Wort der vier Verse ist »zitternd«. Obwohl das Frühjahr kommt, erneuert sich nicht das »Spiel der Geschlechter« oder sind ohne »Unterlaß fruchtbar« Wald, Wiesen und Feld, wie Brecht in einem mit denselben Worten beginnenden Lied von 1931 (vgl. GBA 14,127) formulierte, vielmehr wird weiter gezittert, als wäre noch Winter, und wird die Erneuerung der Natur nicht gesehen, weil mit den Flotten des Anstreichers der Untergang droht.

Bei der *Steffinschen Sammlung* handelt es um eine Zusammenstellung von Gedichten Brechts, die Margarete Steffin 1939/40 anlegte und durch Abschriften mehrfach veränderte. Nach ihrem Tod gab Brecht der Sammlung den Titel und verbreitete sie – nach nochmaliger Änderung – 1942 in hektographierter Form im USA-Exil. 1940 notierte er zur neuen epigrammatischen Form, die er in diesen Gedichten entwickelt hatte: Die »Wirkung, die der Lyriker aus dem Epigrammatischen« ziehe, enthöbe ihn »der Verpflichtung, lyrische Wirkung anzustreben, der Ausdruck wird mehr oder weniger schematisch, die Spannung zwischen den Wörtern verschwindet, überhaupt wird die Wortwahl, vom lyrischen Standpunkt aus betrachtet, unachtsam, denn es gibt im Lyrischen eine eigene Entsprechung für das Witzige. Der Dichter vertritt nur noch sich selber« (GBA 26,416).

Die *Steffinsche Sammlung* enthält auch eine Abteilung mit fünf Prosagedichten, die mit *Aus den Visionen* über-

schrieben ist und einen ganz anderen Ton anschlägt als etwa
die Prosagedichte der *Psalmen* von 1920. Mit mythischen
Bildern, vornehmlich aus der Apokalypse, kommen die Gedichte »zur Sache« wie in *Die Niederkunft der großen Babel*:

> Als ihre schwere Stunde gekommen war, zog sie sich
> zurück in das Innerste ihrer Zimmer und umgab sich
> mit Ärzten und Wahrsagern.
> Ein Gewisper entstand. In das Haus gingen gewichtige
> Männer mit ernsten Gesichtern und kamen heraus mit
> besorgten Gesichtern, die bleich waren. Und der Preis
> der weißen Schminke verdoppelte sich in den Schön-
> heitsläden.
> Auf den Straßen versammelte sich das Volk und stand
> vom Morgen bis zum Abend, mit leerem Magen.
> Das erste, was zu hören war, klang wie ein gewaltiger
> Furz im Dachgebälk, gefolgt von einem gewaltigen
> Schrei »FRIEDEN!«, worauf sich der Gestank vergrö-
> ßerte.
> Unmittelbar darauf spritzte Blut auf in einer schmalen,
> wässerigen Fontäne. Und nun kamen weitere Geräu-
> sche in unaufhörlicher Folge, eines schrecklicher als
> das andere.
> Die große Babel kotzte und es klang wie FREIHEIT!
> und hustete und es klang wie GERECHTIGKEIT! und
> furzte von neuem und es klang wie WOHLSTAND!
> Und in einem blutigen Leintuch wurde ein quiekender
> Balg auf den Balkon getragen und dem Volk gezeigt
> unter Glockengeläute und es war der KRIEG. Und er
> hatte tausend Väter.
>
> (GBA 12,104 f.)

Das Gedicht, das Brecht vor dem Krieg (um 1938)
schrieb, weist »visionär« auf den gewiss kommenden Hitlerkrieg voraus und benutzt dazu eine pathetisch-direkte
Sprache, die die Hohlheit der politischen Phraseologie in
der Propaganda der Nazis entlarvt. Der Rückgriff auf die

Hure Babylon, die Johannes in der *Offenbarung* (17,5) als vettelhaftes, blutsaufendes Weib beschreibt und »die Mutter der Hurerei und aller Greuel auf Erden« nennt, dient dazu, das Unzeitgemäße der »Barbarei« in Deutschland als unfassbaren Rückfall in mythisch-brutale Vorzeiten zu erfassen, deren »eigentliche« Realität aber erst noch bevorsteht.

Lyrik des amerikanischen Exils

(1941–47)

Im amerikanischen Exil führte Brecht, um seine Lyrik zu charakterisieren, den Terminus »Basic german« ein. »Das entspricht durchaus nicht einer Theorie, ich empfinde den Mangel in Ausdruck und Rhythmus [. . .], aber beim Schreiben (und Korrigieren) widerstrebt mir jedes ungewöhnliche Wort« (GBA 27,215 f.). Zu den Gedichten dieser Art zählte Brecht ausdrücklich die *Hollywoodelegien*. Hanns Eisler war es, der Brecht, der angesichts der neuen Exil-Verhältnisse in den USA müde und depressiv geworden war, dazu ermunterte: »In diesem trübsinnigen ewigen Frühling von Hollywood sagte ich Brecht, kurze Zeit nachdem wir uns wieder zusammenfanden in Amerika: ›Das ist der klassische Ort, wo man Elegien schreiben muß.‹ [. . .] ›Wir müssen auch da irgend etwas schaffen. Man ist nicht ungestraft in Hollywood. Man muß das einfach mit beschreiben« (Bunge, B 5, 1970, 19). Tatsächlich legte Brecht daraufhin eine Sammlung von neun Kurzgedichten an, die Eisler wenig später vertonte und ins Zentrum seines *Hollywooder Liederbuchs* stellte. Die dritte Elegie lautet:

> Die Engel von Los Angeles
> Sind müde vom Lächeln. Am Abend
> Kaufen sie hinter den Obstmärkten

Verzweifelt kleine Fläschchen
Mit Geschlechtsgeruch.
(GBA 12,115)

Der erste Vers nimmt den spanischen Namen der Stadt
Los Angeles, ›die Engel‹, beim Wort. Diese Engel treten in
den Elegien stets nur im Plural auf, bleiben ohne individuelles Gesicht, und sie werden gegenüber den Engeln etwa
Rainer Maria Rilkes oder Georg Trakls, die sie durch Verin-
nerlichung und Mystifizierung aus allen realen Bezügen zu
lösen suchten, entmystifiziert und in die Realitäten der
Stadt zurückgeholt. Diese sind gekennzeichnet durch Käuf-
lichkeit, Prostitution und radikale Künstlichkeit, die auch
alle natürliche Körperlichkeit der Menschen ausradiert haben. Das ewige Lächeln, das geforderte »keep smiling« im
öffentlichen Auftreten der USA, benötigen die Engel am
Tag, um, wie die weiteren Elegien der Sammlung nahelegen,
in der Filmindustrie ihre Arbeit zu finden, durch die sie so
standardisiert und reproduzierbar geworden sind, dass ihnen als »Persönlichkeit« nicht nur jede Einmaligkeit, sondern auch alle Natürlichkeit genommen worden ist. Da die
Nacht dazu da ist, die Arbeit für den nächsten Tag zu sichern, müssen sie sich am Abend für die Prostitution zube-
reiten. Da auch die Natur des Geschlechts total verkümmert
ist, muss das Geschlecht durch den Kauf von künstlichen
Mitteln für seinen Verkauf in der Nacht hergerichtet werden; und am nächsten Morgen müssen die Engel »mit
blauen Ringen um die Augen« die »Schreiber in ihren
Schwimmpfühlen« ›füttern‹, die Schreiber der Regenbo-
genpresse nämlich, die darüber bestimmen, ob die Engel für
die Filmindustrie »verkäuflich« sind oder nicht.

Brechts Thema des »Menschenverschleißes« hat eine weitere Variante erhalten. Die radikale Veräußerlichung und
Entfremdung in den USA durch das »to sell« beseitigen
jede Natürlichkeit des Menschen und deformieren ihn zum
Kunstprodukt in Warenform, das beliebig reproduzierbar

ist, und dennoch wird diese Unnatur als das wahre Glück zur Schau getragen und gelebt.

Der Arbeiter Hans Winge, dem Brecht die Elegien im September 1942 vorlas, steuerte einen weiteren wesentlichen Aspekt für die Merkmale der Lyrik aus dem amerikanischen Exil bei, wenn er meinte, »Sie sind wie vom Mars aus geschrieben« (GBA 27,125), nämlich ihre ungeheure Distanz, die jetzt auch dazu führte, das lyrische Ich, das in den *Hollywoodelegien* ganz fehlt, auszumerzen. Lyrik erhielt dadurch den Status unbeteiligten Beobachtens, der sachlichen Bestandsaufnahme pervertierter gesellschaftlicher Verhältnisse. Brecht kommentierte Winges Einschätzung mit der Bemerkung, dass »diese ›Distanz‹ nichts dem Schreiber Eigentümliches ist, sondern von dieser Stadt geliefert wird: ihre Bewohner haben sie fast alle. Diese Häuser werden nicht Eigentum durch Bewohnen, nur durch Schecks, der Eigentümer bewohnt sie nicht so sehr, als er über sie disponiert. Die Häuser sind Anbauten von Garagen« (GBA 27,125).

Über Hanns Eislers Vertonung der *Hollywoodelegien* äußerte sich Brecht so: Sie hätte »wirkliche Bedeutung« für die Gedichte, »indem sie zu einem studierenden Lesen anhalten, zu einem nachgrabenden Studium. Dies sind volle Gedichte, sie enthalten ihrer Lakonik wegen natürlich nicht weniger als ein langes Gedicht« (GBA 27,125).

Als eine Herausforderung ganz anderer Art sah Brecht seine Versifizierung des *Kommunistischen Manifests* von Karl Marx und Friedrich Engels an (1945), die das Zentrum des Lehrgedichts *Von der Unnatur der bürgerlichen Verhältnisse* bilden sollte. Die Erneuerung des Pamphlets, das er selbst als Kunstwerk einschätzte, sollte die neuen Inhalte in der »respektablen Versart« von *De rerum natura* des Lukrez präsentieren (GBA 29,348) und so nochmals zum klassischen Kunstwerk erheben. Brecht scheiterte an der Form des Hexameters, dem sich die »technischen Worte« des *Manifests* (zum Beispiel »Bourgeoisie«, »Proletariat«) nicht

fügen wollten. Dennoch stellen die Gedichtfragmente einen
der großen Versuche dar – ähnlich wie Goethes Bestrebungen, das antike Versepos zu erneuern (vgl. die gescheiterte
Achilleis) –, klassische Formen in die Gegenwart zu übertragen und sie mit neuem Gehalt zu füllen.

Als Verbannter rechnete Brecht nach dem Ende des Zweiten Weltkriegs mit seiner baldigen Rückkehr nach Deutschland, so dass sich seine Lyrik wiederum änderte. Sie stand in
der ersten Nachkriegszeit (noch im USA-Exil) unter dem
Kennzeichen einer erneuten Politisierung und neuen Engagements. Die Tatsache, dass sich die Deutschen nicht selbst
vom Faschismus befreien konnten, die Frontstellung der
westlichen Alliierten gegen die Sowjetunion sowie die beginnende Restauration in den westlichen Besatzungszonen
forderten Brechts lyrische Satire erneut heraus.

Wie in den *Deutschen Satiren* der *Svendborger Gedichte*
(1939) geißelte er nun mit einer gleichnamigen Klein-Sammlung die ausbleibenden Veränderungen im Westen
Deutschlands. Die *Deutschen Satiren II* von 1945, mit denen er auf die unmittelbaren Zeitereignisse reagierte, sind
insofern besonders kennzeichnend, weil die Gedichte sich
eben der satirischen Form verpflichteten, die ehemals gegen
die Nazis gerichtet gewesen war, und somit nicht nur durch
ihre Inhalte die Kontinuität von Herrschaft konstatierten,
die einstmals zum Faschismus geführt hatte:

> Wie ich höre, wird in den besseren Kreisen davon
> gesprochen
> Daß der zweite Weltkrieg in moralischer Hinsicht
> Nicht auf der Höhe des ersten gestanden habe.
> Die Wehrmacht
> Soll die Methoden bedauern, mit denen die Ausmerzung
> Gewisser Völker von der SS vollzogen wurde.
> Die Ruhrkapitäne
> Heißt es, beklagen die blutigen Treibjagden

Die ihre Gruben und Fabriken mit Sklaven füllten.
[...]
[...] Kurz, es herrscht
Allenthalben jetzt das Gefühl [...], daß der Krieg
An und für sich natürlich und notwendig, durch diese
Über alle Stränge schlagende und geradezu
                                    unmenschliche
Art, wie er diesmal geführt wurde, auf geraume Zeit
                                    hinaus
Diskreditiert wurde [...].

                                    (GBA 12,287 f.)

Kriegsfibel

Ebenfalls noch in den USA entstand die *Kriegsfibel*, deren Vierzeiler eine weitere Möglichkeit der Epigrammatik ausbilden. Sie folgen dem Muster der Anthologie mit (originalen und übersetzten) griechischen Epigrammen *Kranz des Meleagros von Gadara* von August Oehler (1920) und Rudyard Kiplings Sammlung *Epitaphs of the War* (postume Zusammenstellung von Gedichten). Zusammen mit Ruth Berlau, die offenbar einen großen Teil der Fotos, vorwiegend aus aktuellen Zeitschriften, besorgte, montierte Brecht die Verse und Bilder zum »Fotoepigramm«, zu einer Bild-Text-Einheit. 1944 stellten beide ein erstes Exemplar der Montagen zur *Kriegsfibel* zusammen (Format DIN A6). Es sollte bis 1955 dauern, ehe das Anti-Kriegs-Buch in der DDR nach langen Querelen mit den Kulturbehörden und mehrmaligen Umstellungen bzw. (erzwungenen) »Auslassungen« als Buch (jetzt im Großformat) erscheinen konnte. Obwohl Brecht damit gerechnet hatte, dass die Ausgabe Furore machen würde, blieb die Reaktion von Presse und Publikum zurückhaltend oder ganz aus.

Die Ausgabe von 1955 umfasst 69 Fotoepigramme, eine Vorbemerkung als Klappentext von Ruth Berlau sowie

»Nachbemerkungen« mit historischen Kommentaren von
Günter Kunert und Heinz Seydel. Die Gestaltung des Titel-
blatts verweist auf die Gesamtanlage des Bandes. Eine dia-
gonale Risslinie trennt die Farben schwarz und weiß, in die
komplementär der Titel eingeschrieben ist. Jedes Fotoepigramm erhält zwei Seiten; die jeweils linke Seite ist weiß,
auf die mit schwarzer Schrift die Nummer des Fotoepigramms (Seiten sind nicht gezählt) sowie in den Fällen, dass
die abgedruckten Fotos eine Bildunterschrift aufweisen,
ihre Übersetzungen oder Angaben zum Foto gedruckt sind.
Auf der jeweils rechten Seite stehen Bild und Vierzeiler in
weißer Schrift auf schwarzem Grund. Die Farbe »schwarz«
steht traditionell für Nacht, Tod, Finsternis, Chaos, Krieg,
und vor diesem Hintergrund dienen die Fotoepigramme
»der Erhellung dieses Dunkels« (Feddersen, B 8: 1995, 149).

Das erste und das letzte Fotoepigramm bilden eine Art
Rahmen und zeigen Hitler als Redner, jeweils in großer
Pose, als den, »der in den Abgrund führt« (erstes Fotoepi-
gramm), und als den, dessen Erbe durchaus noch nicht erledigt ist: »Der Schoß ist fruchtbar noch, aus dem das kroch«
(letztes Fotoepigramm). Alle weiteren Fotoepigramme sind
mit wenigen Ausnahmen chronologisch geordnet: Sie beginnen mit den Kriegsvorbereitungen und dem Spanischen
Bürgerkrieg, stellen ins Zentrum Ereignisse des Zweiten
Weltkriegs (und zwar aus aller Welt), brandmarken in einer
Art Exkurs die Hauptschuldigen, zu denen Brecht neben
Hitler, Göring, Goebbels ausdrücklich auch den Sozialde-
mokraten Gustav Noske zählte (»Ich war der Bluthund,
Kumpels« in Anspielung auf dessen Rolle bei der Niederschlagung des »Spartakus«-Aufstands von 1919; Nr. 24)
und enden mit der Heimkehr der Überlebenden in ihre zer-
störten Städte.

Am Beispiel des Fotoepigramms Nr. 47 kann gezeigt
werden, dass Verse und Fotos eine untrennbare Einheit bilden. Das Foto aus der Zeitschrift *Life* vom 15. Februar 1943
zeigt einen amerikanischen Soldaten mit dem Rücken zum

Abbildung aus der *Kriegsfibel*, 1955
(»The face of the German Army«)

Betrachter, der eine Pistole am Abzug hält und leicht nach
vorn gebeugt über einem auf dem Strand liegenden japani-
schen Soldaten, im Todeskampf verkrampft, steht. Offenbar
hat der Amerikaner diesen Japaner sowie zwei weitere, von
denen nur Körperteile zu sehen sind, gerade erschossen. Im
Hintergrund sind Teile eines Landungsboots, Meer, Hori-
zont und Himmel zu sehen. Der Bildkommentar von *Life*
lautet: »Ein amerikanischer Soldat steht über einem ster-
benden Japaner, den zu erschießen er gezwungen war. Der
Japaner hatte sich im Landungsboot versteckt und auf U.S.-
Truppen gefeuert.« Der Vierzeiler dagegen kommentiert:

> Es hatte sich ein Strand von Blut zu röten
> Der ihnen nicht gehörte, dem noch dem.
> Sie waren, heißt's, gezwungen, sich zu töten.
> Ich glaubs, ich glaubs. Und frag nur noch: von wem?
>   (GBA 12,222)

Die Verse sind in regelmäßigen fünffüßigen Jamben geschrieben und durch Kreuzreim verbunden. Deutlich wird
schnell, dass sie keine Bildbeschreibung geben, sondern offensichtlich Bild und Unterschrift kritisch befragen. Der
erste Vers konstatiert unpersönlich (durch das impersonale
»Es«) und fatalistisch einen schicksalhaften Tatbestand, der
auf dem Foto (schwarz-weiß) nicht zu sehen ist. Auch gilt
der Text zunächst nicht dem abgebildeten Strandausschnitt
mit den Soldaten, sondern allgemein einem »Strand von
Blut«, wodurch »der Blickwinkel des Lesers imaginär erweitert« wird (Feddersen, B 8: 1995, 152). Außerdem ist die
Formulierung »Strand von Blut zu röten« doppeldeutig: Sie
kann heißen, dass ein »Strand von Blut« zu röten ist, aber
auch dass ein Strand »von Blut« zu röten ist. Die erste Lesart suggeriert, dass der Strand, von dem hier die Rede ist,
von vornherein sich dadurch auszeichnet, Kriegsschauplatz
und Todesstätte zu sein, und nicht erst dadurch, dass *diese*
Soldaten ihn mit Blut tränken. Diese Lesart wird durch den
zweiten Vers unterstützt, der konkretisiert. Der Schauplatz
ist fremdes Land, das weder dem Täter noch dem Opfer gehört. Tatsächlich wurde das Foto in Buna, im Südosten
Neuguineas aufgenommen, das Engländer, Australier, Japaner, Amerikaner nacheinander eroberteten, das in Wirklichkeit aber den dort lebenden Papuas und Melanesen gehörte.
Die Geschichte des Kampforts weist diesen als (scheinbar)
vorgezeichnete Blutstätte aus. Zugleich besagt der zweite
Vers, dass die auf dem Foto abgebildeten Soldaten sich um
etwas abschlachten, mit dem sie selbst nichts zu tun haben.
Sie erfüllen scheinbar notwendig und unabdingbar das
»Schicksal«, das der »Strand von Blut« vorbestimmt hat.
Außerdem differenziert der zweite Vers zwischen Amerikaner und Japaner im Gegensatz zur Bildunterschrift nicht: Er
führt sie gemeinsam als Personalpronomen (»ihnen«) ein
und lässt im bekräftigenden Zusatz »dem noch dem« offen,
wer mit »dem« oder »dem« bezeichnet ist.

Der dritte Vers bezieht sich zunächst ausdrücklich (»heißt's«) auf die Bildunterschrift von *Life*; im Vergleich aber zu dieser tut sich wiederum eine erhebliche Differenz auf. Nach der Unterschrift war angeblich der Amerikaner gezwungen, den Japaner zu töten, nach dem dritten Vers aber waren »Sie« gezwungen, »sich zu töten«, wobei erneut nicht zwischen Amerikaner und Japaner zu unterscheiden ist. »Sich zu töten« kann reziprok und reflexiv gelesen werden, »einander zu töten« und »sich selbst zu töten«. Beide Lesungen ergeben Sinn: »In diesen Krieg zu ziehen, um andere zu töten, kommt für sehr viele letztlich einem Selbstmord gleich« (Feddersen, B 8: 1995, 157).

Mit dem dritten Vers ist das Epigramm überhaupt nicht mehr bei seiner Sache, nämlich dem Foto. Die Siegerpose des Amerikaners ist negiert, auch er wird imaginär als Opfer des Krieges gesehen. Das Abschlachten ist wechselseitig, und der abgebildete Soldat wird nie, auch wenn er es momentan zu sein scheint, der Sieger sein. Hier löst sich die Weite des Eingangsbilds ganz unfatalistisch ein: Diese Kriege um fremdes Land bedeuten für diejenigen, die sie »auszuführen« haben, prinzipiell nur, Opfer zu werden.

Der letzte Vers fragt nach den eigentlichen Tätern, nach denjenigen, die die Soldaten zwingen, »sich zu töten«. Wiederum im Gegensatz zum Foto gilt die Frage nicht der Konfrontation, die das Foto zeigt, sondern einer unsichtbaren Konfrontation, die erst über das Epigramm »ins Bild« kommt. Nicht der Japaner, dem der Amerikaner ins schmerzverzerrte Gesicht schaut, ist derjenige, der den Zwang zum Töten auslöste, sondern diejenigen, die unsichtbar – wenn man einen möglichen Bildbezug isoliert – hinter dem Rücken des noch siegenden amerikanischen Soldaten stehen (was für den Japaner reziprok gilt), diejenigen nämlich, die aufgrund angeblicher Notwendigkeit und scheinbarer Sachzwänge Menschen in den Krieg schicken, damit aber nicht deren Interessen vertreten, sondern die ei-

genen durchsetzen. In der *Deutschen Kriegsfibel* hieß es:
»In der Schlacht / Haben sie den Feind im Rücken. / Vor
ihnen stehen ihresgleichen / Die ihren Feind auch im Rücken haben« (GBA 12,89 f.).

Es ist Reinhold Grimms Verdienst, erstmals nachdrücklich auf die Bedeutung der *Kriegsfibel* aufmerksam gemacht
zu haben. Freilich lockte er die Forschung auf eine falsche
Fährte mit der Behauptung, es handle sich dabei um »marxistische Emblematik« (Grimm, B 8: 1969, 351 und passim).
Wie die voranstehende Analyse von Nr. 47 gezeigt hat,
kann keine Rede davon sein, dass die Epigramme die »Bilder zum Sprechen« bringen bzw. aus ihnen einen verbind-
lichen Sinn ziehen, wie es unabdingbar für die Emblematik
ist, in der die subscriptio (das Epigramm) die pictura (das
Bild) nach einer vorgegebenen inscriptio (das Motto, das bei
Brecht fehlt) auslegt und ihren Sinn (eindeutig) festlegt.
Den für die Emblematik des Barock vorausgesetzten
»ordo« (geschlossener Sinnkosmos), der jede Erscheinung
in der Welt sinnbildlich auf ein transzendentes Wesen verpflichtet, in Parallele mit dem Marxismus als »weltanschau-
licher Ordnung« zu beziehen, entbehrt jeder Berechtigung.
Auch das hat die exemplarische Analyse erwiesen, die keinerlei »marxistische« Anleihen benötigt, um Text und Bild
lesen zu können.

Lyrik nach dem Krieg

(1947–56)

Die vielbeschworene Stunde »Null«, mit der die Hoffnung
auf einen völligen Neubeginn in Deutschland verbunden
war, stellte sich nicht ein. Auch die unter den Exilierten weit
verbreitete Meinung, dass Deutschland nach dem Krieg nur
als sozialistischer Staat weiterexistieren könnte, erwies sich

als Illusion. Brecht reagierte darauf u. a. mit dem Gedicht
Freiheit und Democracy (1947), das formal (gereimte Vierzeiler) an die *Legende vom toten Soldaten* (1918) anschloss
und damit wiederum formal Kontinuität signalisierte. Mit
den Vierzeilern bezichtigte Brecht sein Gastland USA, unter dem falschen Etikett »Democracy« den Faschismus in
Westdeutschland zu restaurieren, indem die USA eben
nicht die angekündigte »Entnazifizierung« durchführten,
sondern weitgehend die alten Machtverhältnisse benutzten,
um mit ihnen »Demokratie« aufzubauen: »Doch dem
Kreuz dort auf dem Laken / Fehlten heute ein paar Haken / Da man mit den Zeiten lebt / Sind die Haken über-
klebt« (GBA 15,184).

Seiner Rückkehr nach Deutschland schickte Brecht ein
Gedicht voraus, das er bereits 1943 geschrieben und ausdrücklich mit dem Titel *Die Rückkehr* versehen hatte. Es
hat deshalb dokumentarischen Wert, weil Max Frisch es als
Muster-Beispiel für ein »wirkliches Gedicht« angeführt
hat:

Die Rückkehr

Die Vaterstadt, wie find ich sie doch?
Folgend den Bomberschwärmen
Komm ich nach Haus.
Wo denn liegt sie? Wo die ungeheueren
Gebirge von Rauch stehn.
Das in den Feuern dort
Ist sie.

Die Vaterstadt, wie empfängt sie mich wohl?
Vor mir kommen die Bomber. Tödliche Schwärme
Melden euch meine Rückkehr. Feuersbrünste
Gehen dem Sohn voraus.

(GBA 12,125)

Ein »wirkliches Gedicht« sei es, wie Frisch in seinem *Tagebuch 1946–1949*[4] notierte, »weil es der Welt, in die es gesprochen wird, standzuhalten vermag; weil es eben diese Welt, ihr nicht ausweichend, sprachlich durchdringt«.

Ich muß, damit dieses Gedicht mich erreicht, nicht rauschhaft sein oder müde, was so viele für Innerlichkeit halten. Es bleibt ein Gedicht, auch wenn ich es in einer Küche sage: ohne Kerzen, ohne Streichquartett und Oleander. Es geht mich etwas an. Und vor allem: Ich muß nichts vergessen, um es ernstnehmen zu können. Es setzt keine Stimmung voraus; es hat auch keine andere Stimmung zu fürchten. Das allermeiste, was sich für Poesie hält, wird zur krassen Ironie, wenn ich es nur einen einzigen Tag lang mit meinem Leben konfrontiere.

Es ist bezeichnend für diese Verse, die den Ton der reimlosen Lyrik mit unregelmäßigen Rhythmen fortführen, dass sie durchaus nicht ohne Sentiment sind, dennoch aber ohne jede Sentimentalität bleiben. Sie bilden eine Parallele zu den *Kalendergeschichten*, die Brecht als erstes Buch nach dem Krieg 1948 mit Ruth Berlau zusammenstellte. Dort eröffnet die Geschichte *Der Augsburger Kreidekreis* die Sammlung, die wiederum der Vaterstadt gedenkt, obwohl sie bereits in den zwanziger Jahren für Brecht weitgehend aus dem Blickfeld geschwunden war und in den fünfziger Jahren (und später) von ihrem »Sohn« überhaupt nichts wissen wollte. Trotz allen Erfahrungen und Distanzierungen, so lässt sich folgern, blieb die »Heimat« und die Herkunft für Brecht ein Thema, und das Gedicht betont nochmals die zwiespältige Verbundenheit, die Brechts Werk mit seinem »Vaterland« verknüpfte.

Nach der Rückkehr nach Deutschland suchte Brecht zunächst wieder den Adressaten, den die Exillyrik nicht haben

---

4 Max Frisch, *Tagebuch 1946–1949*, Gütersloh 1950, S. 213 f.

konnte, und zwar das »Volk«, dessen »Weisheit« er für den Wiederaufbau und den Aufbau des Sozialismus für unverzichtbar hielt. Aufgrund der Entscheidungen der Westalliierten, Westdeutschland nach dem Muster ihrer Demokratien auszurichten, blieb der »Sozialismus«, der dann keiner werden sollte, auf die DDR beschränkt, und ein Dichter, der sich diesem Staat verschrieb, geriet in den Verdacht, nur ein Künder »kommunistischer Ideologie« zu sein. Tatsächlich schien Brecht den Verdacht mit »Großgedichten« wie *Tschagank Bersijew oder Die Erziehung der Hirse* von 1950 (GBA 15,228–238) oder *Herrnburger Bericht* von 1951 (GBA 15,246–253) gänzlich einzulösen. *Tschagank Bersijew*, von Paul Dessau als Kantate vertont, besingt den gleichnamigen Anbauer von Hirse, dem es gelingt, eine neue, außerordentlich ertragreiche Sorte zu züchten. Bersijew kann Stalin, der als »des Sowjetvolks großer Ernteleiter« eingeführt wird (GBA 15,232), davon überzeugen, diese Hirse als Grundlage für die Kriegsernährung der Sowjets einzusetzen. Mit ihrer Hilfe gewinnt die Sowjetunion den Krieg. Es war ein Bauer, der das »Unmögliche wahrgemacht hat« (GBA 15,228).

Der *Herrnburger Bericht* schildert ebenfalls kantatenhaft, wieder von Dessau vertont, nach Zeitungsberichten die Rückkehr westdeutscher Teilnehmer am Pfingsttreffen der »Freien Deutschen Jugend« (FDJ) in Ostberlin (1950). Sie waren vom Bundesgrenzschutz aufgehalten worden und sollten registriert werden. Da sich alle solidarisch weigerten, mussten sie nach zwei Tagen Internierung im Grenzstreifen bei Lübeck ohne Registrierung durchgelassen werden. Beide Gedichte stießen auf Hohn und Spott in der westdeutschen Öffentlichkeit; vom »Hofpoet Pankows« war die Rede, Brecht habe sich auf die Strecke »des Verrats an der freien Dichtung« gebracht und zu »anackern« angefangen (Heinrich Anacker war ein Nazi-Barde; zit. nach GBA 15,460). In der DDR dagegen wurde das Hirse-Gedicht als Beitrag für den »Aufbau des Sozialismus« gelobt, und es fand Eingang in den Schulunterricht. Der *Herrnburger Be-*

richt stieß allerdings auch dort, vor allem bei der FDJ, vertreten durch Erich Honecker, auf Kritik, weil Brecht es gewagt hatte, Ernst Busch im Lied zu nennen, Walter Ulbricht oder Wilhelm Pieck dagegen nicht. In Wahrheit galt die Kritik der Distanz, mit der Brecht trotz aller Parteinahme den Bericht gestaltet hatte (vgl. GBA 15,460 f.).

Das Thema »Frieden« und die Warnung vor neuen Kriegen wurden aufgrund der Teilung Deutschlands in den frühen fünfziger Jahren vorherrschend, bis Brecht erkennen musste, dass sich die angeblich »sozialistische« DDR weitgehend als Bürokraten- und Funktionärsstaat nach stalinistischem Muster einrichtete. Die Folge war wiederum Distanz und Kritik an der Kulturbürokratie sowie ein lyrischer Ton, der an den des Exils – nun mit anderer Stoßrichtung – anschloss und von Prägnanz und Weisheit geprägt war. Die Forschung hat, obwohl Brecht nur 58 Jahre alt geworden ist, von »Alterslyrik« gesprochen, und dachte dabei an Gedichte wie *Vergnügungen* (GBA 15,287) oder an die »weisen« Verse: »Dauerten wir unendlich / So wandelte sich alles / Da wir aber endlich sind / Bleibt vieles beim alten« (GBA 15,294).

Den maßgeblichen Einbruch für Brechts späte Lyrik bildeten die Ereignisse des 17. Juni 1953, auf die er mit seiner letzten großen Sammlung, den *Buckower Elegien*, reagierte.

Buckower Elegien

Der Titel nennt den Entstehungsort der Elegien, Buckow, gelegen am Schermützelsee in der Märkischen Schweiz, etwa 50 Kilometer östlich von Berlin. Brecht hatte dort ein recht ansehnliches Anwesen mit zwei Häusern erworben und nutzte, obwohl er als Verächter der Natur galt, den idyllischen Ort zum Rückzug. Nach dem 17. Juni wurden seine Aufenthalte immer länger. Ins *Journal* notierte er im August 1953:

Der 17. Juni hat die ganze Existenz verfremdet. In aller
Richtungslosigkeit und jämmerlicher Hilflosigkeit zeigen die Demonstrationen der Arbeiterschaft immer
noch, daß hier die aufsteigende Klasse ist. Nicht die
Kleinbürger handeln, sondern die Arbeiter. Ihre Lo-
sungen sind verworren und kraftlos, eingeschleust
durch den Klassenfeind, und es zeigt sich keinerlei
Kraft der Organisation, es entstehen keine Räte, es
formt sich kein Plan. Und doch hatten wir hier die
Klasse vor uns, in ihrem depraviertesten Zustand, aber
die Klasse.   (GBA 27,346)

Brechts Einschätzung des 17. Juni kann hier nicht im
Einzelnen ausgebreitet werden. Nur so viel sei gesagt, dass
er weder der westlichen Version zustimmte, wonach das
»Volk« nichts Sehnlicheres wünschte, als die DDR-Regie-
rung zu vertreiben und sich dem Westen anzuschließen,
noch der östlichen Version folgte, nach der es sich um einen
aus dem Westen eingeschleusten Putschversuch gehandelt
haben soll. Brecht beobachtete vielmehr, wie sich der »eigene Faschismus«, nämlich der DDR, auf den Weg machte,
um den Arbeiteraufstand, dessen Berechtigung er stets betonte, zu einem faschistischen Putschversuch zu nutzen.
An Paul Wandel, den Minister für Volksbildung, schrieb er:

Die Wahrheit, die wir unserer Arbeiterschaft sagen
sollten, ist meiner Meinung nach: daß sie in tödlicher
Gefahr ist, von einem neu erstarkenden Faschismus in
einen neuen Krieg geworfen zu werden; daß sie alles
tun muß, die kleinbürgerlichen Schichten unter ihre
Führung zu bringen (wir haben unsern eigenen Westen
bei uns!). Kurz, wir dürfen nicht wieder den Kopf in
den märkischen Sand stecken! (GBA 30,191)

Die politische Brisanz der *Buckower Elegien*, die Brecht
auch ironisch in Anspielung auf die antike Schäferdichtung

»bukolische« nannte, kann exemplarisch am Gedicht *Die Lösung* gezeigt werden.

Die Lösung

Nach dem Aufstand des 17. Juni
Ließ der Sekretär des Schriftstellerverbands
In der Stalinallee Flugblätter verteilen
Auf denen zu lesen war, daß das Volk
Das Vertrauen der Regierung verscherzt habe
Und es nur durch verdoppelte Arbeit
Zurückerobern könne. Wäre es da
Nicht doch einfacher, die Regierung
Löste das Volk auf und
Wählte ein anderes?

(GBA 12,310)

Den konkreten Hintergrund des Gedichts bildet ein in sehr unüberzeugenden Versen geschriebener Aufruf von Kurt Barthel, genannt Kuba, im *Neuen Deutschland*, in dem dieser die Arbeiter schilt, sich an den sozialistischen Errungenschaften vergangen zu haben, und sie auffordert, die »Schmach« dadurch vergessen zu machen, dass sie »viel und sehr gut« mauerten (vgl. 12,448). Kuba, der damals Sekretär des Schriftstellerverbands der DDR war, tritt in den Versen eindeutig als »Tui« auf, der nicht im »Zentralorgan der SED« schreibt, sondern in der Stalinallee, dem Ausgangspunkt des Aufstands, Flugblätter verteilen *lässt*, also sich als »Kopflanger« aufgrund seines Amtes mit »Handlangern« bedient. Der 200-prozentige Funktionär meinte gerade diejenigen beschimpfen zu müssen, für die doch angeblich der neue Staat, als »Arbeiter- und Bauernstaat«, da gewesen sein sollte; und er forderte sie pervers auf, »verdoppelte Arbeit« zu leisten, im Wissen darum, dass die Arbeiter deshalb aufgestanden waren, weil ihnen durch die Normerhöhung bereits die »einfache« Arbeit zu viel geworden war. Hier wurde »Arbeit« zur Strafaktion, die mit »Sozialismus« nichts mehr zu tun hatte. Die bissig-witzige Pointe zieht daraus den Schluss, dass denn auch die Regierung sich gefälligst ein anderes Volk suchen sollte, wenn es mit dem eigenen nicht auskommen kann. Damit sind buchstäblich alle Verhältnisse, die dem »Aufbau des Sozialismus« dienen sollten, vom Fuß auf den Kopf gestellt. Es wurde gerade die »Klasse« ausgegrenzt, die Brecht im *Journal*-Eintrag mit dem Aufstand des 17. Juni immerhin wenigstens als Handelnde sah.

Wenn es auch mit *Der Blumengarten*, *Der Rauch* oder *Rudern, Gespräche* tatsächlich einige »bukolische« Verse innerhalb der *Buckower Elegien* gibt, so überwiegen doch die Gedichte, die die Missstände in der DDR und ihren eigenen Faschismus, den sie doch – gegenüber dem Westen – als endgültig ausgemerzt ausgab und daraus ihre noch bis zur Wende von 1989 hochgehaltene »moralische Überlegenheit« bezog, anprangern. Da sammelt der alte SS-Scherge, einarmig zwar, dazu aber immer noch fähig, im Gehölz Material für die nächste Brandschatzung (*Der Einarmige im Gehölz*; GBA 12,312). Die Nazis sind auch in der DDR noch da und werkeln im Geheimen weiter. Da versuchen die Troer, »als ihr Fall gewiß war«, mit Stückwerk ihre als uneinnehmbar geltenden Tore zu sichern, obwohl die Griechen die Tore nicht benötigen, um in die Stadt zu gelangen (*Bei der Lektüre eines spätgriechischen Dichters*; GBA 12,312). Das Überlebte gibt sich nicht geschlagen. Da speisen die Funktionäre die hungernde Bevölkerung buchstäblich mit »Kaderwelsch« ab (*Die neue Mundart*; GBA 12,311). Die Behörden regieren gegen das Volk. Da prügelt der Eiserne (Anspielung auf Stalin) die Musen, die ihn dennoch anhimmeln (*Die Musen*; GBA 12,313). Die Künste sind in der DDR zur anbiedernden, sich prostituierenden Staatskunst verkommen.

Die 22 Gedichte der Sammlung sind wie die *Hollywoodelegien* wiederum wie »vom Mars aus« geschrieben, nur dass die Distanz jetzt dem »Aufbau des Sozialismus« galt, an dem Brecht doch aktiv mitwirken wollte und der zu einer grundsätzlichen Wandlung der gesellschaftlichen Verhältnisse führen sollte. Stattdessen folgte ein Fehlschlag auf den anderen, und der Dichter, der die Vorgänge kritisch begleitete, wurde erneut ausgegrenzt und reagierte darauf mit *Elegien*, also mit verhaltener Klage und wehmütiger Resignation, die traditionell als Rückblick gestaltet sind; nur hier gilt der Rückblick der Gegenwart.

Es gehörte wohl zu Brechts resignativer Haltung seiner letzten Jahre, dass er die *Buckower Elegien* nie zu einer gültigen Sammlung zusammenstellte. Zwar erschienen 1954 in der Reihe der *Versuche* (Heft 13) sechs Gedichte »aus« der Sammlung und nochmals in *Sinn und Form* (1953, Heft 6) mit dem Titel *Gedichte*, die Sammlung als solche hielt Brecht zurück. Er hatte ausdrücklich Anweisung gegeben, Gedichte wie *Die neue Mundart* oder *Lebensmittel zum Zweck* nicht zu publizieren, weil sie ihm politisch zu brisant erschienen.

Die Forschung hat – neben verschiedenen unvollständigen und unmaßgeblichen Editionen – eine Rekonstruktion der *Buckower Elegien* sowie innerhalb der GBA eine nach philologischen Prinzipien erarbeitete Edition vorgelegt (Knopf, B 3: 1986). Die Rekonstruktion, über deren Anordnung sich streiten lässt, enthält insofern einen Fehler, als in ihr ein Gedicht, *Die Kelle*, berücksichtigt ist, das nicht zur Sammlung gehört (Knopf, B 3: 1986, 29). Die Ausgabe in der GBA gibt zwar den philologischen Tatbestand wieder, die Sammlung jedoch bildet nur einen Torso, der für die weitere Forschung als maßgeblich anzusetzen ist.

Die Gedichte der Sammlung gehören zu den meistinterpretierten Versen Brechts. Die Forschung las sie zunächst, verführt durch den *Blumengarten*, als unpolitische Naturgedichte, als »Philosophie der Landschaft« (Dittberner, B 8: 1973), und so waren sie gerade recht, den »weisen« Alterston des 55-jährigen Autors zu belegen. In den späten sech-

ziger Jahren ereilten die Gedichte eine neue, jetzt zwar politische, aber positive Lesart durch westliche Interpreten,
die etwa in *Der Rauch* das funktionierende System der
DDR symbolisch verschlüsselt sahen oder in *Der Einarmige im Gehölz* den in der DDR nun endgültig überwun-
denen Faschismus dargestellt vermuteten (Link, B 8: 1975,
45–50). Die DDR-Forschung zeichnete sich dadurch aus,
die Elegien entweder zu ignorieren oder ihre politischen
Bezüge herunterzuspielen, etwa *Die Lösung* lediglich als
Verse über einen »instinktlos« verirrten Parteifunktionär zu
lesen (Mittenzwei, B 6: 1987, Bd. 2, 553). Die Vielfalt der
Interpretationen jedoch belegt die Vieldeutigkeit der Elegien, ihre Qualität als Gedichte, die standhalten.

3
Prosa

Vorbemerkung

Obwohl der Prosaist und vor allem der Romancier Brecht längst kein »unbekannter« mehr ist (vgl. Boie-Grotz, B 9: 1978), spielt er in der Forschung nach wie vor eine untergeordnete Rolle. Die Wirkungsgeschichte der Prosa jedoch spricht eine andere Sprache. Mit der »Flibustiergeschichte« *Bargan läßt es sein* (1919), die aufgrund ihres wüsten und abstoßenden Inhalts bei der Forschung wenig Gnade fand, setzte sich Brecht vor seinem ersten großen Erfolg mit *Trommeln in der Nacht* in der literarischen Szene, und da vor allem in der Metropole Berlin, durch. Ihre Veröffentlichung in der renommierten Zeitschrift *Neuer Merkur* stieß auf erhebliche Resonanz, so dass Brecht bei seinem zweiten Besuch in Berlin (November 1921 – April 1922) feststellen konnte: »Auch kriege ich viele Verbindungen, die Leute kennen alle die Novelle im ›Merkur‹ und reden einiges davon und wollen mir alle behilflich sein« (GBA 28,143).

Den *Dreigroschenroman* (1934) – um ein weiteres Beispiel zu nennen –, den die Forschung aufgrund seiner vom Film erborgten Schnitttechniken nicht angemessen zu lesen verstand und dessen satirischer Ansatz als »Schlüsselroman« missverstanden wurde, feierte die Kritik als Brechts »Hauptwerk« (Alexander Moritz Frey; vgl. GBA 16,423), mit dem Brecht »schlüssig« bewiesen habe, dass er auch die epische Großform in jeder Hinsicht beherrsche (Leo Lania; vgl. GBA 16,419). Der Roman, so ein anderer Kritiker, sei so »außerordentlich«, dass er »eine ungewöhnliche Stellung in der zeitgenössischen Literatur einnehmen wird« (Walter Landauer; vgl. GBA 16,418). Es handele sich um den »großen satirischen Roman unserer Zeit, in dem Brecht mit dichterischem Glanz und sarkastischem Witz zugleich, die Moral einer Epoche beleuchtet« (anonym; vgl. GBA 16,419). Der *Dreigroschenroman* ist in der Einzelausgabe als Taschenbuch (bei Rowohlt; zuerst 1958) sowie in der Zusammenstellung des *Dreigroschenbuchs* (zuerst 1960), unabhängig von den diversen Werkausgaben, mit inzwischen über einer Million Exemplaren verbreitet, eine Tatsache, die auf die Diskrepanz zwischen der Aufnahme des Werks beim »allgemeinen« Publikum und der Forschung entschieden verweist. Bei einer Umfrage, die am Jahresende 1980 vom Südwestfunk durchgeführt wurde, zählten die Befragten den Roman mit zu den hundert beliebtesten Büchern der Weltliteratur (Jeske, B 9: 1984, 15).

Nicht anders steht es mit den *Kalendergeschichten* (und *Keunergeschichten*, die in der Sammlung mit den 39 bekanntesten Beispielen berücksichtigt sind). Als der Rowohlt Verlag 1953 die Taschenbuchrechte übernahm und die Sammlung innerhalb der populären Reihe der »Rotationsromane« (rororo) mit hoher Startauflage herausbrachte, war sie in wenigen Monaten ausverkauft und wurde mit 50 000 Exemplaren nachaufgelegt; inzwischen liegt die Auflage der Sammlung bei weit über einer Million, ganz abgesehen davon, dass einzelne Geschichten in unzähligen Schulbüchern und Auswahlausgaben verbreitet sind. Auch hier steht der Bekanntheitsgrad der Geschichten in keiner Relation zur überschaubaren Forschungsliteratur über sie bzw. zu ihrer Bewertung durch die Forschung.

Wenn hier entgegen diesem Sachverhalt die Prosa dennoch relativ knapp abgehandelt wird, so hat dies folgende Gründe: Eine eingehende Analyse der Romane Brechts, das sind neben dem *Dreigroschenroman* die Romanfragmente *Der Tuiroman* und *Die Geschäfte des Herrn Julius Caesar*, sprengten jeglichen quantativen Rahmen eines solchen Buchs, zumal sie im Unterricht der Schulen keine und im

Unterricht der Hochschulen nur eine marginale Berücksichtigung gefunden haben und immer noch finden. Die zahlreichen Geschichten, die Brecht – abgesehen von den *Kalendergeschichten* – schrieb und die in der GBA zwei Bände füllen, haben sich im Unterricht ebenfalls nicht durchgesetzt, so dass hier nur über eine exemplarische Analyse von zwei Geschichten, nämlich *Bargan läßt es sein* und *Die Bestie*, versucht werden kann, diesem Umstand abzuhelfen. Auf die außerordentliche Vielfalt und Bandbreite der Prosaschriften, die in der frühen Zeit und dann vor allem im amerikanischen Exil Filmentwürfe sowie Filmgeschichten (Exposés) umfassen, sowie auf den Komplex des *Buchs der Wendungen*, der im verfremdeten Gewand pseudo-chinesischer Namengebung philosophische und aktuelle Themen behandelt, kann hier nur verwiesen werden. Nicht zuletzt ist das vorliegende Buch nicht dazu angetreten, die allgemein vertretene Ansicht, dass Brechts Bedeutung zuerst in seinen Stücken und nach heutiger Einschätzung vor allem in seiner Lyrik zu sehen ist, mit messianischem Eifer dahingehend umzustürzen, dass nun endlich der Prosaist im Vordergrund zu stehen habe, zumal die Prosa auch quantitativ durchaus nicht im Zentrum des Werks steht. Möglicherweise ist die Tatsache, dass sich die Forschung der Prosa im Gegensatz zur uferlos gewordenen Beschäftigung mit den Stücken und mit der Lyrik im geringsten Maß zugewendet hat, ein Indiz dafür, dass sie zwar in nicht wenigen Fällen gut konsumierbar ist, nicht aber zur Analyse oder zur Kontroverse (wie gerade bei den Dramen) herausfordert. Darin mag sich denn vielleicht auch ein Qualitätsmerkmal niederschlagen.

Frühe Prosa

Brechts frühe Versuche, sich in Geschichten und sogar einem Roman, der freilich nur skizziert, nicht aber ausgeführt wurde (GBA 26,95), zu üben, sind unbedeutend, auch wenn sich gelegentlich Ansätze zu satirischen Beschreibungen finden, die nicht ohne Witz sind, z. B. in *Der Geyer* (1913), in der die Hauptfigur u. a. so beschrieben ist: »Die Fortsetzung des Kopfes bildet ein am Halse hängender Körper, der gerade und klein ist« (GBA 19,8). Auch *Die Geschichte von einem, der nie zu spät kam* (GBA 19,10–12), die Brecht 1913 für die Schülerzeitung *Die Ernte* verfasste, zeigt ein gewisses Talent zur Satire, wenn in ihr von einem klugen, aber schüchternen Knaben erzählt wird, der so lange zögert, sich seiner Angebeteten zu offenbaren, bis sie sich einem anderen zuwendet: »So oft er seinem zukünftigen Weibe begegnete, wich er ängstlich in weitem Umkreis aus. – Und so verging Monat und Monat, Jahr um Jahr, Jahrzehnt um Jahrzehnt, Jahrhundert um Jahrhundert – ja so, ich gehe zu weit. Es vergingen nur zwei Monate. Da erblickte er sie [. . .] am Arm eines anderen« (GBA 19,11 f.). Die Geschichte *Der Geierbaum* von 1917 (GBA 19,23), die mangels Masse und aufgrund eines Gedichts, *Das Lied vom Geierbaum* (GBA 13,95 f.), mit dem selben Inhalt (und teilweise identischen Formulierungen) Beachtung fand, interessierte als Deutschland-Allegorie und dadurch als Indikator für die politisch-ideologische Einstellung seines Autors zu dieser Zeit (vgl. Thöming, B 9: 1973, 77). Umso erstaunlicher ist es, dass Brecht nach den meist tappenden Prosa-Versuchen bereits 1919 eine längere und außergewöhnliche Geschichte gelang, die ihn als Erzähler von Rang qualifizierte. Dies war vermutlich deshalb möglich, weil er die exotische Thematik seiner gleichzeitigen Lyrik, von der bereits beachtliche Zeugnisse vorlagen, erstmals in die Prosa übertrug und ihr damit einen völlig neuen Spielraum eröffnete.

Bargan läßt es sein

Die Erzählung (GBA 19,24–37) hat den Untertitel *Eine Fli-*
bustiergeschichte. Flibustiere waren westindische Seeräuber
des 17. Jahrhunderts; Brechts Geschichte jedoch spielt ausdrücklich in Chile, erwähnt ist eine offenbar phantasierte
»Marienbucht« (GBA 19,33), so dass Brecht »Flibustiere«
lediglich als Synonym für »Seeräuber« verstanden haben
muss, den exotischen Ausdruck jedoch vorzog. Wie der Ort
der Handlung – trotz seiner südamerikanischen Lokalisie-
rung – unbestimmt bzw. phantastisch ist, so lässt sich auch
ihre Zeit nicht näher bestimmen; die Schiffe jedenfalls, mit
denen die Flibustiere auf Raub fahren, sind Segelschiffe –
und damit (scheinbar) weit weg von jeglichen Bezügen zu
Zeit und Kontext der Entstehung des Texts.

Die Geschichte geht zu Beginn in medias res und schildert einen von Bargan organisierten Überfall auf eine chile-
nische Stadt, der äußerst brutal durchgeführt wird und erfolgreich für die Piraten verläuft. Die materielle Beute, um
die es eigentlich geht und auf die die Piraten für ihren Le-
bensunterhalt angewiesen sind, ist immens, jedoch die Sie-
gesfeier, um die es angesichts des Erfolgs eigentlich nicht
geht, wird zum Desaster. Als die »Weiber« der Besiegten
zur Vergewaltigung verteilt werden, erhebt plötzlich der
»Klumpfuß von St. Marie«, der fette, hinkende, hässliche
Kumpan Croze, ausgerechnet Anspruch auf die Frau, die
sich Bargan, der ohnehin »nicht den besten Geschmack«
hatte (GBA 19,25), für sich reservieren wollte. Croze erhält
die Frau nach »Zank« (GBA 19,26) und bringt sie um. Mit
dieser Entscheidung jedoch hat Bargan den »Hund, den
niemand will«, »an seinen Busen« genommen (GBA 19,26).

Damit ist der Umschlag der Handlung markiert. Ohne
dass es weitere persönliche Bezeugungen der Liebschaft
zwischen Bargan und Croze gibt, lassen alle geschilderten
Einzelheiten darauf schließen, dass Croze die eigene Mann-
schaft verrät und die Beute vernichtet. Er sorgt für die Ent-

waffnung der Truppe, führt sie in Hinterhalte, die sie erheblich dezimiert, und schwingt sich schließlich zum Kapitän, also zu Bargans Posten, auf. Bargan selbst ist inzwischen von Croze zum letzten Lakaien degradiert worden – er darf das Deck des eigenen Schiffes putzen. Der Rest der Truppe, zu dem der Ich-Erzähler gehört, vermag jedoch die Meuterer zu überwältigen und niederzumetzeln. Der Ich-Erzähler setzt, nachdem Bargan um das Leben seines Geliebten, »der kein Messer wert war« (GBA 19,37), gefleht hat, beide auf einem kleinen Boot aus, das sie dem sicheren Untergang hingibt.

Die Herausforderungen der Erzählung liegen zunächst einmal darin, dass der Ich-Erzähler, der zur Truppe gehört, obwohl er Betroffener ist und nur mit viel Glück die Anschläge Crozes überlebt, sich selbst nur da einbringt, wo er handelnd tätig wird. Ansonsten erzählt das Ich herausfordernd distanziert, unbeteiligt, indem es alle Scheußlichkeiten wie das Selbstverständlichste behandelt, und mit klaren – pejorativen – Wertungen, wie sich Bargan der Liebe zum »räudigen, fetten Hund« Croze überlässt (GBA 19,37). Das Erzähler-Ich gibt sich damit als jemand kund, der das, was er erzählt, – zunächst – selbst nicht versteht. Darin liegt vermutlich eine der – offenbar wirkungsvollen – Irritationen, die die Geschichte auslöste und erfolgreich werden ließ.

Die Beharrlichkeit, mit der Bargan auf seiner, jeder Vernunft spottender Entscheidung zu Croze besteht, zwingen den Erzähler am Ende jedoch zu Reflexionen, die ihm das Unverständliche nachträglich doch noch verständlich werden lassen: »so konnte es jedem von uns gehen, mitten im Licht wurde man überfallen, so unsicher sind wir alle auf diesem Stern«. Als Croze und Bargan ihrem Tod entgegenrudern, kommentiert der Erzähler, es »fiel mir manches ein über das Leben auf diesem Stern und ich kam Gott näher als in vielen Gefahren, in denen ich selber war«. Und schließlich versteht er Gott, der »einen solchen Mann wie Bargan hingab, für den es keinen Vergleich gibt, der ganz und gar

Brecht 1922

dazu geschaffen wurde, den Himmel zu erobern« (GBA 19,37).

Die aufreizende Weise, mit der der Erzähler Bargans Liebe als ›Hingabe‹ Gottes, und zwar ohne Anzeichen von Ironie, schließlich akzeptiert und damit auch – skandalöserweise – anerkennt, setzt die Geschichte Bargans in Parallele zur Passion Christi. Schon zu Beginn wird Bargan mit dem Kommentar eingeführt, dass er es mit der Orientierung verstand »wie der liebe Gott« (GBA 19,24); wenig später nennt ihn der Erzähler, den Vergleichspartikel weglassend, »Der liebe Gott« (GBA 19,29); und zuletzt kennzeichnet er ihn als »eine Anstrengung Gottes« (GBA 19,37). Starke Worte, die Bargan, trotz seines »Berufs«, über jegliches menschliche Maß hinauswachsen lassen und ihn zum »Erwählten«, zum von Gott Gesandten, qualifizieren.

Der herausfordernde Widerspruch der Erzählung liegt demnach darin, dass Gott Bargan – wie seinen Sohn Christus – auserwählt hat, auf freilich andere, dem christlichen Ritus spottende Weise, die göttliche Allmacht (den Himmel) zu bestätigen, dieser aber, statt »den Himmel zu erobern«, ihn einfach mit seiner homosexuellen Liebe profan auf Erden zwingt und im Selbstgenuss, der Untergang sowie endgültige Auslöschung – und damit eben keine Auferstehung – bedeutet, aufgibt: es gibt keine Wiederkehr. Bargan lässt es wirklich sein. Der Himmel ist abgeschafft, und Gott ist damit auf paradoxe Weise einverstanden, wie er sich etwa auch – im gleichzeitig entstandenen Gedicht *Vom ertrunkenen Mädchen* (GBA 11,109) – daran gewöhnt hat, seine Kreaturen zu vergessen als »Aas in Flüssen mit vielem Aas«, und dies, weil selbst sein Auserwählter einen »räudigen, fetten Hund«, der »ihn ausschlürfte wie ein rohes Ei, mit einem einzigen Zug« und auch noch »Genuß« daran findet (GBA 19,37), vorzieht und damit profan und banal auf jeglichen Himmelssturm verzichtet. Da Crozes Überfälle auf die Truppe zudem noch ausdrücklich als Teufelswerk (vgl. auch seinen Klumpfuß) qualifiziert werden (»daß der Teufel sich der Sache annehmen würde«; GBA 11,30) und Croze selbst als »ihr [der Meuterer] lieber Gott, [. . .] fett und schamlos« bezeichnet wird (GBA 19,35), geht mit Croze, der sich buchstäblich mit dem von Gott Gesandten vereinigt hat, auch die Hölle unter. Mit dem Himmel wird auch die Hölle abgeschafft. Die Absage an traditionell gegebene christliche Werte und Vorstellungen konnte wohl radikaler kaum formuliert werden, wenn auch keine Zeugnisse – weder in der zeitgenössischen Rezeption noch in der Forschung – vorliegen, dass die Erzählung je in diesem Sinn aufgenommen worden ist (vgl. Boie-Grotz, B 9: 1978, 60–68).

Zeitbezüge ergeben sich – trotz aller Exotik und religiösen Thematik – über den Selbstgenuss, mit dem Bargan radikal seinen Untergang wählt. Er wird damit eine Art Bruder von Baal, der sich ebenfalls von allen gesellschaftlichen Konventionen (hier sind es die der Piraten) abwendet und sich im Selbstgenuss selbst verbraucht. Bürgerlicher Individualismus ist nur noch paradox im existentiellen Untergang zu haben.

Prosa der Weimarer Republik

Brecht entwickelte zu dieser Zeit Erzähltechniken, die sich später im *Dreigroschenroman* in geballter Form niederschlagen sollten. Allem voran ist zu beobachten, was die Geschichten scheinbar unattraktiv macht, dass sich Brecht um eine nüchterne und beobachtende Erzählweise bemüht, die es vermeidet, Gefühle oder die innere Verfassung seiner Protagonisten wiederzugeben. Das heißt durchaus nicht, dass deshalb auf die Darstellung von Gefühlen verzichtet würde. Vielmehr werden sie allein an äußeren, »objektivierbaren« Merkmalen und Haltungen kenntlich. Dies wird zum Beispiel besonders deutlich in der Erzählung *Nordsee-*

krabben oder Die moderne Bauhauswohnung von 1926
(GBA 19,267–275). Der Ich-Erzähler und sein Freund Müller sind vom ehemaligen, damals eng befreundeten Kriegskameraden Kambert in seine neue Bauhaus-Wohnung eingeladen; Kampert hat ein neues Leben begonnen und verfügt durch seine Heirat über relativen Reichtum, den er mit
der Wohnung und seinen Trink- und Essgewohnheiten regelrecht ausstellt. Anstatt sich um die Wünsche seiner Gäste
zu kümmern, drängt er ihnen die Vorzüge seiner neuen Ge-
wohnheiten regelrecht auf. Ohne dass der Erzähler, der als
Ich-Erzähler ohnehin meist nur beobachtet, was vorgeht,
ein Wort über Müllers innere Verfassung verlöre, ist die Geschichte eine Art Psychogramm Müllers, der über die Un-
verfrorenheit seines Gastgebers dermaßen in Wut gerät,
dass er – als dieser die Wohnung verlässt, um Nordseekrabben zu besorgen, die Müller zynisch bei ihm bestellt hat –
die gesamte Wohnung demoliert und den zurückkehrenden
Kampert mit den Worten empfängt: »My home is my
castle« (GBA 19,275). Müllers Wut objektiviert sich in der
Zerstörung und wird entsprechend vom Erzähler »von außen« – in seinem »Kampf« gegen die Wohnung und den
Folgen – geschildert.

   Weiterhin prägte Brecht konsequent ein neuartiges »vermittelndes Erzählen« aus. Wie schon der Ich-Erzähler in
Nordseekrabben weitgehend außerhalb der Handlung
bleibt, setzt Brecht, obwohl ein Ich-Erzähler die Geschichte
wiedergibt, den Erzähler als vermittelndes Medium in und
erfüllt damit gerade nicht, was die traditionelle Definition
der »Ich-Form« zuschreibt (Ich als am dargestellten Geschehen beteiligte fiktive Figur, meist die Hauptfigur des
Erzählten, das aus zeitlicher Distanz schildert, Nähe zum
Autobiografischen u. a.). Der Erzähler ist einzig dazu da,
seine Geschichte, und dazu häufiger auch noch einem (fiktiven) Kreis von Zuhörern (z. B. in *Das Paket des lieben Gottes* von 1926; GBA 19,276–279), zu übermitteln; selbst ist er
am Geschehen nicht oder kaum beteiligt. Besonders raffi-

niert verwendete Brecht das vermittelnde Erzählen in *Der Javameier* von 1921 (GBA 19,135–144). Das Erzähler-Ich sucht einen Fischhändler auf, der ihm eine Kriminalgeschichte schildert und den Fall, ohne seinen Laden zu verlassen, löst oder besser so löst, dass das Ich von dessen »Wahrheit« überzeugt sein muss, ohne wirkliche Beweise für sie zu haben. Der Leser bleibt am Ende ratlos, ob er nun eine (in der Fiktion) »wirkliche« Geschichte oder doch nur eine Fiktion des Fischhändlers aufgetischt bekommen hat. Damit entsteht zusätzlich eine spielerische Offenheit, die zur Ästhetik dieses Erzählens gehört, die folglich keine »fertigen« Geschichten vorlegt, sondern solche, die den Realitätssinn des Lesers herausfordern und ihn zum reflektierenden Mitdenken anhalten.

Schließlich ist noch auf die Sprachthematik hinzuweisen, die Brecht zwar mit anderen modernen Autoren der Zeit teilt, die er aber nicht wie diese dazu benutzt, um Zweifel an der Darstellbarkeit des Darzustellenden zu thematisieren (Sprachkritik). Es geht vielmehr darum, das Unaussprechbare dadurch dennoch zur Sprache zu bringen, dass es an den Reaktionen und Haltungen der Figuren habhaft gemacht wird. In der *Geschichte auf einem Schiff* von 1921 (GBA 19,145–147) sind Seeleute mit ihrem alten Kahn in ausweglose Seenot geraten und bereiten sich darauf vor, mit ihm abzusaufen. Um die Situation überhaupt aushalten zu können, ist es für die Betroffenen notwendig, »eine besonders dicke Dunkelheit über diese gewissen Dinge zu breiten« (GBA 19,146), also nicht von der Gefahr zu sprechen. Der Koch jedoch bricht das Tabu und sagt, er habe »es satt. Ich habe das Herumkollern satt. Ich gehe heim« (GBA 19,146), und »das war alles«, wie der Erzähler versichert. Die wortlose Reaktion der Anwesenden – »daß es auf das hin damals stille wurde, wie wenn ein Mann oder zehn Männer ein Licht sehen in der Dunkelheit« (GBA 19,146) – ist so immens, dass der Koch die Kajüte verlässt und tatsächlich ins Wasser »heimgeht«. Der Tabubruch des Kochs ist ein doppelter: er spricht aus, was die anderen nicht minder satt haben, sich aber, indem sie schweigen, nicht bewusst machen wollen, und er verwendet mit »Heimgehen« einen Terminus, der die Mitbetroffenen zutiefst demütigen muss. Obwohl es in dieser Situation keine Rolle mehr spielt, dass der Koch tatsächlich ein »Heim«, ein kleines Haus in Arkansas, hat, macht der Terminus, ohne dass dies ausgesprochen würde, den anderen klar, dass sie nie »heimgehen« können, weil das Schiff und nur dies ihr Heim ist, und das geht gerade unter. Der Koch spricht völlig unangemessen, trifft aber gerade dadurch das Fatale der Lage genauestens, und er spricht sich damit sein eigenes Todesurteil, das er, als er die Reaktion wahrnimmt, auch vollzieht. Die Geschichte geht übrigens ansonsten gut aus, was allerdings von vornherein ausgemacht ist, weil sie einen Ich-Erzähler hat.

Die Bestie

Brecht schrieb die Erzählung im Sommer 1928 für ein Preisausschreiben der *Berliner Illustrierten Zeitung* und erhielt einen der fünf Preise, die die Redaktion vergab (GBA 19,294–299). In den Moszropom-Ruß-Film Ateliers von Moskau wird der Film *Der weiße Adler* gedreht. Er handelt von Judenpogromen im zaristischen Russland und prangert vor allem die grausamen Verfolgungen und Metzeleien des berüchtigten Gouverneurs Muratow an. Die Regie arbeitet nach dem naturalistischen Prinzip der Authentizität und lässt deshalb Juden, die Muratows Verfolgungen am eigenen Leib erfahren, aber überlebt haben, als »naturgetreue« Komparsen agieren. Der bekannte Schauspieler und Star Kochalow, der die Rolle der »Bestie« übernommen hat, fühlt sich in seiner Haut gar nicht wohl, weil er befürchtet, mit seiner Rolle identifiziert zu werden. Es kommt ihm daher nicht ungelegen, dass sich eines Tages ein Mann ins

Atelier drängt, der eine verblüffende Ähnlichkeit mit dem historischen Muratow hat und deshalb für die Rolle geradezu prädestiniert zu sein scheint. Tatsächlich erhält der »Ähnliche« Gelegenheit, zur Probe eine Szene zu spielen, in der Muratow in Anwesenheit der Betroffenen Todesurteile unterzeichnet. Der Ähnliche vollführt seinen Part sehr kurz, durchaus geschäftsmäßig, wie ein kleiner Beamter. Alle Versuche der Regie, den Mann zu bewegen, dass er seinem Spiel mehr Bosheit und Tücke verleiht, schlagen fehl. Es kommt zu Diskussionen, in deren Verlauf die Komparsen, die ja Augenzeugen waren, darauf beharren, dass das Spiel des Ähnlichen recht wirklichkeitsgetreu gewesen sei; »gerade das Gewohnheitsmäßige und Bürokratische« habe damals auf sie »einen entsetzlichen Eindruck« gemacht (GBA 19,297), wenn sie auch nicht wüssten, wie es auf andere, Unbeteiligte, wirke. Ein Hilfsregisseur, der ganz andere Vorstellungen von der Szene hat, wischt alle Beteuerungen der jüdischen Komparsen beiseite und unterstellt ihnen sogar, sei seien wohl gar nicht dabei gewesen. Die Szene jedenfalls wird nach den Vorgaben der Regie arrangiert und schließlich auch wieder von Kochalow übernommen. Sein Spiel hat dann endlich Erfolg. Er agiert bösartig, brutal und »schweißtriefend«. Die Beteiligten sind begeistert, und der Ähnliche, Muratow selbst, geht wieder in die Kälte des Oktobertags hinaus, in die Elendsquartiere, in denen er nun zu Hause ist.

Der Kernsatz der Erzählung ist: »Es hatte sich eben wieder einmal gezeigt, daß bloße Ähnlichkeit mit einem Bluthund natürlich nichts besagt, und daß Kunst dazu gehört, um den Eindruck wirklicher Bestialität zu vermitteln« (GBA 19,299). Dieser Satz steht am Ende der eigentlichen Erzählung (es gibt noch einen Nachsatz, der Muratow gilt) und scheint ihr Fazit zu ziehen. Tatsächlich stimmt er mit Brechts ästhetischen Vorstellungen überein, dass Kunst allein und nicht Naturalismus oder Widerspiegelung realistische Darstellung verbürgt; insofern könnte der Satz bei seinem Wort genommen werden. Es ist jedoch auch möglich, ihn ironisch zu lesen. Einen ersten Hinweis darauf ergibt sich aus dem Widerspruch, läse man ihn ernst, dass der Chefregisseur mit der »Kunst«, mit der er die Szene arrangiert und spielen lässt, sein eigenes Regieprinzip, das mit den »echten« Komparsen als naturalistisches angetreten ist, widerlegte, was übrigens in Parallele thematisiert ist, wenn Kochalow Sorge hat, mit seiner Figur identifiziert zu werden. Hier »Kunst«, da »Natur«. Mit dieser Lesung reduzierte sich die doch recht komplexe Erzählung auf die Selbstentlarvung eines billigen Naturalismus, der zwischen Kunst und Wirklichkeit nicht zu unterscheiden vermag. Ungeklärt bliebe so, warum, wie es eingangs heißt, der Vorfall mit dem Ähnlichen »etwas Entsetzliches an sich hatte« (GBA 19,294), eine Einschätzung, die die Juden ja für das Verhalten des historischen Muratow reklamiert haben. Etwas Entsetzliches kommt jedoch in der Geschichte explizit nicht vor, denn sie berichtet lediglich von drei Versuchen, eine Szene des Films zu realisieren, und sie endet auch für Muratow, der unerkannt bleibt, nicht entsetzlich, hat er doch wenigstens zwei Äpfel zu essen bekommen und ein wenig Komparsengeld erhalten.

Die Erklärung lässt sich folglich nur finden, wenn man beachtet, was in der besagten Szene dargestellt wird. Wenn die Juden behaupten, das Spiel des Ähnlichen sei »ziemlich naturgetreu« (GBA 19,297) gewesen, so hat es offenbar die Tatsache getroffen, dass der historische Muratow seine Todesurteile so nebenbei, mechanisch, bürokratisch abgezeichnet hat, dass folglich seine Menschenverachtung darin zum Ausdruck kommt, dass er sich weigerte, die Opfer überhaupt als Menschen wahrzunehmen. Kochalow dagegen spielt die Szene so, dass er sich in höchste Rage bringt, indem er sich an der Angst seiner Opfer weidet, und schließlich Händeklatschen als Reaktion erntet. Sein Spiel ist buchstäblich »herzerschüttend« (»daß ihnen [den Zuschauenden] das Herz im Leibe stockte«, spielt darauf an; GBA 19,298),

aber keineswegs Entsetzen auslösend. Sollte er damit tatsächlich das »Wesen« dieses Verbrechertums ans Licht gebracht haben? Wohl kaum.

Die Erzählung – obwohl ja drei Varianten angeboten
werden – enthält keine angemessene realistische Darstel-
lungsweise der Filmszene. Die erste Lösung durch den
Ähnlichen, nämlich einfach nachzuspielen, wie es gewesen
ist, ermöglicht es dem anonymen Erzähler zunächst einmal,
die historische Realität (innerhalb der Fiktion) einzubrin-
gen, die durch die jüdischen Komparsen in etwa als authen-
tisch bestätigt wird. Damit ist die Folie des »Realen« gegeben. Die Wirkung des Spiels jedoch bleibt in jeder Hinsicht
unzulänglich. Sie vermittelt für Unbeteiligte, und für diese
wird der Film ja gemacht, keinen entsetzlichen Eindruck.
Diese Lösung bleibt vordergründig naturalistisch und
kunstlos, aber sie bringt immerhin in etwa zur Sprache, was
»wirklich« war.

Kochalows Lösung, die ihm der Ähnliche vorgibt, indem
dieser die Apfelfress-Szene erfindet, ist effektvoll und durch
seine Schauspielkunst verbürgt; dass sie realistisch sei, wi-
derlegen die Reaktionen der Zuschauenden. Obwohl auf
Kunst basierend, ist ihre Wirkung ebenso naturalistisch wie
der Naturalismus der ersten Version für die betroffenen Juden, nur dass diesmal die Unbeteiligten reagieren und meinen, einen »Bluthund« dargestellt gefunden zu haben. Kochalows Spiel ist persönlichkeitsorientiert, die Zuschauer
identifizieren sich, und zwar mit der »Bestie«, wenn auch
negativ, und reagieren ganz gefühlsmäßig. Und vor allem:
die Opfer, deren Schicksal ja eigentlich zu zeigen ist, bleiben
weitgehend ausgeblendet und werden zugunsten der »Bestie« vernachlässigt.

Damit wiederholt sich im Atelier etwas, was die Juden
bereits in ihrer »Wirklichkeit« erlebt haben. Das Interesse
gilt nicht den Opfern, sondern den Tätern. Von daher wird
auch deutlich, welchen Stellenwert die Passage mit dem
Hilfsregisseur hat, der die Juden, die zu Muratows Spiel be-

teuern, so sei es in etwa gewesen, regelrecht abfertigt und sie verdächtigt – als sie versichern, Muratow habe bei der Unterredung mit ihnen keinen Apfel gegessen –; gar nicht dabei gewesen zu sein: »Die Juden, die nicht in den Verdacht kommen wollten, nicht unter den damaligen Todeskandidaten gewesen zu sein, zogen sich erschrocken auf die Mutmaßung zurück, Muratow habe vielleicht kurz vor oder kurz nach ihrer Audienz Äpfel gegessen« (GBA 19,298). Dieser Hilfsregisseur ist es auch, der die Apfelfress-Szene initiiert, indem er einfach behauptet, Muratow habe immer Äpfel gegessen. Der Ähnliche, der für sich doch noch die Rolle retten will, nimmt diese Behauptung auf und entwirft die Variante, die Kochalow sich dann aneignet. Da Muratow aber weiß, dass er sich in Wirklichkeit anders verhalten hat, qualifiziert er damit seine Erfindung zur Kolportage, zum Kitsch, was er auch gegenüber dem Chefregisseur mit einem »nicht greifbaren Hohn« im Blick kommentiert (GBA 19,298).

Damit hat sich die ästhetische Fragestellung der Erzählung erheblich radikalisiert. Es geht nicht primär darum, dass Kunst notwendig geworden ist, um angemessen realistisch zu sein, es geht vielmehr darum, wie und mit welchen künstlerischen Mitteln »Wirklichkeit« zur Darstellung zu bringen ist. Mit den realisierten Szenen der Erzählung sicherlich nicht. Jedoch sind diese so geschildert, dass eine angemessene Ästhetik hindurchscheint, eine Ästhetik, die ihre Mittel aus der Wirklichkeit bezieht und nicht aus den Trickkisten der traditionellen Kunst. Die Erzählung thematisiert ihre Ästhetik doppelbödig und gibt zugleich die adäquate Lösung an die Leser weiter. Sie sind angehalten, den Fall nach seiner Realität zu befragen. Der Text erzählt nichts Bestialisches, sondern er erzählt von falscher Kunst, die an den betroffenen Juden exekutiert wird; sie werden quasi in der künstlerischen »Nachahmung« noch einmal zum Tode verurteilt: Den entsetzlichen Eindruck, den die Juden historisch zu durchleben hatten, wiederholt die Kunstübung mit anderen, weil unrealistischen Mitteln.

Die Darstellung der »eigentlichen« Realität, die die Brutalitäten Muratows für die Juden bedeutet haben, bleibt ausgespart, weil sie ohnehin ästhetisch nicht wiederzugeben ist. So bleibt nur der indirekte Weg, der die nachahmende, naturalistische Kunst in ihrer Entsetzlichkeit entlarvt und ihr damit die Gefolgschaft aufkündigt.

Geschichten vom Herrn Keuner

Es handelt sich vorwiegend um Kürzestgeschichten, die Brecht von 1929 bis 1956 schrieb und mehrfach zu Teilsammlungen zusammenstellte (vgl. GBA 18,11–43; 436–451). Die Figur des Keuner entstand im Zusammenhang mit der Arbeit am Stück *Untergang des Egoisten Johann Fatzer*, die Brecht Ende 1926 aufnahm. Der Name taucht erstmals 1929 auf, und in unmittelbarem Zusammenhang mit dieser Namensfindung schrieb Brecht die ersten Geschichten, die vermutlich zunächst ausnahmslos für das Stück vorgesehen waren.

Die Keuner-Figur selbst wurde aus einer der vier männlichen Stückfiguren des Fragments herausgebildet. Ursprünglich als handelnde Figur in das Geschehen einbezogen, erhielt sie während der verschiedenen Arbeitsphasen am Fragment immer mehr die Züge eines »Lehrers« für die anderen Figuren sowie die Rolle eines deren Haltungen und Handlungen kritisch beobachtenden und reflektierenden Kommentators.

Der Lernvorgang der Lehrstücke, insbesondere des *Badener Lehrstücks vom Einverständnis* und des *Fatzer*-Fragments, wurde in parabelhaften Exempelgeschichten entwickelt, die Brecht als »Kommentare« bezeichnete. Diese Kommentare zeichneten sich durch eine relative Selbstständigkeit aus, die es ermöglichte, sie aus dem Kontext der Stücke zu lösen und als selbständige Erzähleinheit, die Geschichte und Kommentar umfasst, weiterzuentwickeln.

Entsprechend wurde die Stückgestalt Keuner zu einem selbstständigen Typus, der einerseits zur epischen Figur umgeprägt wurde, andererseits in der dialogisch-dialektischen Anlage der Geschichten seine dramatische Herkunft nicht verleugnete (szenischer Charakter der epischen Figuration). Dieser Loslösungsprozess ist dokumentiert im ersten Heft der *Versuche*. Die »Geschichten« sind dort vom *Fatzer*-Komplex getrennt und als selbstständiger (zweiter) Versuch zur (Teil-)Sammlung ausgearbeitet.

Der Name »Keuner« leitet sich aus der eigenwilligen Sprechweise eines Lehrers von Brecht ab, der in der Aussprache regelmäßig »ei« mit »eu« (sprich: »oi«) vertauscht hatte. Danach bedeutete »Keuner« zunächst »Keiner«, und zwar im Sinne einer nicht-individuellen, distanzierten und eigenschaftslosen Figur, die lediglich als dialogisch-dialektischer Vermittler, als »Denkender«, auftritt.

Eine zweite Bedeutung ergibt sich aus dem lautlichen Gleichklang mit griech. *koiné*, der durch die Egge-Geschichte aus der ersten Fassung von *Leben des Galilei* bei Brecht direkt belegt ist: Dort heißt der Philosoph, in dessen Haus der Fremde eindringt, »Keunos« (GBA 5,72). Die »koiné« bezeichnet die griechische Umgangssprache, das »koinon« die politische Gemeinschaft in der hellenistischen Zeit, übertragen das Gemeinschaftliche bzw. das allgemein Verständliche, so dass Keuner als popularisierender Vermittler zu denken ist, der neue Verhaltensweisen der Menschen untereinander lehren möchte.

Der Formtypus der Geschichten Brechts hat im Deutschen am ehesten ein Vorbild im (vorwiegend) barocken Apophthegma (»Scherzrede«): Eine besondere, zunächst historische (»anekdotische«) Situation wird knapp und prägnant geschildert und dann durch einen pointierten, oft überraschenden Sinnspruch gedeutet. Der Sinnspruch ist in der Regel so formuliert, dass er über seinen Anlass hinausweist, den Charakter einer Sentenz erhält und Denkanstöße gibt.

Ein weiteres Formmuster bezog Brecht aus der Lektüre
fernöstlicher philosophischer Schriften, *Mê-ti* und *Dschuang Dsï* (dt.: *Das wahre Buch vom südlichen Blütenland*),
das als Beispiel in der 1929 entstandenen Geschichte *Herr
Keuner und die Originalität* angeführt wird (GBA 18,18).
In beiden Büchern sind die einleitende Sprachformel »Meis-
ter X sagte (sprach): . . .« und die Antwort- bzw. Abschluss-
formel »Y antwortete (entgegnete): . . .« dominant, wie sich
in ihnen auch Vorbilder für den Gesprächstypus der *Keunergeschichten* finden lassen, ohne dass direkte Übernahmen durch Brecht nachzuweisen wären.

Vermutlich hat Brecht den Gattungsbegriff »Geschichte«
deshalb gewählt, um sich nicht auf einen traditionellen
Formtypus festzulegen und sich mit einer möglichst allgemein gehaltenen Terminologie die verschiedensten Formen
offen zu halten: von der Sentenz (*Organisation*) über den
Aphorismus (*Über Systeme*) bis zur relativ ausführlich aus-
gestalteten Parabel (*Wenn die Haifische Menschen wären*).
Fast alle Geschichten zeichnen sich jedoch dadurch aus, dass
sie eine dialogische oder zumindest latent dialogische Struktur aufweisen.

Im Titel spielt Brecht mit der Doppeldeutigkeit des
»vom«, das sowohl heißen kann, dass die Geschichten von
Herrn Keuner stammen, als auch heißen kann, dass sie über
ihn handeln; Vorbild ist die lateinische Titelgebung »de«
(dt.: über, von).

Im Vorspruch zur ersten Publikation von *Keunergeschichten* in den *Versuchen* (Heft 1) schrieb Brecht, sie stellten »einen Versuch dar, Gesten zitierbar zu machen«. Eine
Definition des »Gestus« gibt Brecht in seiner um 1930 entstandenen Schrift *Der Nachschlag*, dort bezogen auf die
Schauspielkunst. Statt dem Zuschauer Gelegenheit zu Er-
lebnissen zu verschaffen, solle im Theater Erkenntnis vermittelt werden: »Die Schauspielkunst dieses Zweckes steht
mehr auf der Gestik als auf dem Ausdruck. Auch die Worte
sollen also auf einen Gestus gebracht werden. [. . .] Wenn du

zeigst: es ist so, so zeige es auf eine Art, daß der Zuschauer sagt: ist es denn so?« (GBA 21,390) Lernen mit Herrn Keuner bedeutet also, nicht Lehrsätze zu übernehmen, sondern Denkanstöße zu erhalten; die von Keuner angesprochenen Verhaltensweisen sind in der gesellschaftlichen Praxis zu überprüfen und, falls die Überprüfung positiv ausfällt, anzuwenden.

a) *Maßnahmen gegen die Gewalt.* Die Geschichte entstand 1929 und gehört damit zu den frühesten *Keunergeschichten.* Es geht ums Überleben. Wer lebt länger? Die Gewalt oder Herr Keuner, der die Gewalt als solche erkannt und bemerkt hat, dass er keine Mittel hat, sie zu beseitigen. Er muss sie sozusagen »aussitzen«. Würde er der Gewalt zu trotzen versuchen, zerschlüge sie ihm das Rückgrat (das heißt: brächte sie ihn um).

Das Dilemma, das nun freilich entsteht, ist, dass sich Keuner der Gewalt äußerlich unterwerfen muss, wenn er ihr auch innerlich jede Anerkennung versagt (deshalb hütet sich Egge, ein Wort zu sagen), ja er muss ihr sogar dienen, solange sie herrscht. Äußere Anpassung, innere Verweigerung, das ist der Widerspruch, den die Geschichte thematisiert und im Sinne Keuners einseitig löst: Wer die Gewalt erkannt und durchschaut hat, muss sie überleben, um seine Erfahrungen und sein Wissen über die Gewalt anderen vermitteln zu können. Ein toter Keuner nützte niemandem.

Freilich ist das nicht das letzte Wort. Denn äußere Anpassung an die Gewalt bedeutet auch ihre aktive, keineswegs nur passive Unterstützung und damit die Verlängerung ihrer Herrschaft, also Opportunismus.

Dass die Geschichte nicht aufgeht, belegt ihre Übernahme in die erste Fassung von *Leben des Galilei* von 1938/ 39 (Szene 8). Galilei erzählt sie auf die Frage des älteren Gelehrten, ob es angesichts der Tatsache, dass die Lehre des Kopernikus auf dem Index stehe, richtig sei zu schweigen: »Ich erinnere mich einer kleinen Geschichte. In die Woh-

nung des kretischen Philosophen Keunos, der wegen seiner
freiheitlichen Gesinnung bei den Kretern sehr beliebt war,
kam eines Tages während der Gewaltherrschaft ein gewisser
Agent, der einen Schein vorzeigte, der von denen ausgestellt
war, welche die Stadt beherrschten.« (GBA 5,72) Es folgt
dann mit geringen Varianten und dem Namen Keunos statt
Egge der weitere Text der vorliegenden Geschichte. Andrea
Sarti kommentiert: »Mir gefällt die Geschichte nicht, Herr
Galilei.« (GBA 5,73)

Andreas Einwand besagt, dass die versuchte Rechtferti-
gung von Galileis späterem Widerruf ihre Haken hat: Die
Lüge wird zur Wahrheit erhoben, die Gewaltherrschaft des
Menschen über den Menschen indirekt unterstützt. Wenn
auch die erste Fassung des Stücks noch versuchte, Galilei als
schlauen Widerstandskämpfer zu zeichnen – es ist wichtiger, dass er sein Hauptwerk, die *Discorsi*, schreibt, als sein
Leben zu opfern –, ändert sein Widerruf nichts daran, dass
er öffentlich seine Wissenschaft verrät.

Brecht musste sich den Realitäten seiner Zeiten, den finsteren Zeiten, wie er sie nannte, beugen. 1947, als er mit
Laughton die amerikanische Fassung des Stücks erarbeitete,
und in den fünfziger Jahren, als er diese Fassung ins Deutsche zurückübertrug, entfiel diese Geschichte. Die Gewalt
des Faschismus hatte dermaßen viele Opfer und Verwüstungen mit sich gebracht, dass die Historie den Widerspruch – Widerstand durch Anpassung? – gelöst hatte.

Grundsatzfragen dieser Art sind folglich nicht abstrakt –
wie in der christlichen Tradition des »experimentum crucis«
– zu lösen. Sie bedürfen vielmehr geschichtlicher Konkre-
tion. Äußere Anpassung an Gewalt, die angetreten ist, Verbrechen, Ausrottung Andersdenkender, Völkermord und
schließlich die Verwüstung des halben Planeten zum offenen politischen Programm zu erheben, kann mit innerer
Widerständigkeit nicht gerechtfertigt werden – der Opfer
wegen, der zu vielen.

b) *Wenn Herr K. einen Menschen liebte.* Die auf den ersten Blick anmaßende Darstellung des Menschenbildes scheint für die Radikalität der *Keunergeschichten* symptomatisch zu sein: Der Mensch soll dem Entwurf, den man sich von ihm macht, ähnlich werden. Tatsächlich ist die Geschichte auch so verstanden worden: Der Mensch wird dem Entwurf angepasst, ja unterworfen, und so alle Menschlichkeit buchstäblich mit den Füßen getreten (vgl. Frenken, B 8: 1996, 84–86).

Max Frisch hat dem biblischen »Du sollst dir kein Bildnis machen«, und zwar in bezug auf den Menschen, fast sein ganzes Werk gewidmet. Das »Leben« läuft den Bildnissen zuwider, aber die Bildnisse, die den Menschen festzulegen versuchen, vernichten das Leben, oder: die Bildnisse hindern daran, dass die Menschen zu ihrem Leben kommen.

Bei Brecht sieht es etwas anders aus. Voraussetzung für den »Entwurf« ist – ausdrücklich – die Liebe. Wenn die Liebesbeziehung besteht – das muss nicht nur zwischen Mann und Frau sein –, dann heißt »Entwurf machen« damit zu rechnen, dass die liebenden Menschen nicht »fertig«, nicht festgelegt sind, sondern sich gemeinsam entwickeln wollen. Die Liebe und der Entwurf beziehen sich auf den Menschen, der er/sie noch werden kann.

Die »normale«, zumindest in Deutschland (und in der Schweiz: Frisch) ausgiebig gelebte und dokumentierte Erfahrung einer Liebesbeziehung ist die: Man verliebt sich und findet alles am anderen erst einmal großartig. Kommt der Alltag, geht die Desillusionierung los. Schema der Diskussionen und Vorwürfe ist: Das habe ich mir von dir nicht gedacht; früher warst du ganz anders; wie bin ich von dir enttäuscht. Alles ist bezogen auf ein Bild, was der Mensch angeblich »ist« und das einmal, am Beginn der Liebe gefunden und dann festgelegt worden ist. Bei Frisch scheitern daran alle Beziehungen.

Bei Brecht wird der Vorgang vom Kopf auf die Füße gestellt. Entscheidend ist nicht der Entwurf als solcher – über ihn wird inhaltlich nichts gesagt –, sondern die Erwartung, dass der geliebte Mensch sich (mit dem ihn liebenden Menschen zusammen) verändern möchte und auch verändern wird sowie dass beide Liebenden die Veränderungen gegenseitig beeinflussen und bestimmen. Mit der gegenseitigen produktiven Beeinflussung betont Brecht die soziale Komponente, wonach die Entwicklung des Menschen nicht »aus sich heraus«, autonom, erfolgt, sondern im sozialen Kontext, zu dem nur »Entwürfe« zu machen sind, die beide Liebenden gemeinsam, produktiv erarbeiten. »Liebe« ist nicht Inbesitznahme des anderen unter dem Vorzeichen: Ich kenne dich. Liebe ist Vereinbarung zu gemeinsamer Produktion und gemeinsamer Weiterentwicklung: Ich vertraue dir, aber ich weiß nicht, welche Möglichkeiten du hast. Dazu sind »Entwürfe« nötig, die – im Sinn von »Entwerfen« – keine fertigen Bilder, sondern Projektionen von vorhandenen Möglichkeiten bedeuten, also Hoffnungen, dass der geliebte Mensch nicht bleibt, was er angeblich »ist«, dass er vielmehr Möglichkeiten von sich entwirft, die der andere noch nicht kennt, und zwar auf der Basis der Gegenseitigkeit: »Liebe ist die Kunst, etwas zu produzieren mit den Fähigkeiten des andern« (GBA 18,40).

»Entwerfen« eines Menschen bedeutet den Versuch, die in ihm vorhandenen Möglichkeiten zu seiner und zur sozialen Produktivität human und gemeinsam zu fördern. Liebe ist Produktion. Bildnisse, fertige, sind inhuman und unsozial; sie zerstören jede, auch die persönlichste Bindung.

c) *Mühsal der Besten*. Bei dieser Geschichte müsste man zunächst spontan fragen: Was machen eigentlich die, die zu den »Normalen« zählen? Die Besten sind gemeint. Nur sie begehen Irrtümer?

Hochmütig; von oben herab. In der Tat: der Kleinbürger im Mao-Look. Ja und Nein. Die Herausforderung und Pointe liegt natürlich in: »Ich bereite vor«. Die Mühe gilt einer Vorbereitung, deren Ergebnis der Irrtum ist. Das klingt schon hart. Aber in Kurzform ist dies wohl die schlagendste Formulierung für die Tatsache: Der Mensch irrt, und dies wiederum ist einer der ältesten Topoi der Weltliteratur, der die Ohnmacht des Menschen benennt und auch die Hoffnung, dass es Menschen sind, die trotz aller Unzulänglichkeit für menschliche Verhältnisse sorgen werden. Aber: Die Mühe, mit der in Brechts Geschichte der Irrtum vorbereitet wird, macht aus dem Hochmut wiederum Bescheidenheit. Das Bekenntnis ist: Alles, was die Menschen erkennen – und sie tun dies um ihrer selbst Willen – wird vorläufig bleiben, ist keine Erkenntnis für die Ewigkeit, sondern menschliche Erkenntnis – und deshalb Erkenntnis für den Menschen und seine Möglichkeiten. Deshalb sollten wir weiterhin unsere Irrtümer mit aller Mühe vorbereiten und zur Diskussion stellen.

Das »Tui-Projekt«

Noch zur Zeit der Weimarer Republik begann Brecht mit dem »Tui-Projekt«. Der Mehrzahl der Texte allerdings entstand zwischen 1933 und 1935; im amerikanischen Exil nahm er es nochmals auf, als er das Verhalten seiner intellektuellen Mitemigranten beobachtete. 1953, als Brecht auf seine Pläne zu einem *Turandot-Stück* von 1930 zurückgriff und sie zum Stück *Turandot oder Der Kongreß der Weißwäscher* ausarbeitete, hatte er die Absicht, das Romanfragment, das möglicherweise noch vollendet werden sollte, die parallel dazu geschriebenen *Tuigeschichten* und das neue Stück gattungsübergreifend zu einem »Tui-Komplex« zusammenzufügen. Elisabeth Hauptmann hat dies im Band 14 der *Stücke* (1967) innerhalb ihrer ersten Brecht-Ausgabe realisiert.

»Tui« ist ein Kunstwort Brechts, das aus der Umstellung des Worts »intellektuell« in »Tellekt-Uell-In« gebildet und auf die Wiedergabe der Anfangsbuchstaben reduziert ist. Brecht bezeichnete mit ihm die »Kopflanger«, jene bürgerlichen »Kulturschaffenden«, die auf dem »Markt der Ansichten« die jeweils von den Herrschenden gewünschte Ideologie verkaufen und damit deren Macht unterstützen, und zwar unter dem Motto: »Das Bewußtsein bestimmt das Sein« (GBA 17,27). Als »Definition« notierte Brecht unter anderem: »Tui ist, wer dem Eugen den Kopf reicht[.] Der Tui ist der Intellektuelle dieser Zeit der Märkte und Waren. Der Vermieter des Intellekts« (GBA 17,153).

Der Roman war zunächst geplant als satirische Parabel auf die deutsche Geschichte im »chimesischen« Gewand, das heißt in der verfremdenden Verwendung von Namen, die sich auf reale Personen oder Gebilde bezogen (z. B. »Chima« für Deutschland, »Wei-wei« für Friedrich Ebert), und zwar vom Kaiserreich über die »freieste Republik« in Deutschland (Weimar) bis zu den Anfängen des Faschismus (Aufstieg Hitlers). Im amerikanischen Exil dehnte es Brecht nach seinen Erfahrungen, dass die Mehrzahl seiner Mitemigranten trotz antifaschistischer Grundhaltung sich nicht um Politik, sondern stets nur um Kultur kümmerten, auf diese Intellektuellen aus.

Den auf Jonathan Swifts Satire *Ein bescheidener Vorschlag, wie man verhindern kann, daß die Kinder der Armen ihren Eltern oder dem Lande zur Last fallen* (1729) zurückgehenden satirischen Ansatz belegen die ersten Aufzeichnungen zum Roman über Johann Gottlieb Denke (eigentlich Karl Denke), einen Massenmörder und Kannibalen, dessen Vorbild für die Hungerwinter des Ersten Weltkriegs zynisch empfohlen wird: Massenhaft, durch die Kälte gut konserviert und damit zum Verzehr bereit liegen die Leichen der Soldaten auf den Schlachtfeldern des Kriegs.

Das Romanfragment, das Brechts bissigste Abrechnung mit den anpasserischen und politisch ahnungslosen Intellektuellen darstellt, galt in der Mehrzahl der ausgeführten Texte der Kritik am Verhalten der politisch Verantwortlichen am Ende des Ersten Weltkriegs bzw. ihrer Einstellung zur Novemberrevolution, weiterhin der Kritik an der angeblich »freiesten Verfassung« der Weimarer Republik und an der Haltung diverser Intellektueller der Kultur gegenüber u. a. dem Aufstieg Hitlers. Bezeichnende Formulierungen sind etwa: »Der E-weh [Ebert] setzte sich an die Spitze der Revolution wie der Korken an die Spitze der Flasche« (GBA 17,27) oder »Die Tuis machen sich lustig über den unwissenden Hu-ih [Hitler]. Sein Werdegang. Seine 53000 Sprachschnitzer in seinem Buch ›Wie ich es schaftete‹« (gemeint ist *Mein Kampf*; GBA 17,26). Nach der großen Linie, die die fragmentarischen Texte erkennen lassen, war geplant, eine Art Geschichte der Weimarer Republik zu verfassen, die »beweisen« sollte, dass diese von Beginn an zum Untergang verurteilt war und die Intellektuellen ungewollt, aber nachhaltig an ihrem Untergang mitgearbeitet hatten. Die späteren Fortsetzungen sollten offenbar zeigen, dass die Intellektuellen trotz Faschismus und Zweitem Weltkrieg nichts gelernt haben (und auch nichts lernen wollten).

Prosa im Exil

Die erste große Prosaarbeit, die Brecht im Exil in Angriff nahm, war der *Dreigroschenroman*. Er entstand zwischen Mai 1933 und August 1934 und erschien noch 1934 im Verlag Allert de Lange, Amsterdam. Brecht schrieb ihn in enger Zusammenarbeit mit Margarete Steffin, und zwar entweder auf diversen Reisen in direktem Kontakt mit ihr oder indem er die ausgearbeiteten Kapitel an Steffin nach Paris schickte. Steffin, die dort den *Deutschen Autorendienst* (DAD) leitete, unterzog die Manuskripte Brechts eingehender und produktiver Kritik und schrieb sie dann ab. Brecht würdigte nach Abschluss des Romans ihre Tätigkeit in einem Brief:

Brecht mit Margarete Steffin, 1941

»Im allgemeinen scheinst Du eben doch ein Meisterwerk verfaßt zu haben, alter Muck. Besonders gerühmt wird Deine reine Sprache. Ohne Spaß: es ist gut, wenn man den anspruchsvollsten Leser im *Hause* hat!« (GBA 28,465)

Der Roman stellt keine Prosa-Fassung der *Dreigroschenoper* (1928) dar. Zwar greift er in der Übernahme der Hauptfiguren sowie einiger Episoden auf die Oper zurück, entwickelt ansonsten aber eine selbständige, auf Geschäften basierende Handlung, die die Oper weitgehend als Vorgeschichte voraussetzt. Es geht nicht primär mehr um die Darstellung des Räubers als Bürger, vielmehr steht jetzt der Zusammenhang von Kapitalismus und Faschismus im Zentrum.

Schauplatz ist ein fiktives London von 1902. Macheath (Mac), dessen Herkunft und Identität dunkel bleiben, tritt weniger als Räuber denn als Geschäftsmann auf. Um das Diebesgut seiner Bande unverdächtig veräußern zu können, hat er eine B-Läden-Kette (Kleingewerbebetriebe) gegründet, deren Organisation (»Veredelung« der Waren) jedoch immer wieder in Schwierigkeiten gerät. Da er Geld benötigt, macht er sich unter dem Namen Beckett an die Tochter des Bettlerkönigs Peachum heran, auf deren Mitgift er aus ist. Polly erhält jedoch vom Vater ihre Mitgift nicht, und auch die ND-Bank weigert sich, Macheath einen Kredit zu geben. Ihm gelingt es aber, durch den Einstieg ins Bankfach seinen Konkurrenten Chreston (C-Läden) auszuschalten und die Warenzufuhr über eine honorige »Zentrale Einkaufsgesellschaft« (ZEG) so zu regeln, dass auch sein weiterer Konkurrent Aaron (A-Läden), mehr oder minder gezwungen, eingebunden werden kann. Sein Widersacher Peachum ist – gegenüber der Oper – ebenfalls in geschäftlich höheren Regionen angesiedelt. Als Unternehmer einer illegalen Fabrik lässt er alle zum Betteln notwendigen Utensilien selbst herstellen und »vermietet« sie samt aller Standplätze der Bettler, die als seine »Klienten« aufzutreten haben, mit hohen Gewinnen. Zum Konflikt zwischen Peachum und Mac kommt es dadurch, dass Peachum wegen eines dunklen und verbrecherischen Schiffegeschäfts, das er mit dem Makler Coax betreibt, diesem seine Tochter zugedacht, Polly sich aber inzwischen heimlich mit Mac liiert hat. Um Mac auszuschalten, klagt Peachum seinen Schwiegersohn des Mordes an Mary Swayer (Inhaberin eines B-Ladens) an, die aufgrund der ausbeuterischen Geschäfte Macs ins Wasser gegangen ist. Mac flieht zu seinen Dirnen. Als Peachums faule Geschäfte schiefgehen und Polly ihren »Verkaufswert« verliert, weil sie sich bereits unentgeltlich mit Coax eingelassen hat, lässt er Coax ermorden und gelangt zu dessen ganzem Vermögen. Da jetzt die Beseitigung Macs nicht mehr nötig ist, steht einem allgemeinen Happyend nichts mehr im Wege. Mac hat das monopolistische ABC-Laden-Syndikat gegründet, und Peachum wird ihr Gesellschafter: Er hat über Coax alle Fäden für Geschäfte mit der Regierung, das heißt mit der Politik, in der Hand.

An der Figur des invaliden Soldaten Fewkoombey, der in einer Rahmenhandlung auftritt und für Peachum den Mord an Coax ausführen muss, zeigt Brecht exemplarisch die Opfer dieser Geschäfte. Er wird vom Syndikat als Mörder der Mary Swayer der Polizei ausgeliefert, verurteilt und hingerichtet.

Die komplexe Geschäftshandlung, die mit vielen Einzelheiten und allen möglichen perfiden Tricks ausgebreitet wird, gilt einer satirischen Offenlegung der Zusammenhänge von Wirtschaft und Verbrechen und, darin gespiegelt, von Kapitalismus und Faschismus. Mac erhält z. B. Züge von Hitler und zitiert aus dessen Reden. Das Werk verbindet Elemente des Kriminalromans (bzw. -films) mit denen legendenhafter Erfolgsbiografien von Geschäftsleuten, parodiert Trivialliteratur (in der Liebesgeschichte von Mac und Polly) und spielt mit Zitaten aus der Bibel, der antiken Mythologie und auch des Werks von Brecht.

Bemerkenswert ist, dass die Hauptfigur in ihrer Identität unbestimmt bleibt. Mac tritt zu Beginn des Romans in der Rolle des Holzhändlers Beckett auf, »ein untersetzter, stämmiger Vierziger mit einem Kopf wie ein Rettich« (GBA 16,27). Der »eigentliche« Mac aber wird eingeführt als der »Raubmörder Stanford Sills«, von dem Polly gleich weiß, wie er aussieht: »Er war blond und schlank wie eine Wespe und so elegant, daß man ihn auch in den Anzügen der Dockarbeiter für einen verkleideten Gentleman hielt. Er hatte grünliche Augen. Zu Frauen war er gütig.« (GBA 16,32) Der Text deckt bis zuletzt nicht auf, ob der Herr Beckett den Macheath lediglich spielt, sich also einfach die Existenz des legendären Räubers zugelegt hat, oder ob er »wirklich« Mac ist.

Als Erzähler ist ein anonymer Apparat (analog zum Film) eingesetzt, der das Geschehen unbeteiligt sowie distanziert protokolliert und jegliche Identifikation mit den Figuren verhindert. Hinzu kommt die Montagetechnik, mit der reale Versatzstücke wie Zeitungsberichte oder Zitate eingebaut werden. Kursivierungen, auf deren Deutlichkeit Brecht beim Satzspiegel außerordentlichen Wert gelegt hat, bringen spielerisch fiktive Reflexionen ein, die den Figuren in den Mund gelegt werden, obwohl sie zu ihrer Äußerung gar nicht in der Lage sind (»Wäre er [Peachum] gebildet gewesen, hätte er aufrufen können:« Es folgt eine Reflexion über seine Lage, der gegenüber das Schicksal des Ödipus nichts ist; GBA 16,97). Mit zum spielerisch-satirischen Charakter des Romans gehören groteske Beschreibungen, die dem Zeitraffer im Film nachgebildet sind. Der Bankier Miller ist soeben von Mac über seinen gesellschaftlichen Ruin aufgeklärt worden und reagiert so: »Er begann zu altern. Sein Rücken krümmte sich, seine Zähne fielen aus, sein Haar wurde schütter, seine Weisheit nahm zu.« (GBA 16,239) Schließlich sei noch hingewiesen auf das poetologische Spiel mit dem traditionellen Roman. Als der Makler Coax an eine Hure ausgefallene Ansprüche stellt, heißt es: »Sie [die Hure] verstand es unübertrefflich, Coax herabzusetzen. Ohne Mühe fand sie für ihn Vergleiche, die diesem Buch, wenn sie wiedergegeben werden könnten, durch ihre poetische Kraft eine fast unbegrenzte Dauer verleihen würden.« (GBA 16,95)

Brecht setzte damit um, was er 1931 im *Dreigroschenprozeß* für den Roman gefordert hatte: »Die Verwendung von Instrumenten bringt auch den Romanschreiber, der sie selbst nicht verwendet, dazu, das, was die Instrumente können, ebenfalls können zu wollen, das, was sie zeigen (oder zeigen könnten), zu jener Realität zu rechnen, die seinen Stoff ausmacht, vor allem aber seiner eigenen Haltung beim Schreiben den Charakter des Instrumentebenützens zu verleihen.« (GBA 21,464) Diese »Technifizierung der literarischen Produktion«, die sich in den Kunsttechniken des *Dreigroschenromans* niederschlägt, qualifizieren ihn zum ersten großen Roman in der deutschen Literatur, der konsequent in Sprache umsetzte, was die Medien der Zeit mit Technik realisierten, und der darüber hinaus auf satirische

Weise sein Spiel sowohl mit dem geschilderten Geschehen
als auch mit den verschiedenen traditionellen und aktuellen
Genres trieb.

Der Anteil der Geschichten an der Gesamtproduktion
blieb im Exil gegenüber den zwanziger Jahren relativ gering, sieht man von den Jahren 1941 und 1942 ab, als Brecht
versuchte, sich als Schreiber von Filmgeschichten in Hollywood zu etablieren. Für die Jahre 1936 und 1937 sind z. B.
lediglich zwei bzw. drei Prosatexte nachweisbar. Allerdings
schrieb Brecht zwischen 1935 und 1946 alle Geschichten,
die 1949 als *Kalendergeschichten* bekannt werden und seine
Qualitäten als Prosaist nachhaltig bestätigen sollten. Die
z. T. auf Amerikanisch geschriebenen Filmgeschichten blieben – so weit sie nicht ohnehin fragmentarisch sind – künst-
lerisch weitgehend unbedeutend. Die Texte zeigen ihren
Exposé-Charakter recht deutlich; sie waren vor allem darauf angelegt, den Stoff zu vermitteln und sich den Marktge-
setzen Hollywoods anzupassen.

Zwischen 1937 und 1939 arbeitete Brecht an einem weiteren Romanprojekt, *Die Geschäfte des Herrn Julius Caesar*,
das er 1939 nochmals aufnahm und das wie *Der Tuiroman*
Fragment blieb. Der Roman war auf sechs Bücher angelegt,
Brecht führte davon jedoch nur drei Bücher abschließend
aus; ein viertes Buch wurde zwar mit einer größeren Text-
masse begonnen, dann aber nicht weitergeschrieben.

Die ersten drei Bücher stellen in der Ich-Form den scheiternden Versuch eines (fiktiven) Historikers dar, eine Biografie des von ihm verehrten und legendären Diktators
Julius Caesar zu schreiben. Der Erzähler sammelt zwanzig
Jahre nach Caesars Tod Material beim ehemaligen Gerichts-
vollzieher und nachmaligen Bankier Mummlius Spicer, der
über beide Berufe direkt mit Caesar zu tun hatte und der
ihm als weitere Quelle die Tagebücher von dessen Sekretär
Rarus aushändigt (4. Buch). Sowohl die Aussagen Spicers
als auch die Aufzeichnungen des Rarus vermitteln ein ab-

gründiges Bild der geschäftlichen Motive aller politischen Unternehmungen, die Caesar getätigt hat, zerstören die Legende vom »großen Mann« und verhindern so die angestrebte Biografie. Stattdessen muss der Erzähler, will er seinen Zeugen folgen, die Geschäfte wiedergeben, denen Caesar im Verlauf seiner Ämter als Ädil, Quästor, Prätor und im vierten Buch als Proprätor in Spanien mit wechselndem Erfolg nachgeht. Im Laufe seiner Niederschriften erkennt der Erzähler, dass es weniger die Geschäfte sind, die Caesar macht, sondern mehr die Geschäfte, die mit ihm gemacht werden (müssen), Caesars »Größe« bestimmen, und dass ihr »Wert« weitgehend an den Schulden, die Caesar geschickt aufzunehmen weiß, zu messen ist: Wer große Schulden hat, muss gefördert werden, will man sein Geld zurückhaben.

Das Werk ist im engeren Sinn kein historischer Roman, da es am historischen Stoff einer frühkapitalistischen Gesellschaft ein grundlegendes Modell für die Zusammenhänge von Geschäft und Politik entwirft. Der Roman reflektiert auf kritische Weise die Möglichkeiten, die historiographischer Darstellung in moderner Zeit geblieben sind, realisiert nicht die angestrebte Biografie eines Individuums, sondern eine kollektive »Biografie« der Zeit sowie ihrer Verflechtungen durch die Geschäfte und stellt exemplarisch vor, wie Diktaturen errichtet und Imperien gegründet werden. In Caesars Aufstieg zum Diktator und seiner ausbeuterischen Plünderung der Kolonie (Spanien) spiegelt sich so der aufhaltsame Aufstieg Hitlers wider, für den primär ebenfalls die Geschäfte ausschlaggebend gewesen sind und an deren Ausmaß nach Brecht auch seine »Größe« zu messen ist: nicht als »großer Verbrecher«, sondern als »Verüber großer Verbrechen« (GBA 24,316).

Im finnischen Exil begonnen, entstand zwischen 1940 und 1944 eine Sammlung von Prosa-Dialogen, *Flüchtlingsgespräche* genannt, zwischen dem Physiker Ziffel und dem Metallarbeiter Kalle (zuerst unvollständig 1961 ediert).

Diese Sammlung gehört, obwohl die Texte fast ausnahmslos dialogisch sind (mit vereinzelt epischen Passagen) zur
Prosa, weil sie zurückgeht auf die *Aufzeichnungen eines unbedeutenden Mannes in großer Zeit*, die als *Memoiren* in
Prosa angelegt waren; wesentliche Teile von ihnen gehen in
vier Dialoge als »Ziffels Memoiren« ein. Auch die *Flüchtlingsgespräche* blieben Fragment, obwohl sie in den ersten
Werkausgaben Brechts, als seien sie abgeschlossen, ediert
wurden (richtiggestellt in GBA 18).

Vor dem Hintergrund der eigenen Vertreibung durch den
Faschismus lässt Brecht die Protagonisten im Bahnhofsres-
taurant von Helsinki zusammentreffen und in konspirativer
Weise über die Fragwürdigkeiten und Widersprüche des Faschismus, der bürgerlichen Herkunft Ziffels und der Gast-
länder der Vertriebenen (Schweiz, Frankreich, Dänemark,
Schweden, Finnland) witzig-ironisch disputieren, bis sie
schließlich nach mehreren weiteren Zusammenkünften un-
auffällig auf den Sozialismus anstoßen. Thematischen Zu-
sammenhalt der locker gefügten und die Themen beliebig
wechselnden Dialoge bildet der Anspruch Hitlers, die
Deutschen einer »großen Zeit« entgegenzuführen, woraus
Ziffel und Kalle satirisch folgern, dass zu ihrer »Verwirkli-
chung« von den »kleinen (unbedeutenden) Leuten« über-
menschliches Heldentum und größte Tugendhaftigkeit gefordert sind – und plädieren fürs Gegenteil: »Wir brauchen
eine Welt, in der man mit einem Minimum an Intelligenz,
Mut, Vaterlandsliebe, Ehrgefühl, Gerechtigkeitssinn und so
weiter auskommt«.

Die pointiert zugespitzten und treffsicheren Formulierungen sowie das herausfordernde und umwerfende »Einverständnis«, das die Protagonisten mit der (angeblichen)
Größe der Zeit zeigen, machen die Dialoge auch für szeni-
sche Aufführungen geeignet (Uraufführung: Kammerspiele
München, 1962), eine Qualität, die sich in vielen Inszenierungen in aller Welt niedergeschlagen hat.

Prosa der Nachkriegszeit

Da Brecht sich, 1947 nach Europa zurückgekehrt, vorwiegend der Theaterarbeit widmete, blieben die Prosaarbeiten außerordentlich spärlich und auch unbedeutend. Fast keine Arbeit wurde zu Ende geführt, wie etwa das *Eulenspiegel*-Projekt (1948/49), zu dem Elisabeth Hauptmann umfangreiches Material sammelte, Brecht aber lediglich ein paar kleine Geschichten schrieb. Als bemerkenswert ist allenfalls die Filmgeschichte *Der Mantel* nach Nicolai Gogel einzustufen, ein Text, den Brecht noch in Hollywood (1947) schrieb und den er, weil er dort keine Aussichten sah, in der Schweiz anbieten wollte. Er gibt – in eine distanziert-ironische Erzählhaltung überführt – im Wesentlichen Gogels Novelle wieder, ändert aber ihren Schluss entscheidend.

Demgegenüber führte sich Brecht in Deutschland 1949 mit den *Kalendergeschichten* ein, seine erste Publikation nach dem Krieg, in der ausnahmslos frühere Texte (aus der Exilzeit) versammelt sind. Sie erschien gleich in drei Verlagen (Berlin/Ost, Berlin/West und Halle), womit sich Brecht absicherte, dass sie in ganz Deutschland verbreitet wurde. Die ersten beiden Ausgaben waren versehen mit einer Einbandzeichnung von Caspar Neher, ein nach fernöstlichen Tuschezeichnungen gestaltetes Porträt von Brecht, das diesen als chinesischen Weisen mit Zigarre und Nickelbrille vor einer angedeuteten Seelandschaft mit Schilfgras, Sonne, Wolken und Bergen zeigt. Brecht stellte damit einen durchaus persönlichen Bezug zum Buch her, der auch dadurch zum Ausdruck kommt, dass er die Sammlung mit dem *Augsburger Kreidekreis* eröffnete, einer Art Bekenntnis zur Heimat und zu seiner Geburtsstadt, das allerdings aufgrund des Inhalts der ersten Geschichte ausdrücklich gegen die Blut-und-Boden-Ideologie der Vergangenheit gewendet ist.

Die Sammlung umfasst je acht Geschichten (Novellen) und Gedichte (meist Erzählgedichte) – paarweise angeord-

Oktober 1947   *die koffer sind gepackt.*

Brecht 1947

net – sowie 39 *Geschichten vom Herrn Keuner*, die nach Brechts Satzanweisung und nach dem Erstdruck als eine Kalendergeschichte gezählt sind. Die paarweise Anordnung, die durch das Nachlass-Material dokumentiert ist, die der Druck aber nicht mehr erkennen lässt, weist darauf hin, dass sich Geschichte und Gedicht jeweils thematisch spiegeln sollten, das heißt, zu *Der Augsburger Kreidekreis* gehört die *Ballade von der Judenhure Marie Sanders* (usw.).

Der kritische Ansatz der Sammlung richtet sich gegen die bürgerliche Historiographie, die Geschichte als Abfolge von »großen Männern« und Kriegen scheinbar für immer festgelegt hat. Brecht setzt dagegen den Blick »von unten«, der den unzähligen Opfern der Geschichte gilt, und den Blick »von innen«, der die »Klassenkämpfe« (die inneren Kriege) erfasst, Kämpfe, die den »äußeren Kriegen« vorausgehen und durch diese immer wieder verdeckt werden. Nachgewiesen wird dies an Episoden aus dem Leben »kleiner Leute«, aber auch bekannter »Größen« der Geschichte (Sokrates, Francis Bacon, Laotse, Cäsar) – wobei Letztere aber erst zu einem Zeitpunkt ins Blickfeld geraten, an dem sie ihre öffentliche Stellung verloren haben. Die Grundhaltung der Sammlung ist bestimmt von der Freundlichkeit, die Brecht kriegerischen Auseinandersetzungen entgegensetzt und als humane Alternative empfiehlt. Die »Weisheit des Volkes« sollte die Grundlage für die Erneuerung Deutschlands nach dem Krieg bilden.

Die Sammlung zeigt ihren Autor als eindringlichen, sprachmächtigen, humorvollen und durchaus auch dem Sentiment, nicht aber der Sentimentalität verpflichteten Erzähler, der die »volkstümliche« Erzählkunst eines Johann Peter Hebel, den Brecht vermutlich für seine Sammlung zum Vorbild hatte, im 20. Jahrhundert erneuert hat.

Bibliografie

Zitiert wird nach der *Großen kommentierten Berliner und Frankfurter Ausgabe* (GBA) mit Angabe von Band und Seitenzahl. Fassungen von Werken, die in dieser Ausgabe nicht enthalten sind, werden nach vorliegenden kritischen Einzelausgaben bzw. Materialienbänden zitiert.

Im Text wird auf die nachfolgend verzeichneten Titel der Bibliografie (B) jeweils in Klammern mit dem Verfassernamen, der Nummer des bibliografischen Abschnitts mit dem Publikationsjahr und der Seitenzahl verwiesen (z. B.: Mayer, B 6: 1996, 134).

1. Werkausgaben

Versuche [1930–57].

Heft 1: Potsdam: Kiepenheuer, 1930.

Heft 2: Potsdam: Kiepenheuer, 1930.

Heft 3: Potsdam: Kiepenheuer, 1931.

Heft 4: Potsdam: Kiepenheuer, 1931.

Heft 5: Potsdam: Kiepenheuer, 1932.

Heft 6: Potsdam: Kiepenheuer, 1932.

Heft 7: Potsdam: Kiepenheuer, 1933.

Heft 8: Potsdam: Kiepenheuer, 1933. [Nicht erschienen.]

Heft 9: Frankfurt a. M.: Suhrkamp, 1949, und Berlin/Weimar: Aufbau Verlag, 1951.

Heft 10: Frankfurt a. M.: Suhrkamp, 1950, und Berlin/Weimar: Aufbau Verlag, 1951.

Heft 11: Frankfurt a. M.: Suhrkamp, 1951, und Berlin/Weimar: Aufbau Verlag, 1952.

Heft 12: Frankfurt a. M.: Suhrkamp, 1953, und Berlin/Weimar: Aufbau Verlag, 1953.

Sonderheft: Berlin/Weimar: Aufbau Verlag, 1953.

Heft 13: Frankfurt a. M.: Suhrkamp, 1954, und Berlin/Weimar: Aufbau Verlag, 1954.

Heft 14: Frankfurt a. M.: Suhrkamp, 1955, und Berlin/Weimar: Aufbau Verlag, 1955.

Heft 15: Frankfurt a. M.: Suhrkamp, 1957, und Berlin/Weimar: Aufbau Verlag, 1957.

Heft 1–4: Frankfurt a. M.: Suhrkamp, 1959, 1977, und Berlin/ Weimar: Aufbau Verlag, 1963.

Heft 5–8: Frankfurt a. M.: Suhrkamp, 1959, 1977, und Berlin/ Weimar: Aufbau Verlag, 1963.

Heft 9–11: Frankfurt a. M.: Suhrkamp, 1977.

Heft 12–15: Frankfurt a. M.: Suhrkamp, 1977.

[Erste Frankfurter Brecht-Gesamtausgabe in 40 Bänden.] Frankfurt a. M.: Suhrkamp, 1953–76.

Stücke. 14 Bde. 1953–67.
Gedichte. 10 Bde. 1960–76.
Schriften zum Theater. 7 Bde. 1963–64.
Prosa. 5 Bde. 1965.
Schriften zur Literatur und Kunst. 3 Bde. 1967.
Schriften zur Politik und Gesellschaft. 1968.

[Erste Berliner Brecht-Gesamtausgabe in 39 Bänden.] Berlin/Weimar: Aufbau Verlag, 1955–1978.

Stücke. 14 Bde. 1955–68.
Gedichte. 10 Bde. 1961–78.
Schriften zum Theater. 7 Bde. 1964.
Prosa. 4 Bde. 1973–75.
Schriften zur Literatur und Kunst. 2 Bde. 1966.
Schriften zur Politik und Gesellschaft. 2 Bde. 1968.

Gesammelte Werke. Werkausgabe in 20 Bänden. Frankfurt a. M.: Suhrkamp, 1967. – Supplement-Bde. I/II. Frankfurt a. M.: Suhrkamp, 1969. – Supplement-Bde. III/IV. Frankfurt a. M.: Suhrkamp, 1982.

Gesammelte Werke. Dünndruckausgabe in 8 Bänden. Frankfurt a. M.: Suhrkamp, 1967. – Supplement-Bd. 1. Frankfurt a. M.: Suhrkamp, 1969. – Supplement-Bd. 2. Frankfurt a. M.: Suhrkamp, 1982.

Werke. Große kommentierte Berliner und Frankfurter Ausgabe. 30 Bde. in 32 Tln. und Reg.-Bd. Hrsg. von Werner Hecht, Jan Knopf, Werner Mittenzwei und Klaus-Detlef Müller. Berlin/ Weimar: Aufbau Verlag, und Frankfurt a. M.: Suhrkamp, 1988– 1999. (Bd. 1–10: Stücke; Bd. 11–15: Gedichte; Bd. 16–20: Prosa;

Bd. 21–25: Schriften; Bd. 26–27: Journale; Bd. 28–30: Briefe; Reg.-Bd.) – Zit. als: GBA, mit Band- und Seitenzahlen.

Ausgewählte Werke in sechs Bänden. Jubiläumsausgabe zum 100. Geburtstag. Frankfurt a. M.: Suhrkamp, 1997.

2. Theaterprojekte und Dokumente (Auswahl)

Brecht / Neher: Antigonemodell 1948, redigiert von Ruth Berlau. Berlin: Gebr. Weiß, 1949. (Versuche 34.)

Couragemodell 1949. Mutter Courage und ihre Kinder. Text, Aufführung, Anmerkungen. Berlin [DDR]: Henschel, 1958.

Theaterarbeit. 6 Aufführungen des Berliner Ensembles. Hrsg. vom Berliner Ensemble, Helene Weigel. Dresden: Dresdner Verlag, 1952. – Erw. Neuausg. Berlin [DDR]: Henschel, und Berlin/ Frankfurt a. M.: Suhrkamp, 1961.

Brecht im Gespräch. Diskussionen, Dialoge, Interviews. Hrsg. von Werner Hecht. Frankfurt a. M.: Suhrkamp, 1975.

Bertolt Brecht: Tagebuch No. 10. 1913. Hrsg. von Siegfried Unseld. Frankfurt a. M.: Suhrkamp, 1989.

Briefe an Marianne Zoff und Hanne Hiob. Hrsg. von Hanne Hiob. Redaktion und Anm. von Günter Glaeser. Frankfurt a. M.: Suhrkamp, 1990.

»Liebste Bi!« – Briefe an Paula Banholzer. Hrsg. von Helmut Gier und Jürgen Hillesheim. Frankfurt a. M.: Suhrkamp, 1992.

3. Kritische Einzelausgaben, Materialien (Auswahl)

Baal. Drei Fassungen. Krit. ed. und komm. von Dieter Schmidt. Frankfurt a. M.: Suhrkamp, 1966.

Baal. Der böse Baal der asoziale. Texte, Varianten, Materialien. Krit. ed. und komm. von Dieter Schmidt. Frankfurt a. M.: Suhrkamp, 1968.

Im Dickicht der Städte. Erstfassung und Materialien. Ed. und komm. von Gisela E. Bahr. Frankfurt a. M.: Suhrkamp, 1968.

Die heilige Johanna der Schlachthöfe. Bühnenfassung, Fragmente, Varianten. Krit. ed. von Gisela E. Bahr. Frankfurt a. M.: Suhrkamp, 1971.

Die Maßnahme. Krit. Ausg. mit einer Spielanleitung von Reiner Steinweg. Frankfurt a. M.: Suhrkamp, 1972.

Schmitt, Hans-Jürgen (Hrsg.): Die Expressionismusdebatte. Materialien zu einer marxistischen Realismuskonzeption. Frankfurt a. M.: Suhrkamp, 1973.

Keil, Hartmut (Hrsg.): Sind oder waren Sie Mitglied? Verhörprotokolle über unamerikanische Aktivitäten 1947 bis 1956. Reinbek bei Hamburg: Rowohlt, 1979. S. 76–95.

Brechts *Guter Mensch von Sezuan*. Hrsg. von Jan Knopf. Frankfurt a. M.: Suhrkamp, 1982.

Brechts *Dreigroschenoper*. Hrsg. von Werner Hecht. Frankfurt a. M.: Suhrkamp, 1985.

Bertolt Brechts *Buckower Elegien*. Mit Kommentaren von Jan Knopf. Frankfurt a. M.: Suhrkamp, 1986.

Brechts *Trommeln in der Nacht*. Hrsg. von Wolfgang M. Schwiedrzik. Frankfurt a. M.: Suhrkamp, 1990.

Georg Lukács / Johannes R. Becher / Friedrich Wolf [u. a.]: Die Säuberung. Moskau 1936. Stenogramm einer geschlossenen Parteiversammlung. Hrsg. von Reinhard Müller. Reinbek bei Hamburg: Rowohlt, 1991.

Brechts *Mahagonny*. Hrsg. von Fritz Hennenberg und Jan Knopf. Frankfurt a. M.: Suhrkamp, 2000.

4. Periodika, Bibliografien, Forschungsbericht, Handbuch

Bertolt-Brecht-Archiv [BBA]. Bestandsverzeichnis des literarischen Nachlasses. Bearb. von Herta Ramthun. Berlin/Weimar: Aufbau-Verlag, 1969–73.
  Bd. 1: Stücke. 1969.
  Bd. 2: Gedichte. 1970.
  Bd. 3: Prosa, Filmtexte, Schriften. 1972.
  Bd. 4: Gespräche, Notate, Arbeitsmaterialien [und Register zu Band 1–4]. 1973.

Brecht heute. Brecht today. Jahrbuch der Internationalen Brecht-Gesellschaft. Bde. 1–10. Frankfurt a. M.: Suhrkamp, 1971–80. – The Brecht Yearbook. (Das Brecht Jahrbuch.) Hrsg. von The International Brecht Society. Bde. 11 ff. Detroit/München 1982–1984. Madison 1985 ff.

Brecht-Jahrbuch 1974–1980. Hrsg. von John Fuegi, Reinhold Grimm und Jost Hermand. Frankfurt a. M. 1974–81.

Jan Knopf: Bertolt Brecht. Ein kritischer Forschungsbericht. Fragwürdiges in der Brecht-Forschung. Frankfurt a. M.: Suhrkamp, 1974.

Gerhard Seidel: Bibliographie Bertolt Brecht. Titelverzeichnis. Bd. 1: Deutschsprachige Veröffentlichungen aus den Jahren 1913–1972. Werke von Brecht. Sammlungen, Dramatik. Berlin/Weimar 1975. (Mit Beiheft: Interimistische Register.)

Jan Knopf: Brecht-Handbuch. Theater. Eine Ästhetik der Widersprüche. Stuttgart: Metzler, 1980. ⁴1998.

Brecht-Journal [1]. Hrsg. von Jan Knopf. Frankfurt a. M.: Suhrkamp, 1983.

Jan Knopf: Brecht-Handbuch. Lyrik, Prosa, Schriften. Eine Ästhetik der Widersprüche. Stuttgart: Metzler, 1984. ⁴1998.

Brecht-Journal 2. Hrsg. von Jan Knopf. Frankfurt a. M.: Suhrkamp, 1986.

Die Bibliothek Bertolt Brechts. Ein kommentiertes Verzeichnis. Hrsg. vom Bertolt-Brecht-Archiv. Frankfurt a. M.: Suhrkamp, 2000.

5. Erinnerungen

Aufricht, Ernst Josef: Erzähle, damit du dein Recht erweist. Aufzeichnungen eines Berliner Theaterdirektors. München 1969.

Banholzer, Paula: So viel wie eine Liebe. Der unbekannte Brecht. Erinnerungen und Gespräche. Hrsg. von Axel Poldner und Willibald Eser. München 1981.

Berlau, Ruth: Brechts Lai-tu. Erinnerungen und Notate. Hrsg. von Hans Bunge. Darmstadt/Neuwied 1985.

Brecht, Walter: Unser Leben in Augsburg, damals. Erinnerungen. Frankfurt a. M. 1984.

Bronnen, Arnolt: Tage mit Bertolt Brecht. Geschichte einer unvollendeten Freundschaft. Berlin [DDR] 1973. – Mit einem Vorw. von Klaus Völker. Darmstadt/Neuwied 1976.

Bunge, Hans-Joachim: Brecht probiert. Notizen und Gedanken zu Proben an Bertolt Brechts Stück *Der kaukasische Kreidekreis*. In: Sinn und Form. Zweites Sonderheft Bertolt Brecht. Berlin [DDR] 1957. S. 322–336.

Bunge, Hans-Joachim: Fragen Sie mehr über Brecht. Hanns Eisler im Gespräch. München 1970.

Frisch, Werner / Obermeier, K. W.: Brecht in Augsburg. Erinnerungen, Dokumente, Texte, Fotos. Berlin/Weimar 1975. Neuaufl. 1997.

Hauptmann, Elisabeth: Notizen über Brechts Arbeit 1926. In: Sinn und Form. Zweites Sonderheft Bertolt Brecht. Berlin [DDR] 1957. S. 241–243.

Ihering, Herbert: Bert Brecht hat das dichterische Antlitz Deutschlands verändert. Gesammelte Kritiken zum Theater Brechts. Hrsg. von Klaus Völker. München 1980.

Kutscher, Artur: Der Theaterprofessor. Ein Leben für die Wissenschaft vom Theater. München 1960.

Mayer, Hans: Erinnerung an Brecht. Frankfurt a. M. 1996.

Monk, Egon: Auf dem Platz neben Brecht. Erinnerungen an die ersten Jahre des Berliner Ensembles. Hannover 1997.

Münsterer, Hanns Otto: Bert Brecht. Erinnerungen aus den Jahren 1917–22. Mit Photos, Briefen und Faksimiles. Zürich 1963. – Dass.: Berlin/Weimar 1966.

Reich, Bernhard: Im Wettlauf mit der Zeit. Erinnerungen aus fünf Jahrzehnten deutscher Theatergeschichte. Berlin [DDR] 1970.

Sternberg, Fritz: Der Dichter und die Ratio. Erinnerungen an Bertolt Brecht. Göttingen 1963.

6. Übergreifende Darstellungen, Gesamtdarstellungen

Albert, Claudia: Wichtig vor allem zu lernen ist Einverständnis. Brechts Zusammenarbeit mit den Komponisten Weill, Hindemith und Eisler. In: Heinrich-Mann-Jahrbuch 5 (1987) S. 181–203.

Barthes, Roland: Warum Brecht? Hrsg. von Ottmar Ette. Frankfurt a. M. 1998.

Benjamin, Walter: Versuche über Brecht. Hrsg. und mit einem Nachw. versehen von Rolf Tiedemann. Frankfurt a. M. 1966. Neue durchges. und erw. Ausg. 1978.

Berg, Günter / Jeske, Wolfgang: Bertolt Brecht. Stuttgart/Weimar 1998.

Betz, Albrecht: Exil und Engagement. Deutsche Schriftsteller im Frankreich der dreißiger Jahre. München 1986.

Bienert, Michael: Mit Brecht durch Berlin. Ein literarischer Reiseführer. Frankfurt a. M. 1998.

Buhl, Barbara: Bilder der Zukunft: Traum und Plan. Utopie im Werk Bertolt Brechts. Bielefeld 1988.

Buono, Franco: Bertolt Brecht. 1917–1922. Jugend, Mythos, Poesie. Göttingen 1988.

Claas, Herbert: Die politische Ästhetik Bertolt Brechts vom Baal zum Caesar. Frankfurt a. M. 1977.

Dümling, Albrecht: Laßt euch nicht verführen. Brecht und die Musik. München 1985.

El-Akramy, Ursula: Transit Moskau. Margarete Steffin und Maria Osten. Hamburg 1998.

Engberg, Harald: Brecht auf Fünen. Exil in Dänemark 1933–1939. Wuppertal 1974.

Esslin, Martin: Brecht. Das Paradox des politischen Dichters. München 1970. (Zuerst 1959.)

Flügge, Manfred: Wider Willen im Paradies. Deutsche Schriftsteller im Exil in Sanary-sur-Mer. Berlin 1996.

Fuegi, John: The Life and Lies of Bertolt Brecht. London 1994. (Auch als: Brecht & Company. Sex, Politics, and the Making of the Modern Drama. New York 1994.) – Dt.: Brecht & Co. Autorisierte, überarb. und erw. dt. Fassung von Sebastian Wohlfeil. Hamburg 1997.

Funke, Christoph / Jansen, Wolfgang: Theater am Schiffbauerdamm. Die Geschichte einer Berliner Bühne. Berlin 1992.

Gersch, Wolfgang: Film bei Brecht. Bertolt Brechts praktische und theoretische Auseinandersetzung mit dem Film. Berlin [DDR] 1975. – Dass.: München 1975.

Gier, Helmut / Hillesheim, Jürgen (Hrsg.): Der junge Brecht. Aspekte seines Denkens und Schaffens. Würzburg 1996.

Gilbert, Michael John T.: Bertolt Brecht's Striving for Reason, Even in Music. A Critical Assessment. New York / Frankfurt a. M. 1988.

Hartung, Günter: Literatur und Ästhetik des deutschen Faschismus. Berlin [DDR] 1984.

Hecht, Werner: Sieben Studien über Brecht. Frankfurt a. M. 1972.

– (Hrsg.): Bertolt Brecht. Sein Leben in Bildern und Texten. Frankfurt a. M. 1978.

– Brecht Chronik 1898–1956. Frankfurt a. M. 1997. [1997a.]

– (Hrsg.): alles was Brecht ist ... Ein Medienhandbuch. Begleitbuch zu den gleichnamigen Sendereihen von 3sat und S2 Kultur. Frankfurt a. M. 1997. [1997b.]

Hennenberg, Fritz: Dessau – Brecht. Musikalische Arbeiten. Berlin [DDR] 1963.

Herrmann, Hans Christian von: Sang der Maschinen. Brechts Medienästhetik. München 1996.

Hinderer, Walter: Inferno am Pazifik oder die heilige Flucht in den ästhetischen Mehrwert: Bertolt Brechts kalifornische Alpträume. In: Weimar am Pazifik. Tübingen 1985. S. 137–145.

Hoover, Marjorie Lawson: »Ihr geht gemeinsam den Weg nach unten«. Aufstieg und Fall Amerikas im Werk Brechts. In: Amerika in der deutschen Literatur. Düsseldorf 1975. S. 294–314.

Horst, Astrid: Prima inter pares. Elisabeth Hauptmann. Die Mitarbeiterin Bertolt Brechts. Würzburg 1992.

Hüfner, Agnes: Brecht in Frankreich 1930–1963. Verbreitung, Aufnahme, Wirkung. Stuttgart 1968.

Jost, Roland: »Er war unser Lehrer«. Bertolt Brechts Leninrezeption am Beispiel der *Maßnahme*, des *Me-ti / Buch der Wendungen* und der *Marxistischen Studien*. Köln 1981.

Kächele, Heinz: Bertolt Brecht. Bildbiographie. Leipzig 1984.

Kaufmann, Hans: Bertolt Brecht. Geschichtsdrama und Parabelstück. Berlin 1962.

Kebir, Sabine: Ein akzeptabler Mann? Brecht und die Frauen. Köln 1989.

– Ich fragte nicht nach meinem Anteil. Elisabeth Hauptmanns Arbeit mit Bertolt Brecht. Berlin 1997.

Kesting, Marianne: Bertolt Brecht in Selbstzeugnissen und Bilddokumenten. Reinbek bei Hamburg 1959. 34., bibliogr. erg. Aufl. 1993.

Kieser, Rolf: Erzwungene Symbiose. Thomas Mann, Robert Musil, Georg Kaiser und Bertolt Brecht im Schweizer Exil. Bern/Stuttgart 1984.

Knopf, Jan: Bertolt Brecht und die Naturwissenschaften. In: Brecht-Jahrbuch 1978. Frankfurt a. M. 1978. S. 13–38.

– Bertolt Brecht. In: Deutsche Dichter. Hrsg. von Gunter E. Grimm und Frank Rainer Max. Bd. 7: Vom Beginn bis zur Mitte des 20. Jahrhunderts. Stuttgart 1989 [u. ö.]. S. 483–504.

Kunst und Literatur im antifaschistischen Exil 1933–1945 in sieben Bänden. Bd. 1: Exil in der UdSSR. Von Klaus Jarmatz, Simone Barck, Peter Diezel [u. a.]. Leipzig 1979. 2., neu bearb. und erw.

Aufl. in zwei Bdn. 1989. – Bd. 2: Exil in der Schweiz. Von Werner Mittenzwei. Leipzig 1978. – Bd. 3: Exil in den USA. Mit einem Bericht »Schanghai – Eine Emigration am Rande«. Von Eike Middell [u. a.]. Leipzig 1979. – Bd. 4: Exil in Lateinamerika. Von Wolfgang Kießling. Leipzig 1981. – Bd. 5: Exil in der Tschechoslowakei, in Großbritannien, Skandinavien und Palästina. Von Ludwig Hoffmann [u. a.]. Leipzig 1980. 2., erw. Aufl. 1987. – Bd. 6: Exil in den Niederlanden und in Spanien. Von Klaus Hermsdorf, Hugo Fetting, Silvia Schlenstadt. Leipzig 1981. – Bd. 7: Exil in Frankreich. Von Dieter Schiller, Karlheinz Pech, Regine Herrmann, Manfred Hahn. Leipzig 1981.
(Parallel-Ausgabe als Röderberg-Taschenbücher, Frankfurt a. M.: 1. Nr. 88; 2. Nr. 89; 3. Nr. 90; 4. Nr. 91; 5. Nr. 92; 6. Nr. 93; 7. Nr. 94.)

Kussmaul, Paul: Bertolt Brecht und das englische Drama der Renaissance. Bern / Frankfurt a. M. 1974.

Lacis, Asja: Revolutionärin im Beruf. Berichte über proletarisches Theater, über Meyerhold, Brecht, Benjamin und Piscator. Hrsg. von Hildegard Brenner. München 1971. ²1976.

Lucchesi, Joachim: Franz S. Bruinier. Brechts erster Komponist. In: Das Magazin 1 (1985) S. 66–70.

– / Shull, Ronald K.: Musik bei Brecht. Frankfurt a. M. 1988.

Ludwig, Karl-Heinz: Bertolt Brecht. Tätigkeit und Rezeption von der Rückkehr aus dem Exil bis zur Gründung der DDR. Kronberg i. Ts. 1976.

Lyon, James K.: Bertolt Brecht in Amerika. Frankfurt a. M. 1984.

– (Hrsg.): Brecht in den USA. Frankfurt a. M. 1994.

Maas, Liselotte: Handbuch der deutschen Exilpresse 1933–1945. Hrsg. von Eberhard Lämmert. München/Wien 1976–90. – Bd. 1: Bibliographie A–K. 1976. – Bd. 2: Bibliographie L–Z. 1978. – Bd. 3: Nachträge – Register – Anhang. 1981. – Bd. 4: Die Zeitungen des deutschen Exils in Europa von 1933 bis 1939 in Einzeldarstellungen. 1990.

Mayer, Hans: Brecht. Frankfurt a. M. 1996.

Mittenzwei, Werner: Der Realismus-Streit um Brecht. Berlin/Weimar 1978.

– Das Leben des Bertolt Brecht oder Der Umgang mit den Welträtseln. 2 Bde. Berlin [DDR] 1986. – Dass.: Frankfurt a. M. 1987. Neuaufl. 1997.

Müller, André: Kreuzzug gegen Brecht. Die Kampagne in der Bundesrepublik 1961/62. Darmstadt [1962].

Müller, Klaus-Detlef: Die Funktion der Geschichte im Werk Bertolt Brechts. Studien zum Verhältnis von Marxismus und Ästhetik. Tübingen 1972.

– (Hrsg.): Bertolt Brecht. Epoche – Werk – Wirkung. München 1985.

Müssener, Helmut: Exil in Schweden. Politische und kulturelle Emigration nach 1933. München 1974.

Neureuter, Hans Peter: Brecht in Finnland. Studien zu Leben und Werk 1940–1941. Frankfurt 2000.

Oba, Masaharu: Bertolt Brecht und das Nô-Theater. Das Nô-Theater im Kontext der Lehrstücke Brechts. Frankfurt a. M. / Bern / New York 1984.

Palm, Kurt: Vom Boykott zur Anerkennung. Brecht und Österreich. Wien/München 1983. – Dass.: Berlin [DDR] 1984.

Payrhuber, Franz-Josef: Bertolt Brecht. Stuttgart 1995.

Pietzcker, Carl: »Ich kommandiere mein Herz«. Brechts Herzneurose – ein Schlüssel zu seinem Leben und Schreiben. Würzburg 1988.

Pike, David: Deutsche Schriftsteller im sowjetischen Exil 1933–1945. Frankfurt a. M. 1981.

Reich-Ranicki, Marcel: Ungeheuer oben. Über Bertolt Brecht. Berlin 1996.

Rohse, Eberhard: Der frühe Brecht und die Bibel. Studien zum Augsburger Religionsunterricht und zu den literarischen Versuchen des Gymnasiasten. Göttingen 1983.

Schebera, Jürgen: Kurt Weill 1900–1950. Eine Biographie in Texten, Bildern und Dokumenten. Leipzig 1990.

Schmidt, Dieter: Baal und der junge Brecht. Eine textkritische Untersuchung zur Entwicklung des Frühwerks. Stuttgart 1966.

Schumacher, Ernst / Schumacher, Renate: Leben Brechts in Wort und Bild. Berlin [DDR] 1978.

Seliger, Helfried W.: Das Amerikabild Bertolt Brechts. Bonn 1974.

Song, Yung-Yeop: Bertolt Brecht und die chinesische Philosophie. Bonn 1978.

Stephan, Alexander: Im Visier des FBI. Deutsche Exil-Schriftsteller in den Archiven des amerikanischen Geheimdienstes. Stuttgart 1995.

Thiele, Dieter: Bertolt Brecht. Selbstverständnis, Tui-Kritik und politische Ästhetik. Frankfurt a. M. / Bern 1981.

Völker, Klaus: Bertolt Brecht. Eine Biographie. München/Wien 1976.
– Brecht-Chronik. Daten zu Leben und Werk. München 1977. (Erw. Neuaufl.; zuerst 1971.)
Wagner, Gottfried: Weill und Brecht. Das musikalische Zeittheater. Mit einem Vorwort von Lotte Lenya. München 1977.
Walter, Hans Albert: Deutsche Exilliteratur 1933–1950. Stuttgart 1984 ff. – Bd. 2: Europäisches Appeasement und überseeische Asylpraxis. 1984. – Bd. 3: Internierung, Flucht und Lebensbedingungen im Zweiten Weltkrieg. 1988. – Bd. 4: Exilpresse. 1978.
Wekwerth, Manfred: Schriften. Arbeit mit Brecht. Berlin [DDR] 1975.
Wiedenmann, Ursula: Frauen im Schatten. Mitarbeiterinnen und Mitautorinnen. Das Beispiel der literarischen Produktion Bertolt Brechts. In: Deutsche Literatur von Frauen. Hrsg. von Gisela Brinker-Gabler. Bd. 2: 19. und 20. Jahrhundert. München 1988. S. 393–400.
Witte, Bernd: Krise und Kritik. Zur Zusammenarbeit Benjamins mit Brecht in den Jahren 1929–1933. In: Walter Benjamin. Zeitgenosse der Moderne. Kronberg i. Ts. 1976. S. 9–36.
Wizisla, Erdmut (Hrsg.): 1898 – Bertolt Brecht – 1998. ». . . und mein Werk ist der Abgesang des Jahrtausends«. 22 Versuche, eine Arbeit zu beschreiben. Berlin 1998.

7. Zum Theater: Theorie und Stücke

Baldo, Dieter: Bertolt Brechts »Antigonemodell 1948«. Theaterarbeit nach dem Faschismus. Köln 1987.
Bawey, Petermichael von: Rhetorik der Utopie. Eine Untersuchung zum ästhetischen Aufbau und argumentativen Zusammenhang der Lehrstücke Brechts. München 1981.
Berenberg-Gossler, Heinrich: Das Lehrstück – Rekonstruktion einer Theorie oder Fortsetzung eines Lehrprozesses? Eine Auseinandersetzung mit R. Steinweg, *Das Lehrstück*. In: Brechtdiskussion. Hrsg. von Joachim Dyck. Kronberg i. Ts. 1974. S. 121–171.
Bock, Stephan D.: Coining Poetry. Brechts *Guter Mensch von Sezuan*. Zur dramatischen Dichtung eines neuen Jahrhunderts. Frankfurt a. M. 1998.

Bormann, Alexander von: Gegen die Beschädigung des menschlichen Denkvermögens: Brechts antifaschistische Dramen. In:
Brechts Dramen. Neue Interpretationen. Hrsg. von Walter Hinderer. Stuttgart 1984. S. 321–342.

Brenner, Hildegard (Hrsg.): Alternative 78/79. Materialistische Literaturtheorie III. Große und Kleine Pädagogik. Brechts Modell
der Lehrstücke. Jg. 14. 1971.

– (Hrsg.): Alternative 91. Brecht-Materialien I. Zur Lehrstückdis-
kussion. Jg. 16. 1973.

– (Hrsg.): Alternative 107. Erprobung des Brechtschen Lehrstücks.
Politisches Seminar im Stahlwerk Terni. Jg. 19. 1976.

Buck, Theo: Dialektisches Drama, dialektisches Theater. Anmerkungen zu Brechts *Leben des Galilei*. In: Etudes Germaniques 33
(1978) S. 414–427.

– Der Garten des Azdak. Von der Ästhetik gesellschaftlicher Produktivität im *Kaukasischen Kreidekreis*. In: Brechts Dramen.
Neue Interpretationen. Hrsg. von Walter Hinderer. Stuttgart
1984. S. 194–216.

Busch, Walter: Bertolt Brecht. *Furcht und Elend des Dritten Reiches*. Frankfurt a. M. 1982.

Feilchenfeld, Konrad: Bertolt Brecht. *Trommeln in der Nacht*. Materialien, Abbildungen, Kommentar. München 1976.

Frühwald, Wolfgang: Eine Moritat vom Ende des Individuums. Das
Theaterstück *Baal*. In: Brechts Dramen. Neue Interpretationen.
Hrsg. von Walter Hinderer. Stuttgart 1984. S. 33–47.

Gerz, Raimund: Bertolt Brecht und der Faschismus. In den Parabel-
stücken *Die Rundköpfe und die Spitzköpfe*, *Der aufhaltsame
Aufstieg des Arturo Ui* und *Turandot oder Der Kongreß der
Weißwäscher*. Rekonstruktion einer Versuchsreihe. Bonn 1983.

Grimm, Roderich: Verfremdung in Bertolt Brechts *Leben des Galilei*. Frankfurt a. M. / Bern [u. a.] 1987.

Hampel, Johannes: Die politische Didaktik des Lehrstückeschrei-
bers. (Brecht und der Marxismus). In: Bertolt Brecht – Aspekte
seines Werkes, Spuren seiner Wirkung. Hrsg. von Helmut Koop-
mann und Theo Stammen. München 1983. S. 115–123.

Hinck, Walter: *Mutter Courage und ihre Kinder*. Ein kritisches
Volksstück. In: Brechts Dramen. Neue Interpretationen. Hrsg.
von Walter Hinderer. Stuttgart 1984. S. 162–177.

Hinton, Stephen: Kurt Weill. The Threepenny Opera. Cambridge/
New York [u. a.] 1990.

Horn, Peter: Die Wahrheit ist konkret. Bertolt Brechts *Maßnahme* und die Frage der Parteidisziplin. In: Brecht-Jahrbuch 1978. S. 39–65.

Jaretzky, Reinhold: Die Diskussion um die Lehrstücktheorie Bertolt Brechts. In: Diskussion Deutsch 12 (1981) S. 75–87.

Kahnt, Hartmut: Die Opernversuche Weills und Brechts mit Mahagonny. In: Musiktheater heute. 6 Kongreßbeiträge. Hrsg. von H. Kühn. Mainz/London/New York 1982. S. 63–93.

Kaiser, Joachim: Brechts *Maßnahme* und die linke Angst. Warum so ein ›Lehrstück‹ so viel Verlegenheit und Verlogenheit provozierte. In: Die Neue Rundschau 84 (1973) S. 96–125.

Kamath, Rekha: Brechts Lehrstück-Modell als Bruch mit der bürgerlichen Theatertradition. Frankfurt a. M. / Bern 1983.

Kesting, Marianne: Die Groteske vom Verlust der Identität. Bertolt Brechts *Mann ist Mann*. In: Das deutsche Lustspiel. Hrsg. von Hans Steffen. Bd. 2. Göttingen 1969. S. 180–212.

Ketelsen, Uwe K.: Kunst im Klassenkampf. *Die heilige Johanna der Schlachthöfe*. In: Brechts Dramen. Neue Interpretationen. Hrsg. von Walter Hinderer. Stuttgart 1984. S. 106–124.

Kitching, Laurence P. A.: *Der Hofmeister*. A Critical Analysis of Bertolt Brecht's Adaption of Lenz's Drama. München 1976.

Knopf, Jan: *Trommeln in der Nacht*. In: Brechts Dramen. Neue Interpretationen. Hrsg. von Walter Hinderer. Stuttgart 1984. S. 48–66.

Kocks, Klaus: Brechts literarische Evolution. Untersuchungen zum ästhetisch-ideologischen Bruch in den Dreigroschen-Bearbeitungen. München 1981.

Krabiel, Klaus-Dieter: Brechts Lehrstücke. Entstehung und Entwicklung eines Spieltyps. Stuttgart/Weimar 1993.

Lindner, Burkhardt: Bertolt Brecht. *Der aufhaltsame Aufstieg des Arturo Ui*. München 1982.

Mennemeier, Franz Norbert: Antifaschistische Exildramatik. In: Modernes deutsches Drama. Bd. 2. München 1975. S. 42–94.

Michael Duchardt: Bertolt Brecht. *Der kaukasische Kreidekreis*. Stuttgart 1998.

Müller, Klaus-Detlef: Bertolt Brechts *Leben des Galilei*. In: Geschichte als Schauspiel. Deutsche Geschichtsdramen. Interpretationen. Hrsg. von Walter Hinck. Frankfurt a. M. 1981. S. 240–253.

– *Mann ist Mann*. In: Brechts Dramen. Neue Interpretationen. Hrsg. von Walter Hinderer. Stuttgart 1984. S. 89–105.

Nägele, Rainer: Brechts Theater der Grausamkeit. Lehrstücke und Stückwerke. In: Brechts Dramen. Neue Interpretationen. Hrsg. von Walter Hinderer. Stuttgart 1984. S. 300–320.

Oba, Masaharu: Bertolt Brecht und das Nô-Theater. Das Nô-Theater im Kontext der Lehrstücke Brechts. Frankfurt a. M. / Bern 1984.

Rey, William H.: »Maßnahme« – ein Stein des Anstoßes. In: Sprachkunst 8 (1977) S. 202–222.

Sautermeister, Gert: Zweifelskunst, abgebrochene Dialektik, blinde Stellen: Leben des Galilei (3. Fassung 1955). In: Brechts Dramen. Neue Interpretationen. Hrsg. von Walter Hinderer. Stuttgart 1984. S. 125–161.

Schrader, Bärbel: Brechts Leben des Galilei – Entstehung und Wandlung eines Werkes für das Theater der Zeit. In: Weimarer Beiträge 34 (1988) S. 199–212.

Schulz, Gudrun: Die Schillerbearbeitungen Bertolt Brechts. Eine Untersuchung literarhistorischer Bezüge im Hinblick auf Brechts Traditionsbegriff. Tübingen 1972.

Schumacher, Ernst: Die dramatischen Versuche Bertolt Brechts 1918–1933. Berlin [DDR] 1955. ²1977.

– Drama und Geschichte. Bertolt Brechts Leben des Galilei und andere Stücke. Berlin 1965.

Semrau, Richard: Zur Komik des Puntila. Berlin [DDR] 1981.

Singermann, Boris: Brechts Dreigroschenoper. Zur Ästhetik der Montage. In: Brecht-Jahrbuch 1976. Frankfurt a. M. 1976. S. 61–82.

Stauffacher, Werner: Alfred Döblin und Bert Brecht. Zwischen Berlin Alexanderplatz und dem Badener Lehrstück vom Einverständnis. In: Germanisch-romanische Monatsschrift 57 (1976) S. 466–470.

Steinweg, Reiner: Das Lehrstück. Brechts Theorie einer politisch-ästhetischen Erziehung. Stuttgart 1972.

– Das Badener Lehrstück vom Einverständnis. Mystik, Religionsersatz oder Parodie? In: Text + Kritik. Sonderband Bertolt Brecht II. München 1973. S. 109–130.

– (Hrsg.): Auf Anregung Brechts. Lehrstücke mit Schülern, Arbeitern, Theaterleuten. Frankfurt a. M. 1978.

Stern, Guy: Not und Elend der Exilanten. Ein verborgenes Thema in Brechts Leben des Galilei. In: G. S.: Literatur im Exil. Gesammelte Aufsätze 1959–1989. Ismaning 1989. S. 311–318.

Tatlow, Antony: »Viele sind einverstanden mit Falschem« – Brechts Lehrstücke und die Lehrstücktheorie. In: Akten des V. Intern. Germanisten-Kongresses Cambridge 1975. Tl. 3. Bern / Frankfurt a. M. / München 1976. S. 376–383.

Ueding, Gert: *Der gute Mensch von Sezuan*. In: Brechts Dramen. Neue Interpretationen. Hrsg. von Walter Hinderer. Stuttgart 1984. S. 178–193.

Vaßen, Florian: »Alles Neue ist schmerzhafter als das Alte«. Bertolt Brechts Lehrstück *Die Maßnahme*. Hannover 1992.

Vinçon, Inge: Die Einakter Bertolt Brechts. Königstein i. Ts. 1980.

Voigts, Manfred: Brechts Theaterkonzeptionen. Entstehung und Entfaltung. München 1971.

Völker, Klaus: Brecht-Kommentar zum dramatischen Werk. München 1983.

Weisstein, Ulrich: Von reitenden Boten und singenden Holzfällern. Bertolt Brecht und die Oper. In: Brechts Dramen. Neue Interpretationen. Hrsg. von Walter Hinderer. Stuttgart 1984. S. 266–299.

Wilke, Judith: Brechts Fatzer-Fragment. Lektüre zum Verhältnis von Dokument und Kommentar. Bielefeld 1998.

Winnacker, Susanne: Wer immer er ist, den ihr hier sucht, ich bin es nicht. Zur Dramaturgie der Abwesenheit in Bertolt Brechts Lehrstück *Die Maßnahme*. Frankfurt a. M. 1997.

Wöhrle, Dieter: Bertolt Brecht: Die Dreigroschenoper. Frankfurt a. M. 1996.

8. Zur Lyrik

Birkenhauer, Klaus: Die eigenrhythmische Lyrik Bertolt Brechts. Theorie eines kommunikativen Sprachstils. Tübingen 1971.

Bunge, Hans: *Das Manifest* von Bertolt Brecht. Notizen zur Entstehungsgeschichte. In: Sinn und Form 15 (1963) H. 2/3. S. 184–203.

Choi, Young-Jin: Die Expressionismusdebatte und die Studien. Eine Untersuchung zu Brechts Sonettdichtung. Frankfurt a. M. 1998.

Dittberner, Hugo: Die Philosophie der Landschaft in Brechts *Buckower Elegien*. In: Text + Kritik. Sonderband Bertolt Brecht II. München 1973. S. 54–65.

Feddersen, Anya: »Sie waren, heißt's, gezwungen, sich zu töten«
[Kriegsfibel 47]. In: Interpretationen. Gedichte von Bertolt
Brecht. Hrsg. von Jan Knopf. Stuttgart 1995. 148–160.

Frenken, Herbert: »Königin« und »Hure«. Antipoden der Weib-
lichkeit in Brechts früher Lyrik. In: Der junge Brecht. Aspekte
seines Denkens und Schaffens. Hrsg. von Helmut Gier und Jürgen Hillesheim. Würzburg 1996. S. 82–102.

Frenken, Herbert: Das Frauenbild in Brechts Lyrik. Frankfurt
a. M. / Berlin / Bern [u. a.] 1993.

Fuhrmann, Marion: Hollywood und Buckow. Politisch-ästhetische
Strukturen in den Elegien Brechts. Köln 1985.

Grimm, Reinhold: Marxistische Emblematik. Zu Bertolt Brechts
Kriegsfibel. In: Wissenschaft als Dialog. Hrsg. von Renate von
Heydebrand. Stuttgart 1969. S. 351–379.

Hennenberg, Fritz (Hrsg.): Brecht-Liederbuch. 3 Bde. Frankfurt
a. M. 1984.

Hinck, Walter (Hrsg.): Ausgewählte Gedichte Brechts mit Interpretationen. Frankfurt a. M. 1978. [Einzelbeiträge sind nur verzeichnet, wenn sie im vorliegenden Band zitiert sind.]

Kloepfer, Albrecht: Poetik der Distanz. Ostasien und ostasiatischer
Gestus im lyrischen Werk Bertolt Brechts. München 1997.

Knopf, Jan (Hrsg.): Interpretationen. Gedichte von Bertolt Brecht.
Stuttgart 1995. [Einzelbeiträge sind nur verzeichnet, wenn sie im
vorliegenden Band zitiert sind.]

– Gelegentlich: Poesie. Ein Essay über die Lyrik Bertolt Brechts.
Frankfurt a. M. 1996.

– Bertolt Brechts Terzinen über die Liebe. Frankfurt a. M. 1998.

Lee, Seung Jin: Aus dem Lesebuch für Städtebewohner. Schallplat-
tenlyrik zum Einverständnis. Frankfurt a. M. 1993.

Lehmann, Hans-Thies / Lethen, Helmut (Hrsg.): Bertolt Brechts
Hauspostille. Text und kollektives Lesen. Stuttgart 1978.

Licher, Edmund: Zur Lyrik Brechts. Aspekte ihrer Dialektik und
Kommunikativität. Frankfurt a. M. [u. a.] 1984.

Link, Jürgen: Die Struktur des literarischen Symbols. Theoretische
Beiträge am Beispiel der späten Lyrik Brechts. München 1975.

Marsch, Edgar: Brecht-Kommentar zum lyrischen Werk. München
1974.

Mennemeier, Franz Norbert: Bertolt Brechts Lyrik. Aspekte, Tendenzen. Düsseldorf 1982.

Pietzcker, Carl: Die Lyrik des jungen Brecht. Vom anarchischen Nihilismus zum Marxismus. Frankfurt a. M. 1974.

Rastegar, Nosratollah: Die Symbolik in der späteren Lyrik Brechts. Frankfurt a. M. [u. a.] 1978.

Schöne, Albrecht: Bertolt Brecht. *Erinnerung an die Marie A.* In: Gedichte aus unserer Zeit. Interpretationen. Hrsg. von Karl Hotz und Gerhard C. Krischker. Bamberg 1990 [zuerst 1959]. S. 42–49.

Schuhmann, Klaus: Der Lyriker Bertolt Brecht 1914–1933. Berlin [DDR] 1964. – Dass.: München 1971.

– Untersuchungen zur Lyrik Brechts. Themen. Formen. Weiterungen. Berlin [DDR] 1973.

Schwarz, Peter Paul: Brechts frühe Lyrik 1914–1922. Nihilismus als Werkzusammenhang in der frühen Lyrik Brechts. Bonn 1971.

– Lyrik und Zeitgeschichte. Brecht: Gedichte über das Exil und späte Lyrik. Heidelberg 1978.

Ueding, Gert: Fragen eines lesenden Arbeiters. In: Ausgewählte Gedichte Brechts mit Interpretationen. Hrsg. von Walter Hinck. Frankfurt a. M. 1978. S. 67–71.

Whitaker, Peter: Brecht's Poetry. A critical study. Oxford 1985.

Zimmermann, Fred: Bertolt Brecht und das Volkslied. Studien zum Gebrauch volksmäßiger Liedformen. Berlin [DDR] 1985.

9. Zur Prosa

Boie-Grotz, Kirsten: Brecht – der unbekannte Erzähler. Die Prosa 1913–1934. Stuttgart 1978.

Brandt, Helmut: Zur Erneuerung des Erzählens in den Geschichten Bertolt Brechts. In: Erzählte Welt. Studien zur Epik des 20. Jahrhunderts. Hrsg. von Helmut Brandt und Nodar Kakabadse. Berlin/Weimar 1978. S. 169–209.

Buono, Franco: Zur Prosa Brechts. Frankfurt a. M. 1973.

Dyck, Joachim: Ideologische Korrektur der Wirklichkeit. Brechts Filmästhetik am Beispiel seiner Erzählung *Die Bestie.* In: Brecht-Diskussion. Kronberg i. Ts. 1974. S. 207–260.

Härtl, Heinz. Zur Tradition eines Genres. Die Kalendergeschichte von Grimmelshausen über Hebel bis Brecht. In: Weimarer Beiträge 24 (1978) H. 7. S. 58–95.

Häußler, Inge: Denken mit Herrn Keuner. Zur deiktischen Prosa in den Keunergeschichten und Flüchtlingsgesprächen. Berlin [DDR] 1981.

Ignasiak, Detlef: Bertolt Brechts *Kalendergeschichten*. Kurzprosa 1935–1956. Berlin [DDR] 1982.

Jeske, Wolfgang: Bertolt Brechts Poetik des Romans. Frankfurt a. M. 1984.

– Von der »Skizze eines Romans« zum »Meisterwerk moderner Prosa«. Anmerkungen zum Erzähler Brecht. In: Der Deutschunterricht 46 (1994) H. 6. S. 44–52.

Knopf, Jan: Geschichten zur Geschichte. Kritische Tradition des ›Volkstümlichen‹ in den Kalendergeschichten Hebels und Brechts. Stuttgart 1973.

– Die deutsche Kalendergeschichte. Ein Arbeitsbuch. Frankfurt a. M. 1983.

Müller, Klaus-Detlef: Brecht-Kommentar zur erzählenden Prosa. München 1980.

Rohner, Ludwig: Kalendergeschichte und Kalender. Wiesbaden 1978.

Schwimmer, Helmut: Bertolt Brecht. Kalendergeschichten. Interpretationen. München 1963. [5]1975.

Thöming, Jürgen C.: Kontextfragen und Rezeptionsbedingungen bei Brechts frühen Geschichten und Kalendergeschichten. In: Text + Kritik. Sonderband Bertolt Brecht II. München 1973. S. 74–96.

Wöhrle, Dieter: Bertolt Brecht. *Geschichten vom Herrn Keuner*. Frankfurt a. M. 1989.

– Bertolt Brechts Geschichte *Die Bestie*. Ein Plädoyer für eine »mehräugige Wahrnehmung«. In: Bert Brecht. Diskussion Deutsch 139 (Oktober 1994) S. 329–335.

Verzeichnis der Abbildungen

Der Verlag Philipp Reclam jun. dankt für die Reproduktionsgenehmigung den Rechteinhabern, die durch den Genehmigungsvermerk bezeichnet sind. Für einige Abbildungen waren die Inhaber der Rechte nicht festzustellen. Hier ist der Verlag bereit, nach Anforderung rechtmäßige Ansprüche abzugelten.

Werkregister

Stücke

Lyrik

Prosa

Schriften

Personenregister

Zum Autor

JAN KNOPF, Jahrgang 1944. Studium der Deutschen Philologie, Philosophie und Geschichte in Göttingen. Dr. phil., Professor für Literaturwissenschaft an der Universität Karlsruhe. Leiter der *Arbeitsstelle Bertolt Brecht* (ABB). Publizist, Kritiker, Regisseur.

Publikationen: Geschichten zur Geschichte. Kritische Tradition des »Volkstümlichen« in den Kalendergeschichten Hebels und Brechts. 1973. – Bertolt Brecht. Ein kritischer Forschungsbericht. 1974. – (Mithrsg.) Konkrete Reflexion. Fs. für Hermann Wein zum 60. Geburtstag. 1975. – Friedrich Dürrenmatt. 1976. ⁴1988. – Frühzeit des Bürgers. Erfahrene und verleugnete Realität in den Romanen Wickrams, Grimmelshausens, Schnabels. 1978. – Brecht-Handbuch Theater. Eine Ästhetik der Widersprüche. 1980. ⁴1998. – Bertolt Brecht: Der gute Mensch von Sezuan. 1982. ⁸1998. – (Hrsg.) Brechts »Guter Mensch von Sezuan«. Materialien. 1982. ⁵1995. – (Hrsg.) Alltages-Ordnung. Ein Querschnitt durch den alten Volkskalender. 1983. – Brecht-Journal. 1983. – Die deutsche Kalendergeschichte. Ein Arbeitsbuch. 1983. – (Hrsg.) Johann Peter Hebel: Schatzkästlein des rheinischen Hausfreundes. 1984. ⁴1997. – Brecht-Handbuch Lyrik, Prosa, Schriften. Eine Ästhetik der Widersprüche. Mit einem Anhang: Film. 1984. ⁴1998. – Bertolt Brecht: Die heilige Johanna der Schlachthöfe. 1985. – (Hrsg.) Brechts »Heilige Johanna der Schlachthöfe«. Materialien. 1986. – (Hrsg.) Bertolt Brechts »Buckower Elegien« mit Kommentaren. 1986. ³1998. – (Hrsg.) Brecht-Journal 2. 1986. – Der Dramatiker Friedrich Dürrenmatt. 1987. – (Mithrsg.) Bertolt Brecht: Werke. Große kommentierte Berliner und Frankfurter Ausgabe in 30 Bänden. 1988–99. – (Hrsg.) Interpretationen. Gedichte von Bertolt Brecht. 1995. – Gelegentlich: Poesie. Ein Essay über die Lyrik Bertolt Brechts. 1996. – Bertolt Brechts »Terzinen über die Liebe«. 1998. – (Mithrsg.) Bertolt Brechts »Aufstieg und Fall der Stadt Mahagonny«. 2000. – Über 100 Aufsätze zur Literatur, Philosophie, Geschichte, Medientheorie und Naturwissenschaft. – Zahlreiche Theater- und Literaturkritiken.

Literaturstudium

Die neue Reihe bietet Autorenmonographien, Epochen-
darstellungen, Gattungsmonographien und Einführungen
in viele Bereiche der Literatur- und Sprachwissenschaft.

Thomas Bein · Walther von der Vogelweide
299 Seiten. Mit 15 Abbildungen. UB 17601

Norbert Otto Eke · Heiner Müller
325 Seiten. Mit 10 Abbildungen. UB 17615

Winfried Freund · Novelle
348 Seiten. UB 17607

Hiltrud Gnüg · Utopie und utopischer Roman
271 Seiten. UB 17613

Michael Hofmann · Aufklärung
Tendenzen – Autoren – Texte
278 Seiten. Mit 27 Abbildungen. UB 17616

Matthias Luserke · Sturm und Drang
Autoren – Texte – Themen
384 Seiten. Mit 17 Abbildungen. UB 17602

Friedhelm Marx · Gerhart Hauptmann
403 Seiten. Mit 20 Abbildungen. UB 17608

Volker Mertens · Der deutsche Artusroman
384 Seiten. Mit 16 Abbildungen. UB 17609

Nicola Kaminski · Andreas Gryphius
264 Seiten. Mit 13 Abbildungen. UB 17610

Mathias Mayer · Eduard Mörike
184 Seiten. Mit 11 Abbildungen. UB 17611

Bodo Plachta · Editionswissenschaft
Eine Einführung in Methode und Praxis der Edition
neuerer Texte
172 Seiten. Mit 12 Abbildungen. UB 17603

Christian Erich Rochow · Das bürgerliche Trauerspiel
247 Seiten. Mit 14 Abbildungen. UB 17617

Hartwig Schultz · Clemens Brentano
224 Seiten. Mit 20 Abbildungen. UB 17614

Ursula Schulze · Das Nibelungenlied
336 Seiten. Mit 11 Abbildungen. UB 17604

Hartmut Steinecke · E. T. A. Hoffmann
259 Seiten. Mit 31 Abbildungen. UB 17605

Werner Suerbaum · Vergils »Aeneis«
Epos zwischen Geschichte und Gegenwart
427 Seiten. Mit 15 Abbildungen. UB 17618

Herbert Uerlings · Novalis
248 Seiten. Mit 14 Abbildungen. UB 17612

Philipp Reclam jun. Stuttgart